U0535066

# 粉墨丹青一老翁
## ——当代奇人宋宝罗

宋宝罗　口述
刘连伦
王　军　编著

商务印书馆
The Commercial Press
创于1897

2014年·北京

图书在版编目(CIP)数据

粉墨丹青一老翁:当代奇人宋宝罗 / 宋宝罗口述;
刘连伦,王军编著. —北京:商务印书馆,2014
ISBN 978-7-100-09099-5

Ⅰ.①粉… Ⅱ.①宋… ②刘… ③王… Ⅲ.①宋宝罗—自传 Ⅳ.①K825.78

中国版本图书馆 CIP 数据核字(2014)第 075432 号

所有权利保留。
未经许可,不得以任何方式使用。

**粉墨丹青一老翁——当代奇人宋宝罗**
宋宝罗 口述
刘连伦 王 军 编著

商 务 印 书 馆 出 版
(北京王府井大街36号 邮政编码100710)
商 务 印 书 馆 发 行
三河市尚艺印装有限公司印刷
ISBN 978-7-100-09099-5

2014年5月第1版  开本 710×1000 1/16
2014年5月北京第1次印刷  印张 17 3/4
定价:48.00元

松鹤图

宋宝罗六十三岁时与母亲九十五岁时合影

宋宝罗在家中

宋宝罗与家人在一起

胡芝风、孙毓敏为宋宝罗颁发"终身成就奖"

《碰碑》宋宝罗饰杨业

《抗婚·辞朝》宋宝罗饰佘太君

宋宝罗饰诸葛亮

《哭秦庭》宋宝罗饰申包胥

宋宝罗倒嗓期间学画的习作

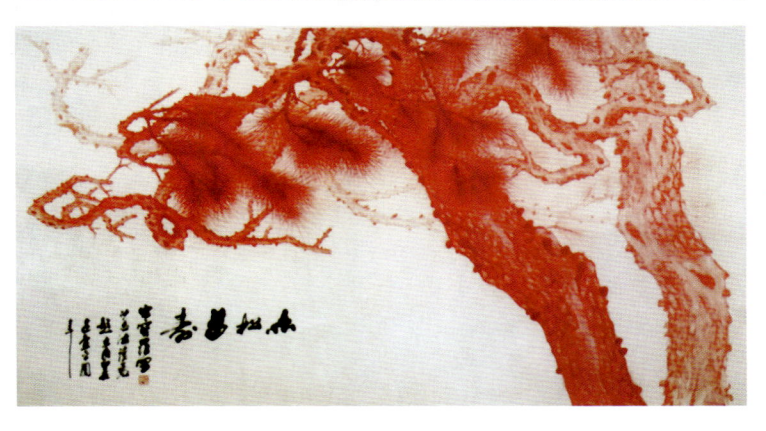

白梅图

赤松图

平反后的第一张作
品《迎春花和小鸡》

苍鹰图

宋宝罗与女儿飞鸿在美国搞画展

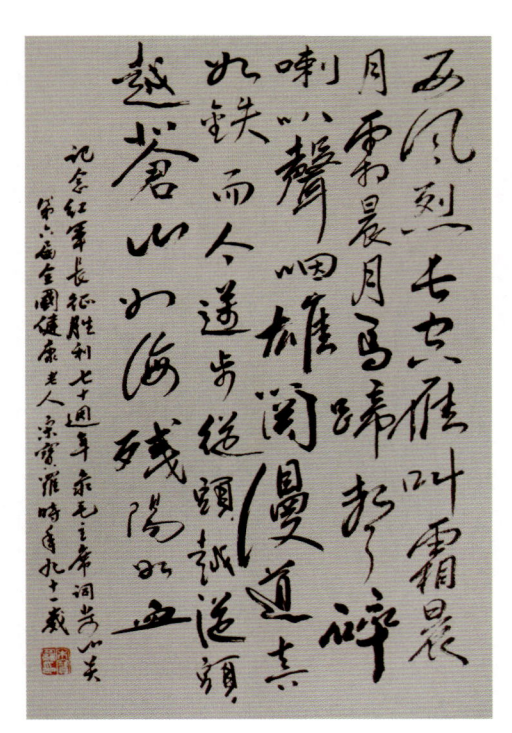

我的画不卖钱

宋宝罗书法

名利不争长寿

# 序
翁思再

宋宝罗先生是文艺界的一道奇观。他最近一次在央视出镜是在2012年12月下旬，九十六周岁生日时的即兴演唱，满宫满调，宝刀不老。他在网上备受瞩目的博客"宋宝罗艺术之窗"，以皓髯长须、慈颜善目为标识，迄今还在不停地更新。人们都知道：宋宝罗曾为不同时代的领袖所垂青，于是有人要问：为什么比起一些著名艺术家来，他的社会影响并不怎么大呢？确实，自20世纪50年代中期以来，宋宝罗长年被舞台边缘化了。这件事恰恰可以作为一个典例，折射出中国文化的一些现象。

20世纪50年代初，新成立的中国京剧院邀请宋宝罗加盟，可是宋宝罗不愿参加国营剧团，企图继续像以前那样带着民营的戏班，自由自在地跑码头。谁知好景不长，政务院出了一个禁戏的政策，以当时的意识形态标准，不许"有害"剧目上演。执行过程中"宁滥毋缺"，明禁八十一出，实际被禁者数不胜数，后来发展到只能演《九件衣》《王贵与李香香》《白毛女》等少数几个戏了。宋宝罗对我说："我会戏可以说是最多的，然而那时居然也到无戏可演的地步了。"私人戏班规模小，论编排适应新戏的能力，同北京的国营大型院团不可同日而语，遑论社会影响？

1957年他被召回注册地上海参加"反右运动"。文化局把名演员聚合在一起开"学习会"，隔三岔五宣布某某是右派分子。京剧界先揪出了黄桂秋，而陈正薇才出科几年，也被打成右派，真是风声鹤唳。恰好此时杭州剧团来约他加盟，他为了尽快躲开这个"学习会",不惜工资打折,便把注册地转移到杭州。孰料这样一来,从此安营扎寨了。宋宝罗叹息,上海是京剧大码头,当时如果不是因"反右运动"而离开,自己的社会影响不至于像后来这样。

虽然逃过了"反右运动",但文化体制还是在计划经济笼罩下,宋宝罗纵有浑身解数,还是难以施展。1958年以后,政府出政策不提倡剧团流动,以防"瞎演戏",民营剧团陆续割"资本主义尾巴",他所在的剧团从此吃"皇粮"了。有一年该剧团只演了一次日场戏,可是演职员每月工资照发。在大锅饭、铁饭碗的机制下干好干坏一个样,有志者只好受委屈了。

改革开放以后,宋宝罗一度有了上台的机会,却由于体制还是老样子,因此仍然不顺利。80年代初赴沪巡演,借的是宁波的班底。后来好容易向本团争取到一次演出机会,却只能拨给他六个演员,因此只好小规模地演一出《乌龙院》。吃"皇粮"的剧团往往既不尊重艺术规律,又不尊重市场规律,凡事先考虑如何应付上级领导,再考虑剧团内部各方面平衡,久而久之则造成"黄钟毁弃,瓦釜雷鸣"的局面。

或许有人会问:不是宋宝罗还上央视了吗,怎说不被重视?确实电视镜头曾多次光顾宋宝罗,然而这都是他九十岁以后的事情。如果不是面部疾病不得不蓄须,能够以皓髯飘飘的形象一边唱戏一边绘画,他恐怕未必会有多少上镜的机会。如今,收视率是电视台的生命线,在这种机制之下,老演员被过早遗忘是必然的后果。尽管宋宝罗也上过"名段欣赏"栏目,然而他和各家电视台的合作,主要还是凭他边画边唱的特色。换言之,宋宝罗"老来红"同他身上所具备的猎奇性有很大关系;难怪现在一提起宋宝罗,多数人的反应是"画大公鸡的",而对他的皮黄艺术本身的造诣知之甚少。

遍览当今文艺界,宋宝罗只是冰山一角,过早被边缘化的老辈名家大有人在。有感于斯,我把宋宝罗历年的演唱精华选编为CD出版物,在《宋宝罗唱腔选》即将完成之时,宋宝罗先生以九十七岁高龄给编者题写了"心比天高,命比纸薄"八个大字。自云:年轻时曾立志要创造流派，坐头把交椅，惜乎50年代以后京剧就走下坡路了，"时不利兮骓不逝"。按照他老人家的标准，京剧现在面临艺术危机和人才危机，前景堪忧，因此他又挥毫题写了"想想怎么活下去"七个大字。50年代照搬前苏联文化体制模式，虽经文化体制改革，迄今仍有尾大不掉的现象，因此宝罗先生题写的这七个字，掷地有声，警钟长鸣，值得我们深长思之。

把宋宝罗先生一生的事迹和经验整理总结出来非常有必要，因此今天刘连伦、王军为宋宝罗先生编著传记，我举双手拥护。刘连伦先生告知，此番他们还做了大量的考证和鉴别工作，努力拂去历史前尘，留下信史。我认为此事功德无量。当年我编《宋宝罗唱腔选》时有这样体会：宋先生各时代留下来的音像资料（包括出版物）很庞杂，瑕瑜互见，如果听任一些状态或配合不佳、抑或录音质量低下之作流传，会误导后人对宋宝罗艺术的认识，因此需要负责任地编一套去粗取精的优选版出来，以正视听。如今刘、王二君面对关于宋宝罗先生的许多记载，也会存在类似情况。以前小报的哗众取宠自不待言，就是后来的出版物，也可能存在记忆、口述、记录、整理不准确或失当之处。有些内容虽涉及有关史迹，但属于孤证，只能聊备一格，因此也须指明，留待今后论证。此番二位作者以如此负责任的态度进行这本书的编著，深孚众望。

马年伊始，我借"马到成功"的吉言，衷心祝贺《粉墨丹青一老翁——当代奇人宋宝罗》付梓。祝愿尊敬的宋宝罗先生健康长寿，吉人天相。

是为序。

翁思再<br>于2014年元宵节

## 目录

**艺苑春秋**

1. 我的父亲宋永珍 / 3
2. 我的母亲宋凤云 / 5
3. 我的哥哥们 / 11
4. 小神童唱红老北京 / 16
5. 我的书画篆刻之路 / 25
6. 恢复嗓音重上舞台 / 33
7. 凄风苦雨闯江湖 / 36
8. 我为蒋介石演戏 / 52
9. 告别黑暗迎来曙光 / 55
10. 大妹宋紫萍之死 / 61
11. 第一次走进中南海 / 69
12. 落户杭州 / 73
13. 我和毛泽东的京剧缘 / 80
14. "文化大革命"之中进"牛棚" / 87
15. 叶剑英为我平反 / 103
16. 花甲之后的夕阳红 / 109
17. 小妹宋紫珊 / 121
18. 爱情生活的甜蜜与辛酸 / 127
19. 我和我的孩子们 / 132

## 谈艺说戏

我演传统戏 / 142
一 《失街亭·空城计·斩马谡》/ 142
二 《四郎探母》/ 150
三 《汉献帝》/ 151
四 《岳飞》/ 153
八 《一捧雪》/ 156
九 《三辞朝》/ 158
十 《春秋笔》/ 159
创作编演的剧目 / 159
改编整理"十贤母"的剧目 / 161
振兴京剧我之见 / 166
有关当前演出剧目 / 168
如何看待传统戏 / 169
我小时候怎样吊嗓子 / 171
为什么我不收徒 / 172
《逍遥津》和《哭秦庭》/ 174
我演过的京剧剧目 / 175

## 梨园见闻

"喜神"的来历 / 181
后台供奉的神龛有讲究 / 184
从跑龙套说起 / 187
跑龙套遇上了"国丧" / 190
"龙套王"施启元 / 192
杨小楼与《霸王别姬》/ 193
看杨小楼先生最后一次演《挑华车》/ 200
金少山临场装病 / 204
话说李多奎 / 207
《群英会》里面黄盖的一段唱词 / 212

**剧本择录**

《六部大审》/ 217
《朱耷卖画》/ 232
《刘伯温辞朝》/ 236

**开博交友**

博文选摘 / 245
我为宋宝罗先生做博客 / 260

宋宝罗年表 / 265
给父亲的一封信 / 271
后记 / 275

艺苑春秋

## 1 我的父亲宋永珍

燕赵大地,由战国七雄中的燕、赵两国而得名,它北控长城,南界黄河,西倚太行,东临渤海。在这片古老壮烈的奇山异水中,圣贤辈出,豪杰并起,孕育了可歌可泣的慷慨悲歌之文化。

清朝中期,有一种戏曲艺术叫山陕梆子,它流入河北后,经数十年演变,音随地改,于道光年间,又形成了一种具有燕赵地域风格的梆子,这种本土化的外来艺术是中国汉族地方戏曲梆子声腔的一个重要支脉,它曾有京梆子、直隶(今河北省)梆子、卫(指天津)梆子、秦腔之称,1952年正式定名为河北梆子。

淬炼于雄武之地的河北梆子,其声腔高亢激越、细腻婉转,与波澜壮阔的人文地理景观和谐交融,相映生辉。作为河北省的主要地方剧种,它不仅受到当地百姓的欢迎,也深得大江南北观众的赏爱。19世纪70年代到20世纪20年代末,河北梆子极为兴盛,名角如云,如名旦响九霄(田际云)、灵芝草(崔德荣)、十三旦(侯俊山)等蜚声剧坛,红极一时。

在河北农村,河北梆子有着相当数量的班社和深厚的群众基础,其中著名的永胜和科班,曾培养了一大批优秀人才,宋宝罗的父亲宋永珍就是坐科永胜和而名声远扬的一代梆子名伶。

我的祖籍是河北省涞水县的山区,祖父宋老荣是棵"独苗",他二十多岁成家后生下一个女儿,这是我的大姑妈,相隔了四十年后,他在外面和另一个女人生下了我的父亲,由于祖父在花甲之年老来得子,就给父亲取名叫"六十儿",乳名小六子,还有一个小名毛毛。我们家祖辈在乡间务农，农闲的时候就以糊灯笼为生。我祖父年纪大了没有能力照管这个年幼的儿子，就由我的大姑妈抚养这相差四十岁的小弟弟。大姑妈开了一个小油盐店来维持生计。父亲长到七八岁，就被送到地主家放牛。

那年间，我们家乡一带经常有草台班的演出，父亲除去拾粪放牛，最大的乐趣就是看班子里那些和自己差不多大的孩子演戏。也是因为看戏，我父亲爬上树看得入迷，把牛给弄丢了，无法向东家交代，只得跟着戏班离开了家乡，这样一来是有口饭吃，二来也能学戏。有位叫薛古历的艺人见我父亲长得清秀斯文，就教他学习旦行戏，这位艺人的艺名叫"瘸狐狸"，体貌长得虽有缺陷，但在台上的艺术非常好，当年盖叫天都看过他演戏。后来我父亲进了永胜和科班，排名叫宋永珍，因为小名叫毛毛，又是唱旦角的，所以老师就给他起了个艺名叫毛毛旦。

宋宝罗之父宋永珍（艺名毛毛旦）

父亲进了永胜和科班如鱼得水，悟性很强，不到十岁就能登台献艺了，经常演的拿手戏有《红梅阁》《紫霞宫》《大劈棺》等，从此毛毛旦的艺名就伴随着父亲走过了一生。

按照科班规定，孩子学戏要签"生死合同"，八年学戏，满师后还要给科班效力两年。这期间，生死不管，这实际就是卖身契。我父亲和他的师弟樊永在不甘心被班主当摇钱树，两人商量后出逃，到张家口一带搭班演出，后来永胜和的班主知道了他们下落，就追过去要抓他们回去，一番打斗后，我父亲他们俩用舞台上的道具刀

居然打伤两个，打死了一个，被送进了大牢关押。幸好县太爷审案子的时候，认出了我父亲是演戏的毛毛旦，觉得他们还是孩子，也不是故意杀人，就开脱了他们的罪行，放走了他们。

以后我父亲就一直以演戏为生，并且一路走红，毛毛旦的名字越唱越响，由于他能文能武，所以还曾进入宫廷唱戏，当过"御戏子"。父亲成名后又拜在了"十三旦"侯俊山的门下深造，愈加声名显赫，当时属于后辈的名伶小翠花（于连泉）、尚小云，都很仰慕他的才艺，并且得到过他亲自传授。他的很多梆子戏代表剧目后来还被京剧演员改编成了京剧。

## 2 我的母亲宋凤云

中国戏曲自宋元形成以来，女优并非鲜见。北宋的"弟子杂剧"就有女优，元代则以女优为主。但历史上戏曲优倡（娼）并提，从艺遭受鄙视。到清初，戏班尚有男女混合。但自乾隆以后，京师女优几近绝迹。

19世纪末，资产阶级改良运动和文学革新运动的兴起使戏剧界刮起编演新剧之风。1912年，妇女解禁看戏、演戏，但不久，北京政府又下令禁止男女同台演出，女演员要演戏必须单独成立坤班。这一思想环境便促使京城坤班纷呈，女优再度兴起。而历史造成了众多男演员戏艺精深、声势显赫，女演员必身有绝艺方可与之抗衡。

1914年，享誉河北梆子剧坛的男旦杨韵谱，在北京成立了颇有影响的坤班——奎德社。在他的精心打造下，奎德社成就了一大批才华横溢的女演员，她们后来均成为河北梆子和京剧历史上出类拔萃的名角。

1919年，北京永安路南伫立起一座综合娱乐场所——城南游艺园，总经理是广东籍国会议员彭秀康。园内的京剧场男女不分座，所演京剧无论主角、配角以及龙套等，均为女性。外地坤角来京演出大都先到这里。因此，这里成为坤角历练的重要固定基地，许多女艺人由此声名鹊起。

有位穿梭于奎德社和城南游艺园之间长达近二十年的女演员，她是第一位京剧女性丑角，这位才貌双全、声名远播的女伶就是宋宝罗之母宋凤云。

父亲一生有过两次婚姻，第一次是成名以后，妻子是再嫁，还带过来一个男孩，小名叫顺儿，年龄比我母亲小不了几岁，他也学过戏，唱文武老生，曾经演过《走雪山》《截江夺斗》等戏，我小时候，他经常把我扛在肩上哄我玩耍。等我大了以后他就失去了音信。我父亲的这个前妻，也在很早以前就病故了。

说到我母亲和我父亲的结合，这场婚姻似乎还有些传奇色彩。我母亲本姓杨，出生在北京的一个旗人家庭，她的父亲和叔叔都在宫里当差做官，家里很富有，是个名副其实的大小姐。母亲上有一

个哥哥，下有五个妹妹。她人长得俊俏，眉清目秀。性格泼辣、洒脱，说话办事都很干练。那时候的王公贵族都爱看戏，母亲在大人们的熏陶下，对当时风行的河北梆子和京戏也很感兴趣。当时我父亲在京城已经唱得很红，自然也就成了大小堂会争相邀请的好角，妈妈为此多次目睹了毛毛旦的艺术风采，从心里仰慕这个唱旦角的年轻人。旧时代的女孩子十几岁就要谈婚论嫁，当家里准备给她张罗终身大事的时候，她却做出了一个令人震惊的决定，那就是要嫁给唱戏的毛毛旦。

母亲的决定在那个讲究封建门第的旧社会是不可思议的事。父母之所以能顺利成婚，其原因之一是父亲毛毛旦的舞台风姿的确美丽动人，母亲完全被他的技艺迷住了。她敢于爱，尽管当时母亲只有十六岁，父亲三十二岁，他们的年龄相差一倍，而且父亲还有过一次婚史，但是母亲决心已定，非毛毛旦不嫁。她敢于冲破门第观念，和封建家庭一刀两断，姥爷全家虽然百般阻挠却无济于事；再者此时母亲的家已败落，经济十分窘迫，这也是促成母亲能和父亲顺利成婚的原因之二。

出身于高门大户的母亲，自嫁给我父亲以后，并没有甘心做一个家庭妇女，她凭着自己的聪颖和好学，竟跟我父亲学起了戏。父亲看到母亲有一条又甜又亮的好嗓子，身材、相貌也都不错，符合演青衣的条件，于是就手把手教她身段、唱腔。由于母亲酷爱戏、悟性好，所以学起戏来非常快，不到两年的时间，不仅以金翠凤的艺名成功"下海"，成为专业的河北梆子艺人，而且很快就唱红了大小戏园。打此以后，我母亲就跟着我父亲走南闯北，夫妻二人一唱一和好不风光。

夫唱妻随的好日子过了两三年后，有一次父亲演出他的拿手好戏《大劈棺》，这出戏他有个绝活，就是要从高台上翻下来。不想从来不失手的他，这次在向下翻跟头的时候，衣服刮倒了高台上的灵牌，随之失重落地，不但摔伤了腿，而且因为脸部朝下，下巴骨也磕坏了，做了锯骨手术。父亲是唱旦角的，下巴被锯就是破了相，也就不好再登台演出，只能帮助我母亲张罗，做些台上台下的事情。这样一来，家庭的一切重担只能落在了我母亲的身上。

那时父母在上海滩演出，我的大哥宋紫君刚刚两岁，母亲又生下了二哥宋遇春。为了赚钱养家糊口，我母亲没等出满月就再次登上舞台，到浦东那边的戏园子去唱戏，每天要打从黄浦江过来过去，风很大，结果身子受凉，嗓子也哑了。从此，一条脆亮的嗓子再也没有恢复过来。

演青衣戏主要是唱功，嗓子坏了这青衣戏就无法再唱，但也不能在上海坐吃山空，必须想办法返回北京再说。在坐船回北方的时候，我父亲和同船的人赌博，输光了身上所有的钱，还要带到浦东去吃官司，就在这走入困境的时候，幸好在上海演出的师哥程永龙给予了大力帮助，他托人让父母他们乘免费轮船经天津返回了北京，租住在天桥附近的施家胡同4号。

一家子总要吃饭，母亲和京剧名坤伶筱兰英在南方同过几次班，有些交情，这时就找到筱兰英帮忙，筱兰英一口答应。妈妈为了一家子的生活，下定恒心，只要有班搭，扮宫女、跑龙套都干，在商量戏码的时候，筱兰英提出唱《失空斩》，戏中有报子再赶老军，是两个丑角演的，班子里有个青年姑娘不会这角色，而我母亲从小就听谭鑫培的《失空斩》，这个报子老军她会演，就自告奋勇说我能来，演的时候还很好地完成了。

第二场是筱兰英的《探母·回令》，我母亲扮演丑角的国舅，没想到效果出奇好，从此她就下定了决心，往丑角、彩旦里钻研，同时，也就把艺名金翠凤改成了宋凤云。虽然下决心改丑角，但也不是一帆风顺，也有种种的困难存在，一是底子太薄没学过，二是这丑行太复杂，戏路太广了，天天都有难关。筱兰英能唱的戏太多，凡是谭派戏她都能演，如《打渔杀家》《问樵闹府》《打棍出箱》《奇冤报》《一捧雪》等，每一出戏的丑行角色都很重要，妈妈是应丑行了，不能说因为不会而不演，真是急得不得了，饭吃不下，觉睡不好，天天赶鸭子上架。

那时候大哥上小学，二哥刚断奶，由我爸爸带着，家务事就全归顺哥哥管了，母亲就是每天学戏、演戏，到哪里去学呢？我爸爸给她想办法找了两个人，一个是比我爸爸大两岁的把兄弟高四保（高庆奎的父亲），高四保虽是唱梆子丑行出身，可是他肚里的东西很宽，经多识广，梆子、京剧的丑行角色都难不倒他，高四保平时就管我母亲叫"弟妹"，想学什么就毫不保留地教给了我母亲。

第二个王长林，他是同谭鑫培、杨小楼等同台合作的名丑，他管我母亲叫"小嫂子"，像《问樵闹府》《打渔杀家》等戏里的丑角都是跟王长林学的。那个时候余叔岩、杨小楼都不大演，所以王长林有空闲给我母亲说戏，母亲也肯学。按当时的情况不学也不行的，有时候上午学戏下午演，有时头天学戏二天演，不管演得好、演得差，反正坤班就这一个丑角演员，她不演的话就没第二个丑角可代替的。

辛亥革命爆发以后，女子戏班在北京城陆续出现好几个，我母亲经常搭班主要是在奎德社和城南游艺园。那时候，北京前门大栅栏有个庆乐园，这就是坤班奎德社经常演戏的场所。奎德社的负责人名叫杨韵甫，艺名还阳草，原来也是位河北梆子旦角名家，他既能编，也能导。这个坤班是京剧、梆子两下锅，不仅演出传统戏，还上演了大量新编戏，并以此为号召，譬如《啼笑因缘》《少奶奶的扇子》《茶花女》等，她们所演的新戏，结合现实，很有时代精神，深得观众赞赏。我母亲也曾在《钱秀才乱点鸳鸯谱》《一念差》《一元钱》等戏中扮演角色。

除去奎德社，北京的城南游艺园也有个京剧坤班。在这

旧北京前门大栅栏

里演出的京剧演员就先后有雪艳琴、琴雪芳、碧云霞（谢虹雯的母亲）、孟小冬、孟丽君等这些在当时都是不错的演员，配角也相当齐整，小丑、彩旦就是我母亲宋凤云。城南游艺园当时票价是大人两毛，小孩一毛，可以从早上玩到夜里十一点。京剧场先是男女分座，后来池子里设了两个包厢，每个包厢里两张椅子，一条板凳，可坐五个人，卖两块钱。城南游艺园上演的大都是传统剧目，白天是折子戏，晚上演出连台本戏，如《狸猫换太子》《华丽缘》等，天天客满。名伶碧云霞等人在这里就很红，她演连台本戏《狸猫换太子》很能叫座，也和我母亲演过《十八扯》，我母亲演兄长。《十八扯》《盗魂铃》《花子拾金》等戏，不是靠剧情，而是靠演员的个人技巧招徕观众，如果艺人功力不深，观众是绝不买账的。母亲非常聪明，学什么像什么，几年实践下来，她的丑角戏越演越精彩，她和恩晓峰合演的一出《十八扯》也曾轰动一时，圈内人公认她是"京剧坤伶第一名丑"，可见母亲的艺术之精。

北京城南游艺园旧景

经济上，这两个戏园子就前后保了我母亲十七年。在城南游艺园演戏，演员都是包银制，我母亲从一百五十块大洋涨到一百八十块大洋，另外还经常有堂会赚外快，合起来每月的收入不下四五百元，收入已不算低。就这样她把我们兄弟姊妹一个一个拉扯大了。

母亲在戏曲界很有名气，大家戏称她为"名妈"。不少青年坤伶都慕名拜她为干妈，如孟小冬、碧云霞、孟丽君、张蕴新等。她们的成长和成名，都跟干妈对她们的培养、教育分不开的，她们对干妈都怀有深厚的感情。

## 3 我的哥哥们

当梆子被唱到极盛之时，广收博采的京剧也气象万千地蓬勃发展起来。一大批京剧演员，声名鹊起，雄踞菊坛。他们在北京城各戏园子里轮番登台，一时间，红氍毹上，京剧与梆子争奇斗艳，同分秋色。

京剧、梆子双门抱的田际云为了改变当时梆子、京剧各自单一的演出状况，招徕各有所好的观众，1891年，他组建的玉成班首创了京、梆同台演出即"两下锅"的形式。自此，这种新颖时尚的演出很快风靡戏台。不仅各戏班纷纷效仿，就连当时培养演员的科班也为迎合滚滚而来的演艺新潮都改成了京、梆兼授。

自北京富连成科班1904年创办后，培养京剧人才的班社如雨后春笋，京剧人才层出不穷，京剧的发展势头愈来愈猛。老北京天桥著名的科班"群益社"是个京、梆兼学的科班，它由崔灵芝和薛固久、孙培亭、王喜云、马阔海、丁子恒、马全禄及商界刘兴周、田子衡等十家股东于1918年创办。社长是素有"梆子梅兰芳"之称的崔灵芝，科班教授京剧的老师不乏大名鼎鼎者，著名京剧黄派武生黄月山的儿子黄少山是为其一。群益社先后招收了六七十名学员，前期学梆子，后期学京剧，而出科成名的演员皆是因为京剧而享誉，宋宝罗的二哥宋益俊和三哥宋益增便是其中的两位佼佼者。

　　我母亲先后生养过十个子女，长子宋紫君，次子宋遇春，三子宋义增，我是第四子。我上面有个姐姐早年夭亡。我下面有大妹宋紫萍、小妹宋紫珊。另外，还有三个弟弟，不幸都早年亡故了。妈妈要养育这一大堆孩子，生活艰辛可想而知。她非常能干，里里外外一把手，把家庭治理得井井有条。

　　我在家里的男孩子中排行老四，最小，所以在以后的生活和艺术道路上，三个哥哥或多或少也都对我有着一定的影响。

　　我大哥名叫宋紫君，生于1909年。按说他是宋家的第一个男孩儿，理应子承父业，但是他没有干上演员的职业，却做了一名琴师。这也是缘于一次的偶然事故。大哥小的时候，我前娘带过来的那个哥哥，总爱把他扛在肩上玩耍，有一次上楼没小心，结果把大哥从楼梯上摔下来，脑袋磕到了地上，从那时候起，他就留下了反应迟缓的后遗症。由于这个原因，我父母就没让他学演员，在供他上学读书的同时，请来了拉胡琴的老师穆之田教他学琴。大哥拉琴很有出息，手音好听，而且其他乐器也样样拿得起来，尤其吹得好。等我学戏登台，他就成了我的专职琴师，平时给我吊嗓子，演出为我操琴，配合相当默契。我挑班以后，他还负责管理我的账目，我们一直合作了好多年。

　　二哥从小进北京群益社科班学艺，排名宋益俊。入科后，先学武生，后学老生，主要是向张玉峰先生学黄（月山）派武生戏和天霸戏。功夫扎实又全面。像黄天霸这类短打戏，他全能唱，靠把戏如《挑华车》《长坂坡》《铁笼山》等，都是他的拿手戏。他既能演主角挑大梁；又能演配角，所以他的外号叫"生行不挡"，这就是说他在生行方面样样拿得起，难不住他。

　　小时候二哥也曾教过我一些武功，如打把子、起霸、趟马等基本功，我的武功也得益于他。自从我患眼病以后，他就自己单干挂

宋遇春演出《斩车胄》饰关羽

宋遇春扮演关羽

头牌，后来成了名演员。当时尚小云剧团、李万春剧团等都争相聘用他。年轻时受到素有"活关公"之称的李洪春先生赏识并被收为弟子，为感师恩从此改名为宋遇春。

他在京剧界颇有名声，能唱的戏很多，功底也扎实。新中国成立前，二哥曾任北京荣春社科班教习。新中国成立后，他任江西上饶京剧团团长。1994年春，二哥在北京逝世，享年八十四岁。他在患病期间，我曾去北京探望，我们手足情深。二哥留下三子，长子慧良，中国戏校毕业，后在兰州市京剧团当团长。次子名叫惠鹏。三子宋锋，是中国京剧院的武生演员，宋锋的女儿宋奕萱也学习京剧，

左起：宋奕萱　宋宝罗　宋　锋

现在国家京剧院唱青衣、花旦。

　　三哥比我大三岁，我六岁时跟他一起进北京金鱼池精忠庙小学读书（北京城南有座精忠庙，过去梨园公会就在这里，后来改成小学校），那时候我母亲在城南游艺园演戏。母亲抱着妹妹领着我，每天从中午到晚上都在戏院里。我经常坐个小凳子，在"场面"上打鼓的后面看戏，看累了，就睡在衣箱上，就这样我学会了好几段老戏，唱来还有滋有味。这段童年的生活，为我今后学京剧打下了基础。

　　由于我年纪太小，只能每天跟着三哥一起玩耍。三哥从小是个淘气鬼，经常带着我逃学，去听相声看变戏法。一次，三哥又出坏点子把我和他的书包藏在阴沟（下水道）里，那天下大雨，两个书包被水冲走，把阴沟堵死了，弄得天桥一带闹了大水。我们狼狈地回到家中，三哥被父亲狠狠打了一顿。学校老师因为三哥带头逃学，罚他站墙角儿。他顽性难改，不好好念书。十天中老师要到家告状三次，他几乎天天挨打，有一次居然闯下了大祸。

那一年的农历七月十五日，按当时的民俗，这一天小孩子都要举着莲花灯游街庆祝。三哥专门喜欢收集小蜡烛，将它们藏在精忠庙内的大柱子里面。那天放学后，他用火柴点燃了大柱子里面的小蜡烛，觉得好玩极了。不料火势很快蔓延开来，他尚未到家，好端端一座精忠庙就被烧光了。此事闹大后当局查明是三哥干的，北京市教育行政当局下令将他开除，明令全市小学谁也不准接收他。这样一来，连累我也不能上学。所好的是，我父亲是群益社科班的董事，靠着这个关系，继二哥之后，三哥也被送进了这个科班里。

三哥进了北京群益社排名宋益增，成了梆子"四大名丑"之一刘义增的弟子，专攻小丑、彩旦。后来为感谢恩师栽培，就改名为义增。他聪明过人，记性特好，能过目不忘，会戏甚多。我和三哥的关系一直很好，虽说三哥从小顽皮淘气，可是他对我一直是非常关心。20世纪40年代我去上海演出时，三哥就陪我演戏、排戏、说戏。在"文化大革命"这场灾难中，我们都受到冲击，他对过去文艺战线上那条极"左"路线极为不满。"文化大革命"结束后，他就提前退休了。可是每当我演出时，他总抱病为我排戏、说戏、把场。他的退休工资不高，三嫂又没有劳保待遇，我每月给他们一些补助，也是尽尽做弟弟的一份情谊吧。

1997年春，三哥和三嫂，由于年老多病，医治无效，在同一个月先后去世。三哥享年八十四岁，三嫂享年七十二岁。我从小就和三哥长期相伴，和他同台演出，受益不少。在我变嗓前后十年时间内，三哥在天津中国大戏院当"基本演员"，所有南北名角来天津演出，他都和他们配演过。他戏路广、人缘好，人们称他为"戏包袱"。

三哥病逝以后，我心里非常悲痛。我感到最难过的是，他一肚子的艺术经验和资料，没有人替他记录下来。这是一笔难以弥补的损失。我深感对那些老艺术家，生前就该有人记录、整理他们的资料，这些资料对后人极有借鉴作用，等到故世以后，那就来不及了。三哥收了几个徒弟，跟他学了一些东西。但毕竟是极有限的。每当我想起这件事，内心感到十分痛苦，老艺人的经验，也算是无价之宝啊！

《逍遥津》宋义增饰华歆

## 4 小神童唱红老北京

  中国旧时学戏主要有三种形式。
  一是"科班"，即学、演结合的戏班，学员多是贫寒子弟，学艺多为谋取衣食。入科，学生家长与科班要签生死契约。学员伤亡，班社概不负责，学艺时间一般为七年，若学生中途逃、退，须赔偿

科班七年的经济损失。科班教学采用"打戏",即"不打不出功",甚至盛行"打通堂",一人犯错,全班通打。因此,旧时学艺的人常称伴着泪水、汗水的"坐科"为"坐大狱"。

二是"手把徒弟",即学员到老师家中学艺。学艺时间、签约与科班相似。学艺时可任由老师打骂。学艺之余还要帮老师做家务。学戏前五年若学生能唱戏赚钱,收入归师,后两年算"效力",唱戏收入师徒拆账。

三是"家学",即请人到家中授艺(艺学家传也属家学)。因出资学戏,学生不太受罪,老师授艺也较仔细。这种学艺与手把徒弟一样,需搭科班借台献艺。

宋宝罗生在梨园家庭,虽未进科班,却自幼便能惟妙惟肖地学大人演唱,父亲慧眼识才,决意倾资栽培。宋家颇为殷实,因而父母为儿子选择了不挨打的"家学"。宋宝罗天资非凡,勤学苦练,经名师授艺,严父督教,很快就走上了星光之路,小小年纪便成为群益社的特邀京剧童伶。七岁那年,宋宝罗首次登台,三天打炮戏尽展老生、老旦、花脸之多姿多彩,演毕,这位模样俊秀、聪明伶俐的"平剧神童"立即轰动了北京剧坛。

我于1916年农历十月二十一日生于北京,因为我从小非常聪明,所以深得父母的宠爱。我出生的时候,父亲正信奉基督教,于是就请来一位牧师给我取了个基督教的名字——保罗。后来可能感觉这个外国教会的名字和我们这个唱戏的家庭不太合适,所以就把保罗二字改成了宝罗。

父亲宋永珍退出舞台以后,重点就放在了教育儿女的身上,两个哥哥都进了天桥群益社学戏,我因为年龄太小进不了科班.只能每天跟随母亲到城南游艺园看戏。从看戏渐渐培养了我对戏曲的兴趣。回家以后,我也学着唱戏。父亲发现我是学戏的好材料,决定要把我培养成演员。

进不了科班,学戏就只能外请老师。我六岁那年,父亲给我带回了一个年纪很轻的教戏先生，他叫张立英。原是保定府一个科班的学生，唱老生，因为出科倒仓以后没人聘用，就流落在北京街头。父亲看他可怜，又有一些基础，就让他给我当启蒙老师为我说戏。张立英当然求之不得，千恩万谢我父亲对他的收留。他教戏很认真，当时我虽然年龄不大，可是悟性较高，大约两三个月，就学会了《上天台》《黄金台》《鱼藏剑》《马鞍山》等戏。我很喜欢这位年轻的师父，后来他找了个女人，从此教戏也不放在心上，不久就离开了我家。

父母为了我的学戏不半途而废，随后又聘请了一位名叫黄少山的老师。他是大名鼎鼎的黄派武生黄月山（黄胖）的儿子，也是著名老生汪桂芬的徒弟，因为倒了嗓子，又是高度近视眼，所以无法登台演出。但是他戏路宽，肚子里的玩意儿不少，当教师是很称职的。我正式向他拜师以后，他就开始教戏了。

黄少山的授徒方法与众不同，他选定剧目以后，不是马上一字一句口授，而是先要讲两三天故事，把剧情的来龙去脉讲清楚，把人物形象分析清楚，这样学戏就能收到事半功倍的效果。不像一些老艺人虽然会唱戏，可是缺乏历史知识，连错别字也不知道。在这一年间，我陆续向黄少山学了《辕门斩子》《斩黄袍》《斩红袍》(即《打窦瑶》)《取成都》《文昭关》《搜孤救孤》《战樊城》《浣纱记》《长亭会》《击鼓骂曹》等。这些文武老生戏，无疑给我打下了良好的基础。以后，我的二哥宋遇春也跟他学了不少戏。可惜这位老师寿命太短，很年轻就因病去世了。回忆起自己的学艺经过，我始终忘不了这位好老师对我的教诲。

黄少山老师去世以后，父母又先后给我请了张春彦、宋继亭等五六位教老生戏的名师，唯一的不足，就是他们不能上门教戏，我学戏必须到他们的家中。

父亲发现儿子学戏很快，嗓子也弘亮，决定对我加大培养力度，要求在短期内来个多行当的"全面开花"，不让我只局限在京剧老生这个行当里。经过父亲的精心策划，一下子又请来了三位老师：一位是朱殿卿，教唱铜锤花脸；第二位是教老旦的艺人，名字记不清了。第三位是石子云，教唱青衣。时间也安排得很紧，上午下午轮流转。

这对小小年纪的孩童来说，怎么受得了呢？母亲坚决反对这样学戏。她认为车轮战术的学习方法会把孩子的身体搞垮。可是父亲脾气古怪又很倔强，有大男子主义思想，封建家长制作风很严重，教育孩子的大事他要说了算。

我就在这样的环境中勤学苦练，进步飞快。学会的花脸戏有《探阴山》《草桥关》《锁五龙》《牧虎关》《御果园》《二进宫》等。学会的老旦戏有《钓金龟》《滑油山》《游六殿》《行路训子》《断太后》《打龙袍》《徐母骂曹》等。学会的青衣戏有《三娘教子》《春秋配》《苏三起解》及花旦戏《打花鼓》等。真可以说是学什么会什么，生、旦、净的嗓子都能唱，而且还唱得不赖。

父母亲眼看自己的孩子茁壮成长，心里乐滋滋盘算着让我早日登台。1923年他们就积极筹划我上台前的准备工作。首先，要制作小行头，如小蟒、小靠、小盔头、小靴子等，连桌子、椅子、城墙等舞台布景和道具也要小的。七岁那年，我果然登台献艺了。配角全是群益社科班的学员，真可谓是"众星捧月"。虽然我的年纪很小，可是我很自信。父母的心情自然不必说，全家人对我寄予一片厚望。

演出的日期到了，地点在北京天桥东歌舞台剧场。第一天我打炮的是老生戏《上天台》。我一登台亮相，观众就暴雨般地拍手叫好。这出戏唱下来，观众赞不绝口，没想到今天竟冒出这么一个小神童来。第二天我主演老旦戏《游六殿》《滑油山》。这一场我的老旦唱腔又倾倒了满场观众。第三天的戏码是我主演的花脸戏《探阴山》，我那高亢、响亮的嗓子，更是震惊了观众。

三天打炮戏引起了轰动，北京的《益世报》《群强报》等大小报纸，刊登了我的演出消息。有一家大报头条新闻就是《平剧神童的演出》。这一下，我成了北京剧坛的新闻人物。为此，我也成了群益社的特邀童伶。全社六十多名学员都陪着我演出。当时我的报酬是每场大洋六元。如去东城景泰茶园、西城和升茶园或南城开明戏院等剧场演出，都有马车接送。

时隔不久，歌舞台剧场突然被大火烧毁了，群益社不得不到天桥西边的吉祥戏园演出。吉祥戏园虽规模较小，但很干净，管理有序。

男的坐当中,女的坐左边一角,右边是出口。演出剧目以梆子戏为主,兼演京剧。如梆子艺人崔灵芝、天明亮、小马五(《纺棉花》一剧的创演者)、林翠卿、海棠花、于德芳、一千红等,都在这里演出过。

当时吉祥戏园的前台老板名叫刘凤林,他在军阀混战时代当过师长,后因负伤退役,开办了这家戏园。他见我的演出能为戏园带来巨大的票房价值,就和群益社老板张起、管事庞德云商量,要我加入群益社并长期在该戏园演出。当时我父亲想,为了"借台演戏"使我有长期实践的机会,就同意了签订半年合同,每天日场演出报酬五元大洋。这段时间在老师和父母的严格督促下,我边学边演,进步很快;演出场场客满,深受观众欢迎。

刘凤林见我发展前途远大,要认我做干儿子。我父亲怕将来受他控制,没有同意。但刘凤林熟悉的军阀不少,如张作霖、程希贤、石友三等人都跟他有往来。我出名以后,少不了要参加军阀们举办的堂会。1924年中秋节,我见到的第一个"名人"就是冯玉祥将军。

这一天,冯玉祥在北京郊区南苑举办了三天堂会,这也是冯玉祥把宣统皇帝赶出宫禁后的庆功大会,场面非常热闹。记得冯玉祥和他夫人李德全胸前都戴着大红花,坐在前面看我的演出。第一天我演唱的是老生戏《击鼓骂曹》。演出后,冯玉祥高兴地把我叫到台下,坐在他的旁边问长问短,还给了我一大把花生和糖果。李德全也非常喜欢我,当场赏大洋两块。第二天的剧

冯玉祥

目是《张松献地图》，我扮演张松，由二哥扮演关羽。第三天的戏码是《斩颜良》，我演关羽，二哥演颜良。这三场戏都很受欢迎。那时候我年纪太小，扮演关羽时，一把青龙偃月刀拿也拿不动，开打的时候，一下子就把颜良斩首了，引起了全场哄然大笑，至今记忆犹新。

八岁那年，我参加了北京城南游艺园的演出活动。当时的坤角老生孟小冬也在这里演出，她比我大十岁光景，当时已很有名气，她还是我母亲的干女儿，管我叫老兄弟。我向她学过《上天台》《黄金台》和《击鼓骂曹》，击鼓的鼓套子还是她教的，后来她把自己用的鼓楗子也送给了我。我这出戏由早年给谭鑫培操琴的孙老元（佐臣）担任伴奏，剧场效果很好。

我长到九岁时，由我父亲带着跟随群益社科班，到北京郊区乡下唱"野台戏"。二十多个县我都去唱过，庙会集市，每处三四天不等，真正是为农民演出。后来群益社的梆子老艺人先后故世，剧团主演和经费都成了问题，最后只好解散。父亲审时度势，及时率领四个儿子组班演戏，另请了教师、服装管理人员和几个配角，继续流动演出。后来因为二哥倒仓变嗓，就由我改挂头牌。我们先后到山东、山西、河南等省巡回演出。从省会到县镇，可以说走到哪儿就红到哪儿。

少女时代孟小冬

世上的事情往往不会一帆风顺。有一次，我们巡回到天津劝业场演出，我贴演《草桥关》，这是一出花脸戏，由于化妆的人给我勾脸时，没有黑油彩，就用了黑锅烟子，结果锅烟子进到眼里，导致我的右眼中毒，先是红肿，后来就看不见东西了。这场飞来的横祸让全家人都焦急万分，慌了手脚，他们将我急忙送到北京同仁医院住院治疗。经过一年多的时间，右眼虽然治好了，却落得个大小眼儿，左眼散光不能再登台演出，医生告诫必须经过一段较长时间的休养。从此，演出任务就全由二哥、三哥和群益社的师兄弟们包揽了。我父亲利用我休养的时期，继续督促我学戏。当时的作息时间是这样安排的：上午学戏，这期间我学了很多汪派戏如《刀劈三关》《骂阎罗》等，以此拓展了我的戏路；下午听评书，增长了我的历史知识。晚上观看名家名角的戏，汲取各家之长。眼睛坏了虽然是坏事，但坏事也能变好事，这段时间的学习观摩，为我扩大了视野，打下了良好的基础，对今后的艺术进步起了促进作用。

在这期间，我认识了富连成科班"六大弟子"之一的名老生雷喜福先生，他在京剧艺术上颇有成就，念白、做功均有独到之处。出科后他留在科班任教，马连良、谭富英等早年都跟他学过戏。《四进士》《一捧雪》《九更天》《审刺客》《盗宗卷》等，也是他的拿手戏。我眼睛好了以后，向他学了好多戏。雷先生每年夏天要到天津天祥市场六楼的"小广寒"小剧场演出两三个月，他和我父亲商量，打算邀请我每场在前边演出，每月包银二百四十元大洋，还管我的住宿。父亲觉得这是一个锻炼儿子向雷喜福师父学习的好机会，就满口答应了。

雷先生虽然有本事，但脾气很古怪，我每天要小心服侍这位老爷子。雷先生好睡懒觉，上午十时左右才起床。他喜欢养狗、养鸟、养蛐蛐，北京老家还养着好几缸金鱼呢。我每天六点钟必须起床，起床以后先得洗狗、洗鸟笼子，又要弄狗食、鸟食，并把它们喂饱，还得将毛豆剥好嚼碎，喂蛐蛐儿，最后把师父的大烟盘子擦得干干净净，把养蝈蝈儿的葫芦擦洗干净，再把茶沏好……等师父起床了，抽完两口大烟，喝完两小壶茶，再把狗叫到跟前，闻闻有味没味，然后听听鸟儿鸣、蛐蛐儿叫。他都满意了，然后就开始给我说戏。

《打严嵩》雷喜福饰邹应龙 侯喜瑞饰严嵩

如果教了两三遍，我还不会，他就要训斥一番。回忆这段学戏过程，着实吃了不少苦头。不像现在，条件好多了，有录音机、录像机等设备，那时候全靠死记硬背。稍不如意，师父就骂人，什么难听的话都骂。为了学戏，只好忍气吞声，眼泪往肚里流。算了算，我一共向雷喜福先生学了四五十出戏，为以后的从艺生活，作了丰富的积累。

十三四岁时，我的右眼完全康复，可以重新登台唱戏，于是由我父亲带领，并联合了其他一些梨园子弟，再次进行了巡回演出。演出地点仍然是山东、山西、河南、河北等地。这次演出使我大开眼界，增长了不少知识，尤其目睹那些军阀们的跋扈嚣张、腐化堕落，深切地了解到旧社会的黑暗。

我曾在太原府为军阀阎锡山部队演出，而记忆最深的是在济南大观园剧场为军阀张宗昌的演出。那一次，长得人高马大的张宗昌，坐在剧场正中的一张藤椅上．三面环楼的包厢里坐着的都是他的姨太太，个个打扮得非常妖艳，大约有三四十人。这天的戏码有张宗昌很爱看的关公戏，还有一出是老生前辈名家刘景然和吴彩霞合演的《三击掌》。刘景然大概有七十多岁，扮演剧中的王丞相，他一出场就是"碰头好"。等他念完了引子、定场诗、自报家门以后，就该吴彩霞扮演的王宝钏上场了。这时候的吴彩霞先生已经六十开外，扮相很不好看，他上场没走几步，张宗昌就站起来了大声制止道："别唱了！"

张宗昌的一声吼叫，把大家顿时弄蒙了。张宗昌接着喊道："这么大年纪的王宝钏，有什么好看？让他们回去休息！"他随手关照身旁的侍从："每人给一百元大洋。"两位老艺人拿到了钱连忙大声说："谢谢张督办的赏。"

接下来的一出戏是刚出科的毛世来，他的戏码是《小上坟》。毛世来穿着一身白衣白裤上场了，还没张嘴，张宗昌又站了起来，他叫嚷着说不喜欢看小寡妇的戏，他嫌不吉利。后台管事见张宗昌发了脾气，一时都乱了手脚，不知该安排什么戏才好。那天原本叫我演出《秦琼卖马》，张宗昌说这是秦琼最倒霉的时候唱的，他不听。后来总算换了一出《击鼓骂曹》他才点了头。可是当我上场演唱的时候，他却到前台经理室抽大烟去了，等他抽完大烟出来看时，戏也快唱完了。张宗昌还算满意，随之赏了我一百块大洋。

岁月匆匆，我在繁忙的演出生活中，不知不觉长到十五岁了，嗓音也越唱越亮，有的人赞赏我是"唱不败的金嗓子"。这一年，

张宗昌

艺苑春秋

我在河南郑州一连唱了几个月，上座始终不衰。父母没有注意到应该让我劳逸结合，好好休养。后来又赶到开封去演出，那时正逢大热天。天气闷热，上座情况不是很好。这时候，我的嗓子感到有点不痛快，当时以为是中暑的缘故，父母还没有及时让我好好休息。郑州方面因为合同未满，又急着催我赶回郑州去。第一天的戏码是《珠帘寨》，唱到快收尾时，嗓子突然再也唱不下去了。第二天的戏原是《钓金龟》和《击鼓骂曹》，可是早上一起床，我就发现一个音也发不出来。到这时候父亲开始焦急起来，他连忙要求剧场退票，并挂牌休息三天。

三天以后却依然如故，发不出一点声音来，这时候父亲才确认我是倒仓变声不能再唱了。他跟剧院老板商量停止演出，可是老板认为合约没满不能同意。父亲脾气暴躁跟老板闹翻了。老板坚决不让我们离开郑州，并要我们赔偿损失。无奈之下，父亲决定我们分两批偷偷离开郑州，第一批由父亲带着我离开。这时候正碰上黄河发大水，我和父亲坐着小船渡过了黄河，第二天黄河大桥就被大水冲断了。我们父子俩急急忙忙回到北京，半个月后，两个哥哥和其他师哥们押着戏箱绕着陇海路才总算到了家。

我回北京以后，经过医师诊断，认为我的声带因劳累过度受损严重，不能再唱戏了。必须经过长期治疗和休息，今后能否重上舞台，谁也没有把握。我在童年、少年时期发出的耀眼光芒，一下子就消失熄灭，我今后何去何从，也就成了全家人的一块心病。

## 5 我的书画篆刻之路

中华文化泱泱数千年，它孕育的书画与京剧，根深蒂固，血脉相连，其水乳交融之和谐美妙，登峰造极，同被誉为国之粹。多年来，梨园行和书画界，彼此借鉴，相得益彰。文人学唱京昆，以升华舞文弄墨的美学意境；伶人研习翰墨，以提升舞台艺术的文化品位。这种同根而生的文化与艺术，造就了一代代翰墨丹青尽显风流的梨园儒伶。

京昆界擅书画者众多，"通天教主"王瑶卿以绘梅、菊、荷花著称，尤精画鱼、虾及乌龟；"武生泰斗"杨小楼所作汉隶、颜楷功力深厚；"四大名旦"梅兰芳、程砚秋、荀慧生、尚小云以及余叔岩、姜妙香、周信芳、马连良、言菊朋、俞振飞等等，尺幅之上，均有神韵飞扬、姹紫嫣红……然宋宝罗在书法、绘画、篆刻等多方面取得的成就，在梨园界并不多见。宋宝罗七岁唱红、十五挑班，正当少年得志、前程似锦时，眼疾突至、倒仓声嘶，无奈之下，宋宝罗惜别舞台。他心高志广，不甘倒运，又迷上剧本戏考、金石书画，自琢自磨。造化钟神秀，从此，宋宝罗时来运转，柳暗花明。

聪明、好学、勤奋，天便无绝人之路，宋宝罗苦心孤诣，登堂入室。后来，他行云流水、笔酣墨畅的书法，朱墨鲜妍、栩栩如生的国画，气象万千、各得其妙的篆刻，一身三艺，无一不令人惊叹称绝！

我倒嗓以后连说话声音都变了，父亲心急如焚，几乎每天陪我去医院。协和医院、同仁医院以及当时最有名的中医师，都对治疗我的嗓子毫无办法，并且还警告说："必须长期休息，不能吊嗓、喊嗓，不能大声讲话，也不能生气上火。"这"三不能"使我万分苦闷。以往几年的学戏、唱戏生涯太使我留恋了。我如果不唱戏，又怎么能消磨这苦闷、烦恼的日子呢？后来我想到了一个好办法——跑书店。当时书店里有各种京剧剧本和戏考。

每次去书店总买几本回来，看到这些剧名非常熟悉，因为这些剧目中不少戏我演过，也有不少戏学过。由于我文化水平太低，进小学没几天就失学了，大字不识几个。可是我有一股学习的毅力，就将戏考中的字一笔一画描写下来。后来被二哥宋遇春发现了，对我说道："这些戏考里的戏不全对的，错误不少，我借你几本吧！"

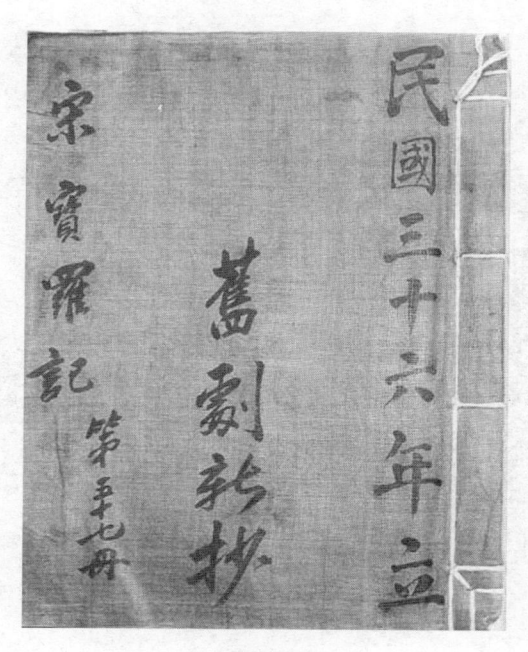

宋宝罗抄录剧本

于是，我抄戏本入了迷。以后我又向老艺术家如李洪春、张春彦等人借剧本，往往在一盏煤油灯下一抄就抄到大天亮。这种抄书方式，对我来说也是一种很有益的学习方法。戏本都用小楷工工整整抄写，可惜在"文化大革命"时全被整箱整箱的烧掉了。

我在倒仓时，我们的家已从施家胡同搬到了延寿寺街三眼井胡同二十一号，这房子由我母亲多年唱戏积攒下来的钱买的，大约花了四千多块银元。这座四合院是新翻盖的老房子，相当宽敞。北面正房三间，南面也有三间，东西各两间厨房、厕所。院子很大，地面铺着青砖，可以练功、跑圆场。院子里还种着花木，缸里养着金鱼，环境相当幽美。我们的住处属于"戏窝子"，是京剧艺人比较集中的地方。东琉璃厂紧靠着延寿寺街。东琉璃厂是北京文化荟萃之地，这里有古玩店，金石书画的名店如荣宝斋、朵云轩等。各大百货店也都开设在东、西琉璃厂，很多著名画家也都住在附近。这样的地理环境对我的成长大大有利，这样的文化环境对我影响深远。

于非闇作品

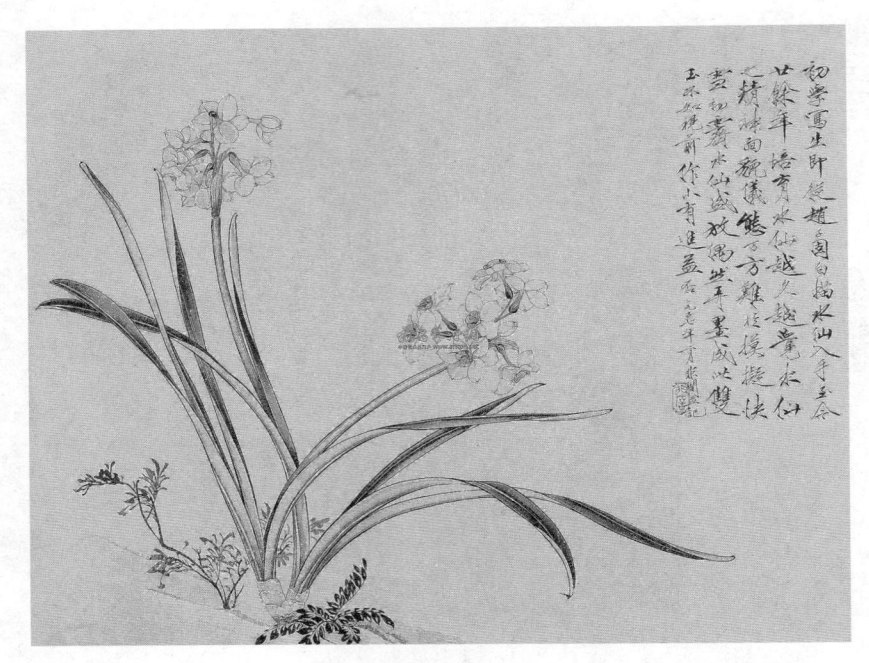

  更幸运的是有一位名叫马湛汀的书画家，正好租住在我家大院的三间南屋。这位马老先生已六十多岁。他原住西长安街，因为讨了一个小老婆，家中天天吵架不得安宁就搬到此地来住。这位小老婆年仅二十岁，比马老年轻四十余岁，原是马老的学生，学国画的。他们住进来以后，十分安静。马老每天上午去故宫博物院上班，下午就在家画画、写字。平时我常去马老家玩，看这位年轻女子作画，碰上不认识的字就去问她，我管她叫师娘，她不好意思答应，拿我当小兄弟看待。

  由于我懂礼貌、长相也英俊，很得马老先生的欢喜。有时他画梅竹时，我也跟着画几笔。马老先生发现我很喜欢绘画，有绘画的潜质，有时也叫我帮忙着色，就这样看看、画画、涂涂，不知不觉中对中国画产生了浓厚的兴趣。马老还结识了很多书画家中的名流，如齐白石、于非闇、李苦禅、王青芳、陈半丁等名画家常来这里拜访马老。

宋宝罗20世纪30年代作品

　　有时候，马老也带着我拜访那些名画家。马老在介绍时说："你们可不要小看，当年他还是一位有名的小童伶呢！"。那些名画家大多都是京戏迷，都说："知道，知道，我们还看过他的戏呢！"有时候，马老去故宫上班还带着我去观摩那里珍贵的藏画。这样一来，我对绘画更感兴趣了。马老先生又酷爱京剧，他还经常带我去看名伶的演出，并加以评论，使我增长了不少知识。至今回忆起来，我对这位启蒙画师仍然怀着深深的敬意，从这位老画家身上确实学到了很多东西。经马老介绍，我又拜于非闇为老师，学习工笔花鸟画。受到于老师的教导和启发，同时开始学习刻图章。于老师教我如何写反字，怎样用刀，以后又学着给于老师刻了几枚闲章，从此逐渐入门。于非闇老师是一位知识渊博的学者，他对绘画、篆刻和京剧都有精深的见解，对我今后的绘画、篆刻具有很大的影响。

北京中山公园内有一个水榭林园，是著名书画社"湖社"的活动场所。社长金北楼原名金绍城，号北楼，又号藕湖，浙江人。他联合画界名流创办了"中国画学研究会"，并被推为会长。"湖社"天天有笔会，经常举办画展，这是最好的学习机会。

我就在这里认识了许多名家，如徐悲鸿、张大千、徐燕荪等。大概是1933年或1934年春，有一次"湖社"在水榭举办笔会，几位名画家合作画一幅《春回大地》的国画。徐悲鸿先生先在画纸上画了几只麻雀，题款后发现没带图章，感到十分遗憾。当时水榭里备有纸、笔、墨、砚、石头、刻刀等，供画家们随意使用。我见此情形，就灵机一动拿起一方石头、一把刻刀，偷偷在角落里刻了一方"悲鸿"两个字的图章。徐悲鸿意外地看到这方图章，真是惊喜万分，他就在画上印了这枚图章，满意极了。他高兴地夸奖我刻得好，今后会很有前途。得到徐悲鸿先生的赞许，我很受鼓舞。以后，我看到徐悲鸿很多画都盖上了这枚印章，对我来说是极大的鼓励，至今还保留着这方印样。

在我学画期间，我由于和一位志同道合的女友发生了恋情，就随她来到了她的家乡天津。我这个初恋的女友，最终因病而逝，我怀着万念俱灰的心情，就滞留在了这海河之滨。

当时日寇侵占了大片中国土地，华北当局为了安定人心，大搞文化娱乐活动，以装点歌舞升平的假象，天津也不例外，剧场演出往往客满。时任天津中国大戏院经理的李华亭很会动脑筋，他专请北京的名角到天津来演出，每期十三天，其中一天是帮忙李华亭演出的。名角荀慧生、谭富英、马连良、金少山等都轮流在中国大戏院演出，这些名角大都住在戏院对面的惠中饭店，我三哥宋益增对

老鼠与枇杷

群鸡图

旧报纸

　　这些名角很熟，特别跟李庆山、姜妙香最熟。于是，三哥经常带我去惠中饭店看望他的老朋友、师兄弟们，有时也看他们的演出，主要是为我解解苦闷。

　　在交往中，我认识了姜妙香。姜先生是名小生，也是一位老好人，他还能画画，擅画牡丹、菊花，不少票友都来求他画扇面，他来者不拒，但画得很慢，往往使他疲于应付，苦不堪言。我经常观摩姜先生作画，有时姜忙不过来，我就仿着他的画法，替他画牡丹、菊花。姜对我的画非常满意，他往往题款盖章后送了出去。求画人还真看不出这些画是不是姜的真迹。有时连姜先生本人也辨不清楚。谭富英是姜妙香的女婿，有人求谭富英在扇面上写几个字，也由我代笔了。另外，我也曾替尚小云作过画。那时候，有不少票友来向这些名角求画求字，以此为荣。他们忙不过来的时候，就把我关在房子里替他们代画。每当他们演完戏归来，我的字画也画好了，所以这些名角对我一直有良好的印象。

## 6 恢复嗓音重上舞台

梨园行有这么一句话——拉弓要膀子，唱曲要嗓子。可见嗓子对吃"开口饭"的戏曲演员来说是多么的重要。

戏曲界把人青春期的变声，称之为"倒仓""倒嗓"，佳喉善唱，一经倒仓，便嗓音嘶哑，音域狭窄，演员如果过不了倒仓变嗓这一关，便一蹶不振。因此，许多艺人常常因此而改行，或学琴、学鼓、学管戏箱……裘桂仙、李多奎等都曾因为变声而改学操琴。其实，不唱戏改行，既使另寻出路，也是蓄势待发。有心人，则艺术积累不停，一旦嗓音恢复，重施粉墨，沉默换来的积淀，会使技艺更加精进，舞台愈发光彩，宋宝罗与汪桂芬、裘桂仙、李多奎等人均是如此有心人。宋宝罗涉足书画印后，先与启蒙画师一起观看并评价名伶演出，又拜对京剧艺术有精深见解的博学画家为师，再与擅书画的京剧名流吊嗓切磋，不知不觉，一条好嗓子就吊"回"来了。

一次偶然的救场，宋宝罗《阳平关》出演黄忠，一鸣惊人，深得上下赞赏，从此他一发不可收拾，惜别氍毹整五载，终又重操粉墨生涯，再度走红。

五年的书画篆刻生涯，为我的生活掀开了新的一页，可我毕竟生长在梨园家庭，从小学戏演戏，而且在戏台上也博得过内外行的赞誉。所以有时候虽然握笔持刀，干着另一种职业，但却对登台演戏一直默默留恋。每当看到那些名角儿唱戏或吊嗓子，我也禁不住嗓子眼儿发痒，跃跃欲试，盼望有一天我的铁嗓钢喉能够恢复如初。

时光飞逝，不知不觉我已经五年没有跟胡琴"说话"了，于是在闲暇之时我开始找琴师试着唱一唱。就这样尝试没多久，我的嗓子竟出人意料地一天天好起来，比小时候更加豁亮、苍劲、高亢，难度大的唱段，我唱起来也毫不费力，至于我喜欢的汪（桂芬）派、刘（鸿升）派、高（庆奎）派戏，也都能唱。和我熟识的内外行朋友，谁也没想到画画、刻字的宋宝罗还有这么一条好嗓子。三哥发现我的嗓子已经吊出来了，更是喜出望外，他为我专门请来了一位名叫

二十岁的宋宝罗

石松山的琴师，天天来家给我吊嗓子。嗓子是唱戏的本钱，如今我的嗓子已经彻底恢复，只等待登台的时机了！

　　事也凑巧，那一年程砚秋先生率剧团到天津来演出，戏票已经预售一空，不料演出前一天，有位挂二牌的老生演员因病不能来天津。事已紧急就要临时调换演员救场。这时候跟我很熟的姜妙香先生就向程砚秋推荐了我，说我是名老生宋遇春的弟弟，嗓子、个头、扮相都不错，倒仓之前还挑过梁，会不少戏，是个有名的童伶。程先生对我有所耳闻，就答应了让我在他主演的大戏前面唱开场戏，剧目是《阳平关》。

20世纪30年代的程砚秋

能跟前辈大角儿同台演戏那是我求之不得的,《阳平关》我原来就唱过,很有把握。既然应下了这个事情,就要赶快做准备。我急忙找到了三哥,让他帮助我去解决演出用的行头。三哥在天津有很多的朋友,他立即找到了热心助人的著名京剧老生梁一鸣。梁先生那个时候正应邀在天津东天仙舞台演出,他一听我三哥介绍情况,立即答应,还把他使用的私家全堂行头借给了我,使我能顺利登台。

旧戏班没有排戏的习惯,演员之间的合作演出,往往是"台上见",如果找人说戏那是很丢脸的事。客气一点的,顶多说一句"请您兜着点儿!"

当晚我早早到了后台,扮好了戏,开演前程砚秋先生过来看我,一见我的扮相,他频频点头很满意。梁一鸣先生也特地来戏院看我演出,三哥更是忙里忙外张罗着。我虽然从小演戏就不知道害怕,可是这次重新登台表演,又是跟大艺术家程砚秋同台,心里不可能一点不紧张。大门口早就挂出了牌子,大意说某某先生因病不能登台,改请宋宝罗先生主演《阳平关》,敬请各界原谅云云……

毕竟我以前的功夫比较扎实,唱的戏也不少,年龄不大却已经有了很多经验。等《阳平关》我的老黄忠一上场,就赢来了观众的碰头好儿。这一下我就更有信心了,在戏里该叫好儿的地方,都很热烈,围在舞台两侧看戏的戏班同行,也是啧啧称赞。我的嗓子高低自如、势不可挡,一出戏下来,我虽已是汗透衣衫,心里却是万分高兴,总算把恢复嗓音后的第一炮打响了。这是我人生的一大转折,从此,我可以独立挑班重登舞台啦!

# 7 凄风苦雨闯江湖

中国古代把人按身份划分为九流,下九流为:优伶、婢女、娼妓、

乞丐、恶棍、剃头匠、当铺、灶头厨师、澡堂、木匠等。伶人与妓女并列，可见艺人的社会地位是多么低贱。从古代至近代，卑微低贱始终与戏班伶人如影相随。

　　伶人卖艺，四处流浪，每到一地演出，都要拜见当地的富贾豪绅、军政要员、帮会头目，梨园称之为"拜码头"。祈盼演出顺畅、免遭暗算祸患，怎能不仰仗官宦撑腰？否则，不要说是普通艺人，即使是名角，也难以立足。江湖险恶，世道黑暗，稍有不慎，不仅钱财难保，甚至还有性命之虞。

　　政治上、人格上的不平等使艺人尝尽闯江湖之艰辛、屈辱，他们不得不对权贵俯首称臣。同被称为京剧鼻祖的老"三鼎甲"之首程长庚和新"三鼎甲"之首谭鑫培以及"四大名旦"等，声名显赫的背后也同样有被歧视侮辱的悲愤辛酸。"四大名旦"之一程砚秋对此慨然痛彻："社会都歧视这行人……我下决心，不让子女学戏！"

　　复出后大红大紫的宋宝罗概莫能外，他挑班漂泊，历经沦陷区和国统区的重重苦难，屡遭恶势力的敲诈欺辱。惊回首，舞台辉煌的背后，那桩桩件件往事，无不浸满惊恐的血泪……

　　戏班里常说，北京学戏、天津成名、上海挣钱。我在天津也算是崭露头角了，外地的剧场经理们也开始邀我去演出。而这时我却因为挑梁没有私房行头回绝了几个地方的邀请。没过多少天，奉天剧院的经理丁子华前来邀请我们，我也对他直言相告：没行头出不去，丁子华很快给了回话。那时候东三省的各戏院联手经营演出，"新京"（当年伪满洲国的首都长春）戏院老板侯八爷，在这三省的演艺界很有威望，他答应先跟我签一年的合同，每月包银六百大洋，管接不管送，管住不管吃。而且先借五千元，每月扣两百元。如合同期满不再续订，要把借款还清方可离去，我当即认可并签下了协议。五千元钱不是个小数，制作全部服装还绰绰有余。除此，我还购置了舞台上用的桌围、椅帔、帐子等，一共花了四千元。剩余的五百元留给父亲养身体，三百元交付三哥使用，另外我又花了两百元添置了一些衣物。母亲和大哥跟我去东北，两个妹妹在天津由三哥三嫂照看，继续学戏。

1939年12月，我们到达奉天，先安排在南市场剧院演出。春节已临近，按惯例，春节期间要演吉祥戏，如黑、白天的《御碑亭》《龙凤呈祥》，可是这类戏我会唱的不多，幸好唱男旦的程玉菁很热心，他戏路很宽，只要我有不会的，他就临时给我说戏帮我。就这样过节贴出去的戏码如全部《王宝钏》，全部《朱痕记》以及我从没学过的吹腔戏《奇双会》，都在程玉菁的点拨下顺利演出了。按说我从小学会了七八十出戏，可到了真正派用场时，又觉得远远不够。也正是在这等米下锅的状况下，逼着我填鸭般地一下子学了很多戏。

我在南市场剧场演过了元宵节，程玉菁期满回北京，我也调到北市场中央大舞台和男旦李香匀合作演出了一个多月，后来又到新

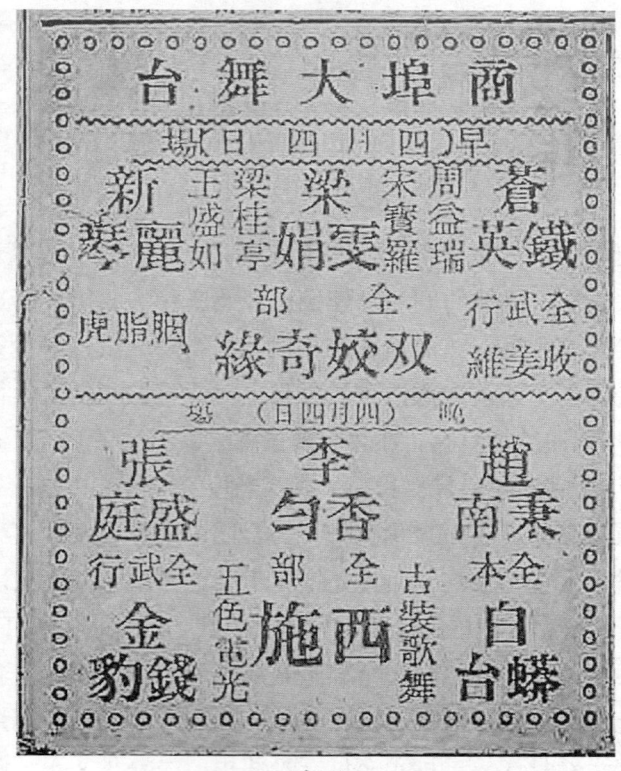

旧报纸

京为伪满皇帝溥仪演戏，等从哈尔滨、营口等地演出回来，就到了春节边上。剧院老板原计划把我安排到安东市的安东大戏院演出，可临动身时，老板突然让我改去安东市的七道沟永乐戏院。安东大戏院出名，场地大，三层楼能容三千多观众，不少名演员都曾在这里演出，所以我听了后很不高兴。老板见状忙许诺我在永乐演完再去安东大戏院。当时实行包银制，到哪里演出钱都不会少。

到了正月初三，安东大戏院门口早就挂出了客满的牌子。由于观众拥挤，戏院经理怕出事故早就关上了铁门。当天晚上有名演员白玉昆、俞赞庭等联合演出全本《连环套》，剧场气氛火爆极了，当唱到《天霸拜山》一场时，突然电线起火。剧场是木结构的，不一会儿火势就猛烈地烧起来了，许多人为了逃命全向门口拥去，可偏偏剧场的大铁门还紧紧关闭着，剧场没有消防设备，管事的慌了手脚，没能及时将大铁门打开。观众找不到太平门在哪里，在火海中哭喊乱成一团，就在这时，大屋顶突然塌落，将三千多观众压在下面……

后台的那些武戏演员凭他们的功夫，把后墙打开了一个洞，大部分演员从洞中爬出，也有一部分演员被活活烧死。白玉昆和俞赞庭两人，一个扮着黄天霸，一个扮着窦尔墩，二人从墙洞跑出，死里逃生。

安东大戏院坐落在小胡同里，连救火车也开不进来，这场大火一直烧到天亮才熄灭。

当时我站在永乐戏院屋顶上看着熊熊火光万分焦急，为受困在里面的人们揪心。如果那天我被安排在安东大戏院演出那将必死无疑，后怕之余我暗暗感谢上苍对我的保佑……

**回奉天敲诈连连**

我在安东市演出期满以后，回到了奉天中央大戏院，与白玉昆合作演出全部三国戏，白玉昆扮演关羽，也有时扮演刘备，我唱诸葛亮的戏，这为我今后演好诸葛亮的戏奠定了基础。

这时，我欠侯老板的五千元，已归还了三千元。看来再演一两年，这笔借款完全可以还清。可没想到，背后竟有人打起了我的主意。当时我二十多岁，一些日本翻译官和狗腿子借拉壮丁之名，就找上门来。

我明白，拉去的壮丁不是到煤矿去挖煤累死，就是送到兵营里当炮灰。我所在剧团有三位青年演员是他们瞄准的对象：一是我，二是一位武生演员周少楼，三是白玉昆的儿子白世英。我和周少楼都是高工资，白世英的父亲包银也是很可观的。所以他们想要在我们身上榨出油水。一次，他们拿着手枪、手铐找上门来，非要带走我们三人。白玉昆出面央求半天，最后我们每人交了一千元，他们这才离开，总算能让我们继续登台唱戏。

哪知过了一个月的光景，又来了另一帮人，说这次抽的壮丁和上次不同，是去长白山兵营当兵，点名要我们三个青年演员去，没有商量的余地。我们赶快托人说和，把这帮人请到饭馆大吃了一顿，他们还不满足，又逼我们每个人交出了两千块。我和母亲欲哭无泪，一个多月花了三千元，等于半年白干啊。可那帮恶棍敲竹杠的胃口越来越大，没几天再次找到我们……

终日提心吊胆，我们一商量实在没办法，只能"走"为上策。不想那几个恶棍又赶到我们逃离之前跑来抓人，我母亲见状只得央求宽限三天，去借钱送给他们。把那些恶棍打发走以后，丁子华建议我们把行头服装都带走，盔头留下，以免被人发现是演员，几只箱子，由他负责装运，若有人查问，我就说是学画的。当时我们母子俩不知该怎样感激这位好心人。

第二天一早，我和母亲、大哥就上了南下的火车。我拎着一只装有纸、笔、砚、墨、颜料的手提箱顺利上了车。哪知到了山海关换车时，日本鬼子拉着大狼狗在旅客中间搜查，强行打开每只箱子，查看有没有反日的物品。其中有几个中国人受到怀疑，被吊起来鞭打，嚎叫声、鞭打声、呻吟声，一片恐怖景象。我们装得十分沉着镇静，可是心里却是七上八下。当查到了我的四只戏箱时，箱子里面除了

戏服还有从哈尔滨买来的皮货和大衣等。鬼子嚎叫起来问箱子是谁的？我们吓坏了，不敢承认，如果承认了，就休想离开。一个狗腿子突然将龙袍穿在身上，在月台上学着走起了台步，日本鬼子看了哈哈大笑。他们见在四只大箱子中查不到禁物，就把东西扣留在了山海关车站。

当日本鬼子盘问我是干什么的时，我说画画的，并边说边打开了那只手提箱。日本人一看里面全是画具，又看我文质彬彬的，大哥也长得很文静不像当兵的就都放行了。

折腾了五个多小时，一家三人如释重负，急急上了南下的火车。那时候出山海关如同"出境"一般，我带的行头被日本鬼子扣留了，我的身份证是天津所在地，也不敢去领，就这样又造成了我的很大损失。

## 进上海忧喜参半

回到天津，三哥告诉我梁一鸣已经去了上海共舞台，并担任了上海伶界联合会会长，他对我评价很高。上海天蟾舞台老板顾竹轩得知后，就委托梁一鸣写信邀请我到沪演出。送信的人讲明每月连大哥拉琴、大妹妹紫萍在内，包银中央币三千六百元，合储备券七千二百元。而且演出合同一签就是两个月。

大家正忙着购买南下的船票时，北京突然传来噩耗，我父亲去世了。大家又忙着回北京办理丧事。伶界名人尚小云、荀慧生、小翠花等都亲来延寿寺家中吊唁。三天吊丧期过了以后，我二哥宋遇春催我启程，北京这里他来处理后事。就这样，我们一行人就向上海进发了，时间是1941年的春天。

到上海以后，天蟾舞台派了十多人来迎接，来人见我身着一件蓝布长衫，脸上胡子也没刮，腰上还系着一根孝带。再看也没什么箱笼和戏箱，他们一下子变得十分冷淡，把我们安排在了一家很小的旅馆居住。不但对我们既没有按惯例设宴接风，而且一连几天也无人理睬。在梁一鸣的帮助下，我们抓紧时间找人制作好了演戏所用的一切东西。

　　这是我第一次来到这十里洋场，人生地疏，我和大妹只好每天吊嗓度日。没想到我们兄妹吊嗓子惊动了旅馆旁的"振社"京剧票房，他们对我和大妹的演唱极为敬佩，见我还能挥毫泼墨，更是惊奇。社长黄振世是宁波人，在他的引荐下，我们又到了剑社、恒社、履社、沪社等票房去唱戏，受到了上海票界的欢迎，这样，我在上海也有很多人气。

　　十天以后，天蟾舞台来人，请我演《金镖黄天霸》剧中的清朝皇帝嘉庆，本子也给我带来了。当天晚上，我到天蟾舞台看戏，内容是谢虎镖打黄天霸。施大人私访谢家庄，扮一个卖梨膏糖的，在台上又唱又闹，我一看这简直是胡闹。后又到共舞台看戏，什么"三脱舞"，都是色情的东西。当然上海的连台本戏也有很不错的，但我看了几场没有想象中那么好，不禁有点失望。

　　第二天我和梁一鸣一商量，决定先唱三天传统戏，如果传统戏打不响，再唱连台本戏。哪知第二天早上，我还没起床，天蟾舞台就派人来量尺寸，为我做清朝皇帝的服装和帽子，我一口拒绝，说我只演传统老戏。来人将情况向天蟾舞台老板汇报以后，次日天蟾舞台又派人来要我的三天打炮戏的戏码。第一天全本《四郎探母》，第二天《取成都》《逍遥津》，第三天星期日白天由大妹紫萍演《春秋配》，我演《辕门斩子》，晚上我演全部《武乡侯》。

　　演出那天，天蟾舞台大门口仍然挂着巨幅广告牌《金镖黄天霸》，在广告牌下面有一块写着宋宝罗和宋紫萍的小牌子。演出前只有几家小报如《罗宾汉》《戏曲报》等记者事先来作些采访。上海的几家票房都为此事鸣不平，上海恒社票房的负责人吴国璋是商界的大老板，很看重我，他问我到上海拜过客没有。我从小唱戏，根本不懂这套规矩。吴国璋告诉我凡是到上海的名角儿，一定要先拜客，还要拜个"老头子"不然会受欺侮的。

　　第二天，吴国璋派了人陪同我连拜了三天客，除了拜见名伶周信芳和林树森外，其余都是一些上海的流氓、大亨，其中包括青帮

旧上海天蟾舞台

头子黄金荣。另外我又跑了各大票房向票友打了招呼,这样一来,票友们纷纷前来购票捧场。

天蟾舞台是当时上海最著名的京剧演出场所之一。那时候不实行对号入座,观众要提前进场,叫人先占位子,好票全部掌握在"案目"(上海戏园中经营票务、服务等事项的人)手里,人多时可以加小凳子,再多时还可以卖站票。连三层楼在内,观众可容纳三千五百多人。各票房和社会名流在前三天就订了五千多张戏票,可谓盛况空前。

舞台上新做的全堂"守旧"(包括台帐、二帐子、桌围等),是吴国璋送的。淡黄团花的缎子华贵大方,在灯光映射下光彩照人,气氛大不一样,看后,我们一家人都兴奋异常。

当晚开场戏是赵松樵和高雪樵的《两将军》,接下来就是全本《四郎探母》。我一出场就是一个碰头好儿,接下来的唱念也是彩声频起。等我唱到嘎调"叫小番"时,全场掌声雷动。紫萍扮演的铁镜公主,扮相漂亮,唱腔甜美,同样是叫好声不断……演出很成功,顾竹轩竟连忙来到后台道喜,并于当晚设夜宵表示庆贺。这是我第一次见到了这位极为势力的海上流氓名人。三天打炮戏唱响了上海滩,至于连台本戏的事,也就无声无息了。

顾竹轩见我有利可图,许诺把我的包银再加一倍。随之我相继推出了全部《岳飞》《哭秦庭》《打金砖》《出师表》《吞吴恨》等一出出拿手戏。从此,客满的牌子就高高挂在了戏院门口。

在商业演出之余,我还积极参加了为江苏六县水灾义演、为普善山庄梨园舍棺材义演、为麻风病医院募捐义演。义演名角荟萃,周信芳、林树森、金少山这些名家都愿做发起人对我这个初到上海的青年人给予大力提携。

三场义演,戏码两台,第二场和第三场相同。演出阵容如下:

第一场:
### 《战马超》
刘汉臣 饰 马 超(前)　　高雪樵 饰 马 超(后)
赵松樵 饰 张 飞　　梁一鸣 饰 刘 备
### 《取成都》
宋宝罗 饰 刘 璋　　李克昌 饰 严 颜
### 《单刀会》
林树森 饰 关 羽　　周信芳 饰 鲁 肃
程少馀 饰 周 仓
### 《逍遥津》
宋宝罗 饰 汉献帝　　金少山 饰 曹 操
周信芳 饰 穆 顺　　宋义增 饰 华 歆
张淑娴 饰 伏 后　　新谷莺 饰 太子一
马秀蓉 饰 太子二

第二场:
### 《群英会》《借东风》《华容道》
俞振飞 饰 周 瑜　　周信芳 饰 鲁 肃

宋宝罗 饰 孔 明　　李克昌 饰 黄 盖
刘斌昆 饰 蒋 干　　金少山 饰 曹 操
林树森 饰 关 羽　　程少馀 饰 周 仓

三场义演轰动了上海滩，我以青年演员的身份跻身在名家、大演员之中，深感荣幸。我在天蟾舞台的演出合同一再延期，一直演了三个月，最后三天还举行了答谢各界的临别纪念演出。各界送来的软匾、锦旗等数不胜数。从三楼一直挂到大门口。演到《岳飞》最后一场时，许多观众把鲜花、彩纸都扔到了我的身上。对我崇拜的女人，居然还把她们的手表、钻石戒指也摘下来扔给我……

## 走苏皖步履艰难

结束了上海的演出，又开始了江苏之旅，首站南京。南京和上海不同，上海一个好戏连演数天，照样客满；可是在南京，如果第三天不换戏，票就卖不出去。我大妹紫萍患胃病不能演出，只得由我一人独挑大梁。而我的好些剧目，这里的班底都不会，演出《武乡侯》，全台的龙套也很不像样，有男有女有老有少，胡乱拼凑而成，就连行头都穿不整齐，各穿各的行头，实在太难看了，这样就大大影响了我的演出质量。像在上海很受欢迎的《岳飞》《哭秦庭》《杨家将》等戏在这里根本没有条件演出。好在我的戏路较广，勉强演出了半个月。前台要我帮忙唱一天，后台又要我帮忙唱一天，南京伶界公会又要我帮忙唱一天。三天的戏没有一点报酬，连事先讲好的包银也不能兑现。

鉴于江苏的戏院班底水平都很差，我们就在芜湖剧院老板赵沛霖的帮助下来到了安徽芜湖。因为芜湖方面事先作好了宣传，我们也加强了演出阵容，所以当我们一行到达芜湖车站时，车站上奏起了洋鼓洋号，夹道欢迎我们，好不热闹。预售票一周前就销售一空，

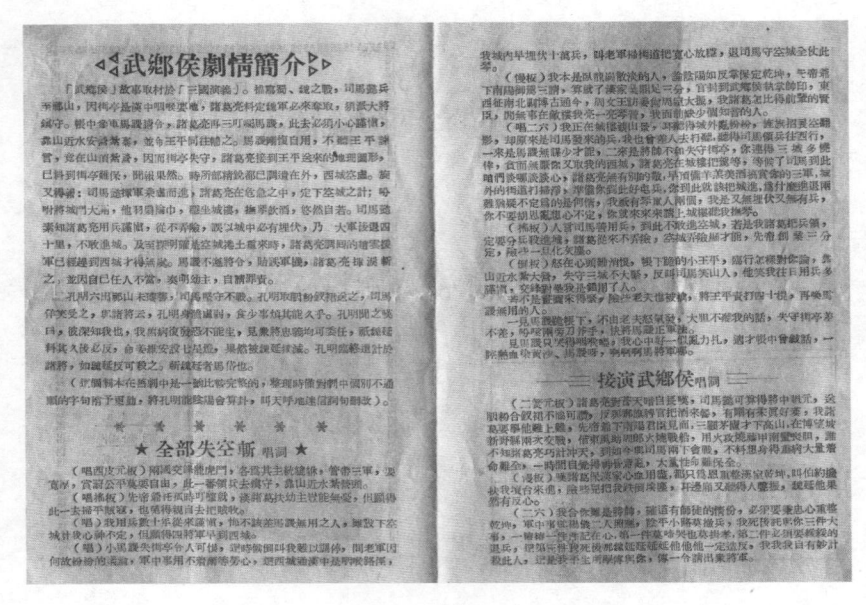

旧戏单

这对芜湖来说,虽然当时时局并不稳定,但当时演出情况可说是盛况空前。

## 回马枪再下江南

回到北京以后,由二哥张罗着在华乐戏院安排了两场演出,第一场由白玉薇演《女起解》,王金璐演《战马超》,我演《取成都》《逍遥津》,李洪春演《单刀会》。第二场是王金璐的《挑华车》,白玉薇的《穆柯寨》和我的《辕门斩子》。这两场演出,虽然北京观众反响很好,但是售票情况不大理想。原因有三:一是受第二次世界大战的影响,民不聊生,哪有心思看戏?二是我小时候曾在天桥演出过,北京人有个偏见,凡在天桥演过戏的演员,地位就低下。三是我又不肯挂二牌,挂头牌还没有号召力,因此这次北京演出没有引起轰动。

我这次回京,还有一个心愿,就是想拜我心目中的偶像高庆奎为师。几年前,我经常观摩高庆奎的戏,他嗓音嘹亮,表演潇洒,新戏也多,我十分崇拜他。我从小学汪(桂芬)派,后又学刘(鸿升)

艺苑春秋

派，高庆奎在两派中间有所发展，创造了自己的高派。他的拿手戏除了"三斩一探"外，还新编了不少东周列国戏和三国戏，都是有头有尾的整本大戏。他很少唱传统折子戏，喜欢自己创造。高庆奎长期与郝寿臣合作，阵容强大，角色齐全，每唱一出，都让人耳目一新。以往他在华乐戏院每星期只演两场，每场必满。

遗憾的是高庆奎的艺术生命比较短暂，他从1938年开始患了喉头癌，不要说演出，连说话都没有了声音，因而他情绪很低落。

高庆奎

高庆奎还有大烟瘾，既损身体，又耗金钱，生活也变得困难。平时高庆奎根本不愿教戏，我是在李洪春、丁永利二位的引荐下来到高家。进门之后李洪春说明了来意，高庆奎马上就说："我早知道宋宝罗了，他从小唱戏，嗓音很好，他二哥宋遇春和我有多年交往，宝罗想学什么戏，就来找我。要什么戏本也只管说。"我当即表示非常敬仰他，想拜他为师，高庆奎却说不敢当，因为我是雷喜福先生的弟子，高先生也跟雷老师学过戏，按说应以师兄弟相称。况且，雷先生还健在，所以他

高庆奎剧照

47

不能收我做徒弟，但是高庆奎一再叮嘱我：想学什么，想要什么戏本，只管来，不用客气。就这样，我最终没有正式拜高庆奎为师，但我私淑高派，向高庆奎也学了几出戏，对他一直以师礼待之。

一晃几个月过去了。1942年3月，上海天天饭店老板龚阿六来信说，上海更新舞台打算邀请我去演出，那里有班底，配角不成问题，包银好商量，需要其他的角色，可以在北京邀，一切开支将由更新舞台负责。我喜出望外，准备再度在申城红火一番。于是我邀请了武生傅德威，花脸叶盛茂和高德松，小生储金鹏。青衣是我大妹宋紫萍，丑角是我三哥宋义增和王焕文，琴师是我大哥宋紫君，鼓师

旧报纸

是王世祥，连管服装的一行共二十多人，我们很快来到了上海，"宋宝罗剧团"的大幅霓虹灯广告，早已悬挂在了更新舞台外面。

主人将我们安排在一品香饭店，剧院经理董兆斌告诉我们说，票已卖出了两万多张，一个月客满将不成问题。接下来又是连续几天的拜客应酬。很快三天打炮戏陆续登场。第一天《挑华车》和全本《四郎探母》，第二天《宇宙锋》《武乡侯》，第三天《春秋配》《两将军》《打金砖》。三天打炮戏再次轰动，后面的《岳飞》和《汉献帝》各演三天，《哭秦庭》连演了五场。

在更新舞台签订的一个月演出合同期满后，又应观众要求续演了一个月。这两个月的演出，可说是盛况不减当年。

更新舞台演出刚刚期满，黄金大戏院经理孙兰亭又找上门来。黄金大戏院的条件更好，阵容比更新舞台强多了，武生有高盛麟，小生有俞振飞，花脸有李克昌和裘盛戎、程少馀，花旦有芙蓉草，里子老生有李宝魁等，这三天打炮戏与过去有所不同，第一天由高盛麟主演了《斩华雄》，我主演了《打督邮》，后面是我主演全本《捉放曹》。第二天由我主演全本《六部大审》。第三天我主演老旦戏全本《目连救母》。

我回忆在黄金大戏院演出期间，最红的戏是一二本《杨家将》。第一本《天齐庙打擂》《金沙滩》《五郎出家》《困二狼山》。第二本《碰碑》《夜审》《刺潘洪》。这两本戏阵容强大：高盛麟饰七郎，李宝魁饰六郎，俞振飞饰五郎，芙蓉草饰萧太后，李克昌饰潘洪，宋紫萍饰寇夫人。我前面扮演杨老令公、后面扮演寇准。另有一出走红的戏是《龙虎斗》，我扮演赵匡胤，这两出戏在黄金大戏院是久演不衰。

黄金大戏院演期临近结束，母亲和我商量下一步是回北方还是留南方。我的意见是在南方发展，因为北京著名老生演员太多，要想在众多老生演员中唱红，不大可能。而且我在南方很受欢迎，已拥有一些观众。

正在这个时候，苏州阊门外东吴大戏院派人来邀请。但苏州地方小，跟上海不好比，所以实行包银制有困难，只能采取分账制。

分账的办法是四六分或对半分。最后商定结果是票价加一倍，管接不管送，管住不管吃。一切准备工作就绪后，我们一行二十余人，以宋宝罗剧团的名义，开始了苏南地区之行。

在东吴大戏院演出时业务情况很好，不少观众还从上海赶来看戏。东吴大戏院演完，又转到市中心开明大戏院演出。开明戏院可以容两千多观众，票卖得相当好，有时还需加座。第一天打炮戏，剧场满满的，估计有三千多观众。可是一算账，只卖了一半的戏票，原来大部分人是白看戏的。第二天，白看戏的人更多了，他们以白看戏为荣，剧院对他们一点办法也没有。幸亏孙兰亭在我离开上海时，给过我一张名片，说有事可去找他的干儿子某某。我不知道这某某是什么人，来苏州一个多月来我才想起了这个人。一天我问戏院老板程华笙是否认识这个人，程老板很惊讶地说这个人是江苏省的省长啊，要找他，就能解决白看戏的问题。听了这话，我当天就拜访这位省长去了。

这位省长约四十岁光景，见到我拿出了孙兰亭的名片，很客气，问我有什么事尽管跟他说，他一定帮忙。我不好意思张嘴。程华笙老板帮腔介绍了白看戏的人太多，剧院毫无办法，如果这样下去，宋老板就要赔钱，同时剧院也受不了。省长听了当即表态这事不难解决。

晚上开演前，只见有一个穿灰色长衫的人站在戏院门口，身旁立着一块牌子，上面写了一行大字"凭票入场，散场后凭票出场"。说来奇怪，观众在这块牌子面前，都乖乖地买票进场了。这天晚上再没有人来白看戏。第二天大门口，以及各处影剧场、书场等娱乐场所，都贴出了省政府的告示：凡不买票入场者，要扭送到宪兵队处理。从此以后，杜绝了白看戏的现象。

在苏州开明戏院演了两个月，收入不错。除了剧团的庞大开支外，还制了一份戏箱，以后到什么地方去演出，无论主演、配演、龙套都可以穿我自己剧团的行头了。光是那套鲜艳的戏服，就会使舞台生辉。从此以后，我到苏州、无锡、常州、镇江、丹阳、南京、

旧报纸

嘉兴、杭州等地演出，除镇江、丹阳稍差外，其余各地演出都还算是一路顺风。

演出顺利，然而当时的社会风气和治安非常坏，从1942年起，敌占区的人民生活愈加艰难，到处是地痞流氓和日本狗腿子横行霸道。当然艺人的生活也不好过。每到一地，首先就要拜客、送票，有时候还得请客吃饭，稍有不周，就会发生意想不到的事情。譬如我第二次到南京夫子庙演出，第一天演出前就已送出了五六百张戏票，可就是忘了给供电电力送票，结果当晚演《失空斩》，我扮演的诸葛亮刚一出场，剧院的电灯就全部熄灭了，剧场里一片混乱。开始以为电灯坏了，哪知一个晚上都没有电。事后才知道这是供电电力捣的鬼。没办法回戏退票，可当时也弄不清楚看戏的观众中谁是送票的，谁是买票的，只好全部退款，这损失可想而知。

此外，旅途上也会遇到意想不到的麻烦。如南京下关火车站中的三顶"帽子"十分厉害。"黑帽子"（警察）、"白帽子"（日本医院）、"红帽子"（搬运夫），这三顶"帽子"都是地头蛇。不请客、不送礼、不送钱，想平平安安地上车下车，简直比登天还难。有一回，我从镇江到了南京，结果三天取不出行李。要想如期演出根本不可能。必须先要请行李房的头头吃饭、送戏票，才能将行李取出来。又有一次我从南京上车回上海，突然遇到"黑帽子"检查行李包括行头、舞台道具等，其中有一只大鼓是演《击鼓骂曹》用的。那"黑帽子"

日本警察硬是怀疑鼓里有什么禁品，就用刺刀戳开看看，结果里面什么东西也没有，一个好端端的大鼓就这样报废了。还有舞台上用的雉尾翎，也给弄成一段一段的，我敢怒不敢言，旧时代艺人走江湖，真是举步维艰。

## 8 我为蒋介石演戏

　　民国人物蒋介石偏爱京剧，他痴迷京戏的故事流传很多。

　　1930年11月，中原大战中获胜的蒋介石为了欢迎助他作战的张学良和祝贺大捷，特邀各国公使一同观看程砚秋主演的京剧《青霜剑》。不料他看完后，对剧中知县将秀才屈打成招的情节大为不满，指责把这种审讯方式搬上舞台，有辱国体，唯恐外国人看了会借此为由，妨碍他收回领事裁判权，因此曾一度下令禁演此剧。

　　女作家韩素音还记录了这样一个历史片段：1941年12月8日4时许，蒋介石从睡梦中惊醒，接到"日本海军飞机偷袭珍珠港，停在港内的美国太平洋舰队受到严重损害"的紧急报告电话后，一向不苟言笑的蒋介石竟难抑喜悦，哼起了一段京戏……

　　仅此二闻可见，京剧在蒋介石心中很有分量，他看戏，助兴中偶有扫兴，皆因人在戏中，戏在人中。

　　蒋介石重权在握，想看哪个名角的戏随心所欲。梅兰芳、程砚秋、金少山、周信芳、马连良、谭富英、童芷苓、厉慧良、李万春等京剧名流都为他演过戏。

　　20世纪三四十年代，中国内忧外患，宋宝罗艰难闯荡，为了在大码头站稳脚，他苦练技艺，终于名声大振，自然他也成为蒋介石视野中的名角。

艺苑春秋

　　当年能为蒋介石演戏标志了艺人在梨园界的地位和水平，殊不知，世间福祸相生，红伶们这曾经的舞台风光竟然成了多年后难以说清的政治祸患。

　　中国人民熬过了八年的艰苦岁月，终于取得了抗日战争的胜利，老百姓以为从此可以过幸福、安定的日子了。可是事实并非如此。我当时正在南京，目睹当时街上最突出的现象是国民党伤兵闹事，任何人都不敢惹他们。他们在饭馆白吃白喝，在商店里白拿东西，在剧院里白看戏，谁要是向他们要戏票，他们就会骂骂咧咧地叫喊："老子抗战八年受了伤，吃饭还要付钱吗？看戏还要买票吗？你们现在吃好穿好住好的日子，还不是我们拼命得来的么？"

　　如果和他们争辩几句，他们就会动武打人，所以谁见了他们都远远避开。剧场里就是他们闹事的地方之一。有的观众买了票却没座位，因为好位子早被这些伤兵们都占了。后来伤兵们闹得实在不像样，当局规定，平日他们都必须在营房里，只准许星期日上街。

左起：马歇尔 宋美龄 蒋介石

所以他们常常要求星期日来看日场京戏，并要求日场的戏必须和夜场的戏码相同，如果对他们敷衍了事，就在剧场里胡闹。

"双十节"到了，这是中华民国国庆日，蒋介石从重庆飞到了南京。这天下午，我接到了通知，说又要唱堂会了，至于在什么地方唱，一问三不知。来人只关照说今晚上的戏码是《二进宫》，让我们一切准备好。还交代说这次演唱十分重要，晚上会派车来接我们。

我心中很纳闷，这次是给谁唱呢？大概是给国民党要员吧？当晚大约六点多钟，四辆小车开来了，我们十五六人坐了进去。车子很快开进了南京总统府。里面戒备森严，负责接待我们的人告诉大家不许乱走动，我们进了化妆室，各自坐在了化妆桌前开始扮戏。

晚会的节目不少，前面是一些歌舞。最后是我们主演的《二进宫》。由宋紫萍扮演的李艳妃首先上场，她四平八稳地把【二黄慢板】唱完了，接下来我扮演的兵部侍郎杨波和由花脸演员李荣威扮演的徐彦昭登场。我刚刚把这段"千岁爷进寒宫休要慌忙"唱完，徐彦昭正要接唱下面的【二黄原板】。忽然大幕落下来了，管事的人叫台上的演员都下去。我当时不知发生了什么事，急忙将盔头、髯口摘下来扒开大幕缝隙往台下看，只见全场起立鼓掌，约一分多钟才平静下来。管事的人跑过来通知说"长官"已到，戏得从头唱起。于是，紫萍又重新上场，把那大段"自那日与徐杨决裂以后"复唱一遍。这时全场鸦雀无声，平时该叫好的地方也听不到一点掌声。即便这样，我们几个还都是铆足了劲，唱出了自己的最好水平。

戏总算演完了，紫萍赶紧下台卸装，因为扮戏时间太长，头都勒晕了。我下了后台也连忙卸装，刚把纱帽摘下来，管事的又来通知说演员要谢幕。那时候演戏不兴谢幕，况且紫萍已经卸下了头面，李荣威也去洗脸了，只有我一人重新回到了台上。这时候只见何应钦搀着蒋介石走上台来，宋美龄陪着美国马歇尔将军，陈诚等国民党军政要人也紧随其后。蒋介石对演出表示很满意，他操着那浓重的奉化口音夸奖着我，通过他那面带笑容的神态，表现出了他对京剧非常欣赏。随后，摄影师把我和蒋介石等人都摄入了镜头。第二

天，南京各大报纸在头版头条显著位置刊登了我和蒋介石合影的照片。其实我和蒋介石的见面时间并不长，而我万万想不到，这张照片，在"文化大革命"中竟成为重大政治问题，使我蒙难，被关进"牛棚"迟迟不得解放，造反派要我交代和这些国民党要人究竟有何关系？尤其还受到蒋介石的接见。唉，我仅仅是一个奉命唱戏的演员，这仅仅是一张舞台谢幕合影，除此以外，还能有什么关系呢？

## 9 告别黑暗迎来曙光

在黎明前的黑暗中，宋宝罗艰难经营，苦不堪言……

1949年4月23日，解放军把红旗插在南京总统府上。5月，宋宝罗亲眼见到进入上海的解放军露宿街头，他惊叹从没见过如此秋毫无犯的军队。27日，上海解放，宋宝罗高兴地加入到上海伶界联谊会的游行队伍中，欢歌笑语。紧接着，宋宝罗办展览、搞义卖，慷慨慰劳解放军。7月，周恩来在第一次中华全国文艺工作者代表大会上称演员们为"新文艺工作者""表演艺术家"，祖辈受尽歧视的艺人们不禁热泪盈眶。9月，梅兰芳、周信芳、袁雪芬、程砚秋作为戏曲界特邀代表，参加了人民政协第一次全体会议。

10月1日这天，梅兰芳荣登天安门城楼，参加了世人瞩目的新中国开国大典。此时的梅兰芳不仅仅是一位京剧名伶，他还是全国政协常务委员。对这重大历史变革带来的庄严和荣耀，梅兰芳由衷感慨："我在旧社会是没有地位的人，今天能在国家最高权力机关讨论国家大事，又做了中央机构的领导人，这是我们戏曲界空前未有的事情，也是我的祖先们和我自己都梦想不到的事情。"

新中国扭转乾坤，艺人得到厚爱，这与他们历代所受到的舞台追捧有着质的区别，它标志着艺人与各阶层人士一样，是享有同等权利和政治地位的国家主人。宋宝罗终于看到了新曙光！

1946年春天过后，我的剧团在京沪沿线一带演出。突然汉口大舞台来邀请我。我为此重新组班去汉口演出，除旦角宋紫萍、丑角宋义增外，还邀请了小生魏德春，花脸宋月涛、李荣威，武生黄云鹏、张世春，老旦王元锡，二旦虞寄梅，里子老生李阁华等，连场面、服装等人员，全团共三十多人。

汉口大舞台的剧团是由国民党武汉行辕主办的，主任是程潜，联勤总司令是郭忏，中央特派大员是居正，剧团负责人是政务处长贾伯涛。剧团的阵容相当整齐，旦角有戴绮霞、关肃霜、黄玲玉，老生有王鸿福，武生有刘五立、李元春，小生有马世昌等。当时剧团所卖票价每张国币两千元，我们团参加进去，票价最高每张可卖五千元，按五五分账，免税，他们管接管住，我与他们签订了两个月演出合同。我们于4月20日起程离沪赴汉，不想船过黄石不久就起火了，船急忙靠岸，所幸扑救及时，未酿成大祸。

程潜是京剧迷，几乎每天都要到剧场看戏，他很欣赏我的表演，他的儿子程元和我的关系一直很好。

关肃霜是戴绮霞的徒弟，当时叫戴肃霜。她一专多能，青衣、花旦、武旦、老生、武生都能唱，是很有发展前途的后起之秀。我管戴绮霞叫大姐，所以肃霜称我为舅舅。她的打扮自然朴素，给人印象很好。

程潜印章（宋宝罗治印）

汉口是有名的火炉，进入七月，每天温度高达摄氏四十度，我正在考虑歇夏问题。一天，国民党总政主任贾伯涛来看我，说武汉行辕要迁到长沙，程潜、郭忏也要去那里，大舞台剧团前台经理由范杰负责，后台经理想请我担任。我没有担任行政工作的经验，本想不干，后因对方说了不少好话，又给我戴上许多高帽子，我碍于情面就答应下来了。

旧戏单

我当了后台经理以后，立即采取了措施：

1　歇夏，整顿剧团，除李荣威、王元锡、王焕文留下，其余配角演员全部送回上海。

2　武汉京剧团的演职员作了适当调整，该送走的送走，该留下的加工资。

3　由戴绮霞师徒俩排演《天河配》过渡，我打算演连台本戏《封神榜》，准备大干一番。

我从上海取回了服装以后，又在汉口制作布景，并积极排演，一共投资三百多万金圆券。当时国民党正在打内战，国统区物价飞涨，民不聊生。《封神榜》原打算排六本，满想一炮打红，赚一笔钱，哪知一本戏没演几天就没有生意了。这时候，同行们知道我当了经理，如张云溪、郑冰如、李少春、白玉昆等都写信要求到汉口演出。经过考虑，我写信叫张云溪、郑冰如来，一同来的还有花脸王玉让、武丑张春华、刀马花旦张正芳及两个打下手的武生，再加上郑冰如和她的恋人马治中，不但人员多，而且都乘飞机来的，这就增加了开支。三天打炮戏是：

  第一天　张云溪、张春华、张正芳的《三岔口》，郑冰如的《锁麟囊》。
  第二天　我和郑冰如的《武家坡》（请戴绮霞演代战公主），张云溪、张春华、王玉让、张正芳的《龙潭鲍骆》。
  第三天　张云溪的《白水滩》，大轴是郑冰如的《孔雀东南飞》。

  三天的戏虽然都不错，但是观众却不多。张云溪他们演了六七天戏返回北京，张春华要去上海，我帮他买了飞机票，不料他乘的飞机到达上海时发生事故，全机数十人遇难，只有三人幸免张春华便在大难不死者中。这段时期，我因为操心事太多，经济负担沉重，日夜焦虑。转眼到了1949年春，形势变化，国共和谈没有成功，北京和平解放，国民党官员纷纷要逃往台湾。当时只留下郭忏和周至柔两员大将收拾残局，军用民用飞机全归周至柔统一调用，权力极大。留下的官员还在钩心斗角，拼命捞钱，准备逃命。有一次欢送汤恩伯去上海督战，让我们为他演戏送行，原来安排我演《打金砖》，可演出前一个官儿对我说，你的《一捧雪》演得很好，上面很欣赏，今晚改演《一捧雪》。改戏对我来说毫无问题，哪知戏快开演了，又跑来一个当官的，质问我演《一捧雪》是谁决定的，我回答是上面指定的。那人又问我知道不知道今天的戏是给谁演？我说不知道，其实我内心明白是为汤恩伯送行的。那人厉声责问我演《一捧雪》是什么意思？《一捧雪》不就是《审头刺汤》吗？审头是审什么人的头？刺汤是刺谁呀？这时候我才恍然大悟。后来戏码改成了《定军山》，汤恩伯也没到场看戏。可我万万没有想到演

三十五岁的宋宝罗

戏也会演出这样的麻烦来。

　　1949年3月，中国人民解放军已经作好渡江准备，南京城里一片混乱，金圆券疯狂贬值，街上到处是兑换"袁大头"（银元）的交易。北上的火车已经中断，只有往南的火车，下关车站人山人海，买一张火车票也难啊！面对如此混乱的局面，我不知如何是好。这时候，郭忏和周至柔几次派人请我吃饭，劝我去台湾，我都婉言谢绝了。郭忏见我不肯去台湾，也不勉强，于是派了一辆军用卡车，把我们连同行李安全送回了上海。

　　此时的上海，国民党当局一面支撑残局，一面又叫演员去电台演唱京剧劳军，表面上还是歌舞升平的样子。我每日闲居在家写写

旧报纸

画画，打发日子。

1949年4月下旬，南京解放了。5月上海解放了，我欢天喜地地加入上海伶界联谊会的游行队伍，庆祝上海解放。中国人民解放军进入了上海。一天早晨，我打开房门一看，许许多多的解放军战士都睡在马路的人行道上，真是"秋毫无犯"。我给解放军战士送去了开水和洗脸水，他们和老百姓亲如一家，让我非常感动。

上海各界人士都发起欢迎解放军、慰劳解放军的活动。我先后画了两百多把扇子，并在淮海路复兴公园办了一个扇展，售出的钱全部用作慰劳解放军，这一举动影响很大。就在这时，我的大妹宋紫萍遇害了……

## 10 大妹宋紫萍之死

1920年的一天，宋家的大炕上，四岁的小宝罗趴在炕的这头，母亲躺在炕的那头，小宝罗忽闻一声婴啼，原来是大妹紫萍降生人间。

宋紫萍，美丽沉静，天赋佳喉，她自幼师从京剧男旦石子云。内秀勤奋的宋紫萍幼功扎实，加之三哥宋益增着力栽培，因此能演许多青衣戏，如《三娘教子》《武家坡》《汾河湾》《桑园会》《春秋配》《二进宫》等，全本大戏有《孔雀东南飞》《荒山泪》《锁麟囊》《宇宙锋》等。1945年，上海伶界义演于鑫记大舞台，宋紫萍与童芷苓、李玉茹等"十二演《大五花洞》"。

宋紫萍在宋宝罗剧团里虽挂二牌，却名气斐然，这缘于她扮相美、唱功好、戏路宽。她不仅擅演程派、梅派戏，荀派戏演得也不错，还能颇有光彩地反串老生，譬如《上天台》等，甚至在《搜孤救孤》中主演程婴一唱即红，致使几个剧院老板要把她和宋宝罗的牌位调换。善良敦厚的宋紫萍，与哥哥手足情深，甘之若饴。而宋宝罗总心怀愧疚，坦承自己的头牌声望遮挡了大妹的艺术锋芒……

1947年，正在走红的宋紫萍受商人姚祖舜欺骗与之恋爱同居。上海解放，社会巨变，老实的宋紫萍开始醒悟，她不堪姚祖舜的虐待决意挣脱其束缚。不曾想就在这时，1949年的6月3日，一代京剧名伶宋紫萍被姚祖舜残忍杀害，时年二十九岁。

紫萍是我的大妹，排行第五，她的容貌端庄，性格贤淑大方，心地善良。舞台上的扮相非常漂亮，她擅演程派和梅派戏，虽然和我在一起总是挂二牌的青衣演员，可是功底扎实，表演规矩、大方。

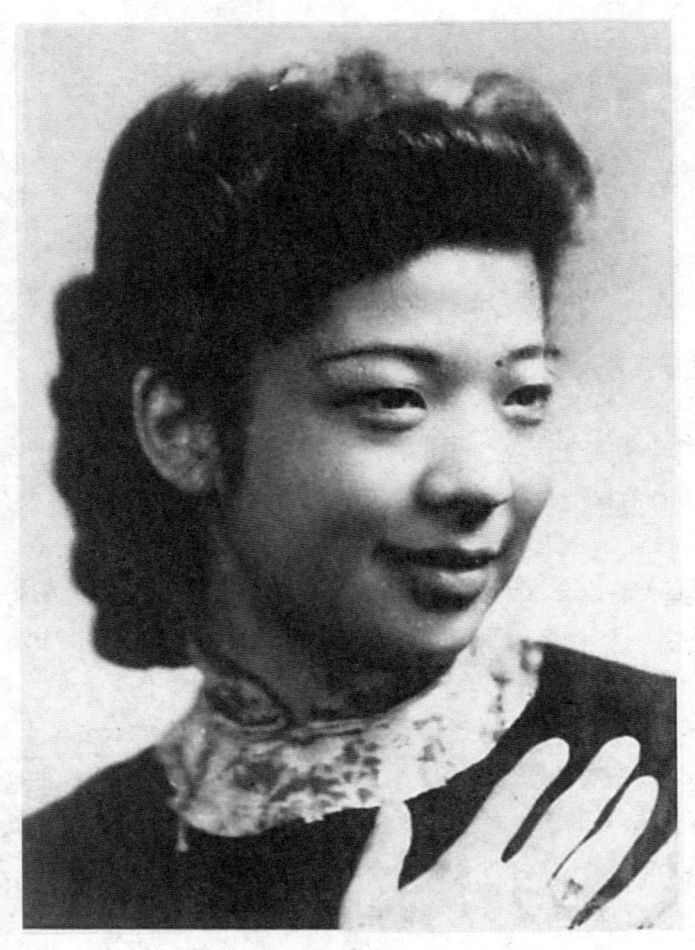

宋紫萍

她在我剧团中是当家青衣。和我合演时,配合默契,深得观众的好评。

　　紫萍在家中孝敬父母,操持家务,为母亲分忧,对兄妹非常友爱,生活十分节俭。可以说是一个非常贤淑的女子。更难得的是她在台上虽是雍容华贵,光彩照人,而台下一点没有名演员的架子。她平时穿着打扮朴素大方,从不浓妆艳抹,谈吐优雅。她对剧团中的其他演员也很尊重,从不在人背后说三道四,和别的演员配演时,更注意应有的礼貌,所以无论在梨园界和观众中间,对她都有好评。

而令人难以相信的是，我的这个好妹妹，正当上海刚刚解放不久，就惨遭杀害，死在了一个恶人之手，行凶之人名叫姚祖舜。

当年大妹紫萍住在小妹紫珊在上海淮海中路泰山公寓三楼的家中，对面一幢楼的三楼住的就是姚祖舜，他挂着律师的牌子。由于街坊邻居经常见面，忠厚老实的紫萍很快被能说会道的姚祖舜所勾引，他们不久就同居了。对于这件事，我母亲历来持反对态度，我也不赞成，毕竟女大不由娘，我和母亲都是无可奈何。

一天上午，我出去参加庆祝上海解放的游行归来，中午回家时感到很累，吃完午饭就去睡了。大约睡到下午两点光景，我突然听到楼下有人狂声叫我，仔细一听是紫萍的声音，我急忙跑到楼下一看，一个人影也没有。我又急忙将大门打开，一看还是没人，我心里很是纳闷。到了傍晚忽听有人叫门，开门一看，原来是两个解放军，他们问过我的姓名之后，就告诉我一个噩耗，我的大妹紫萍于今天下午两点钟被姚祖舜杀死了，他们来接我去公安局了解情况。警车就在门口停着，我打开车门，见母亲已在里面哭得像个泪人儿，我努力让自己挺住，一路安慰着母亲……

来到公安局，只见姚祖舜已戴着手铐关在一个铁门里了。他看我们来了，低下了头。解放军的负责人接连向我和母亲询问了有关情况，问宋紫萍是不是我的亲胞妹，又跟母亲核实我和宋紫萍是不是母亲的亲生。最后还了解紫萍和姚祖舜结婚几年，我们是否同意。我和母亲都一一作了回答，我们表明紫萍为人忠厚老实，两个人只是同居不过两年左右，我们对姚祖舜并无好感，他经常酗酒吵闹，但因为他们是自由结合，我们也不好横加干涉。

母亲边说边哭，回忆说昨天晚上还听他们吵了大半夜，前几天听紫萍说，姚祖舜要去台湾，不知怎么没有走成……当场的解放军对我们的介绍都做了笔录，并开车把我们送回住处。

过了四五天，公安局要母亲和我去参加验尸，三哥也从南京赶了回来。只记得我们到了一间空荡荡的大厅，地上放着一块大木板，工作人员先把大妹的尸体抬出来。我母亲一见女儿尸体就哭得死去

宋紫萍在《宇宙锋》中饰赵艳容

活来,昏厥过去。我抱着妈妈连哭带叫,总算把妈妈唤醒。两位法医检验非常仔细,验尸结果证明紫萍是死在浴缸里的,凶手从背后一刀,紫萍挣扎后,凶手又从前胸一刀,直刺腹部,肚肠外流,直到被害人

死去……姚祖舜手段极其残忍，我们全家期待着政府的公正判决。

有一天，我在马斯南路梅兰芳先生家中遇到了陈毅市长。梅先生向陈毅市长介绍了我大妹遇害的情况，陈市长态度十分和蔼地安慰着我，并表示政府一定会把案子审理清楚。

时隔不久，我又被叫到公安局接受询问。那位解放军拿出了一张很旧的小报《戏曲报》，指着上面的一篇文章，说这里登载着宋紫萍是宋宝罗的童养媳，而不是亲兄妹。听到这里，我不由得火冒三丈，脑海里立刻映现出了当年这个小小刊物《戏曲报》，曾刊登的那段轰动一时的新闻报道来。

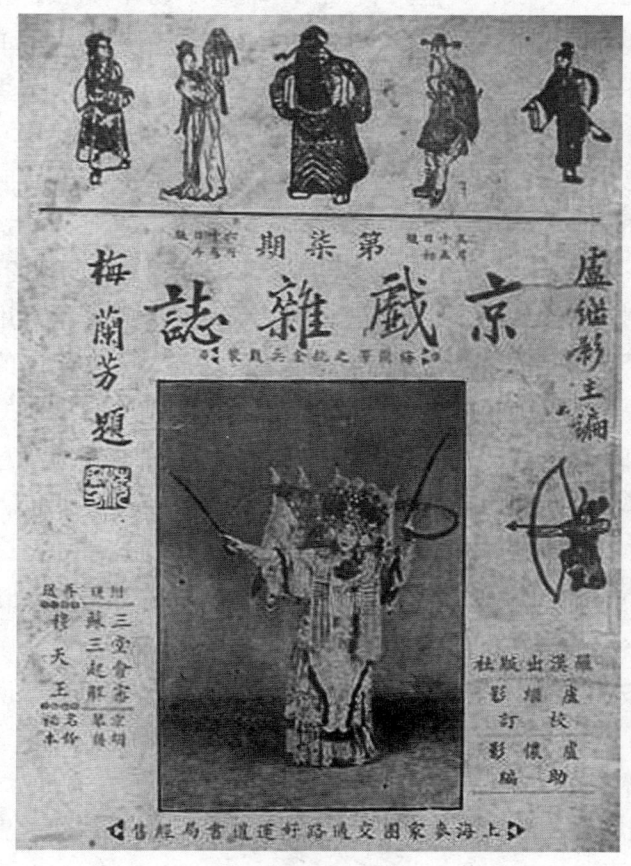

老杂志

在敌伪时期的上海，有一家由卢侬影（笔名阿侬）办的小报名为《戏曲报》。卢的哥哥叫卢继影，是《罗宾汉》小报的主编，兄弟俩虽然都是办小报的，可是二人的品格和作风截然不同。卢继影作风正派，待人很好。他的弟弟却常在戏曲界走动，发一些不三不四的小道消息，戏曲界把这些小报记者称为"吃戏子肉"的，一些演员如果给他们好处，他们就可以把这些演员捧上天。反之，或者得罪他们，他们就会造谣诽谤，让演员抬不起头来。如越剧名演员筱丹桂、电影明星阮玲玉等人，都是被这些流氓记者逼上了自杀之途。

1942年夏，我在黄金大戏院演出，星期日要演日夜两场，相当辛苦。那天演完日场，我已汗流浃背，衬衣、衬裤全湿透了。我的大妹紫萍见状，就过来将我的衣服拿去洗涤干净，因为有些戏衣当晚还要穿用。当时大妹正在洗涤衣服，那位小报记者卢侬影又来到后台，他有事没事经常到后台来采访，不顾别人繁忙也要问长问短，所以演员们都很讨厌他。那天我疲乏地坐着休息，对他比较冷淡，紫萍在一旁替我倒茶、递毛巾擦汗，又给我擦背。这位阿侬看到此景，居然异想天开地构思了一篇稿子。没过几天，这张小报竟用大字标题刊出了一条十分荒唐的消息，题目是"宋紫萍是宋宝罗的亲胞妹还是童养媳？"消息登出，社会上一片哗然，我十分震怒。后来阿侬的哥哥卢继影出来向我道歉，登报改正，这件事才算平息。岂料这则无中生有的消息竟然埋下了隐患，直到今天上了法庭，我才知谣言是多么危险啊！谣言是可以至人于死地的。

那位审讯的解放军见我不承认，就说他们还要作全面的了解，让我回去以后，把我们兄弟姐妹的照片都拿来，还让我到医院做一次血检报告。我当即就要求验血。抽完血，那位审讯员又说让我取保候审。让我取保候审？到底谁是犯人？我怒不可遏。另一位解放军见状就改口对我说，你可以回家了，尽快把照片送来。

7月上旬，开庭日期公布。开庭前一天，上海市文艺界、伶界联合会、各剧院、各剧团（包括越剧团、话剧团、沪剧团、淮剧团等），

都有代表前来旁听，电影界名人如石挥、吴茵、程之、董霖等也都赶来了，还有新闻界的记者也赶来采访，足足有六七百人，数目之多出乎法庭的意外，可见这件惨案在上海滩影响之大。

法庭原打算在一个中等大小的房间开庭，后来改在一间大法庭，可仍然容纳不了那么多人。原定下午两点开庭，结果到三点还开不了庭。天气炎热，大家很不耐烦就群起鼓掌，几位京剧演员如小文林、吕君樵、邱玉成等和几位女演员，还高唱起了《解放区的天是明朗的天》等歌曲，现场一片喧哗，一直闹到三点半还未开庭。这时候来了一位解放军出来告诉大家，因为准备工作有缺点，没有料到有那么多的旁听者，现在领导决定发放旁听证，请各界各团体以后派代表来旁听。今日审理取消，开庭日期择日公布。

又隔了好几天，法庭进行案件审理，这次旁听的大约只有一百多人，原告被告都请了律师。上面坐着审判员连记录员共五人。姚祖舜戴着手铐、脚铐押上来了，审案人问明了姚的姓名、年龄、职业以后，开始审问："宋紫萍是你杀死的吗？"

"是的。"

"你为什么要杀死宋紫萍？"

"因为口角，我又喝多了酒，一时气愤就对她下了手。"

"为什么事发生口角？".

"因为怀疑宋紫萍和宋宝罗有暧昧关系，所以发生口角。"

"你是怎样怀疑宋紫萍的？"

"听人说的。"

"听什么人说的？"

"不记得了。"

"你怀疑，总有什么疑点吧？"

"宋紫萍老在我面前说四哥怎么怎么好，所以我起疑心了。"

"他兄妹住在一起吗？"

"这两三年不住在一起。"

"你们经常走动吗？"

"不大走动。"

"既不住在一起，又不经常走动，你怎么会怀疑呢？"

"宋宝罗每次外出演戏，一叫宋紫萍，她就跟她哥哥走，紫萍为什么这样听哥哥的话，我很怀疑。报上也登过宋紫萍是宋宝罗的童养媳。所以我的疑心加重了。宋紫萍又不承认，所以我就火了。"

"经我们调查，宋宝罗和宋紫萍是亲兄妹关系，这是不容怀疑的，你杀宋紫萍到底是什么原因？"

"没有其他原因。"

审问到此，原告律师问姚祖舜："你身为律师，应该懂得法律，你说宋宝罗和宋紫萍有不正常关系，又说宋紫萍是宋宝罗的童养媳，你不经过调查就凭空怀疑是非常错误的，再说，你对宋宝罗有怀疑，可以向宋宝罗起诉嘛，你不找宋宝罗算账，却加害于宋紫萍，这是为什么？你必须回答清楚。"

这时旁听席上一片掌声。姚祖舜被问得狼狈不堪，他只好支支吾吾说道："我杀宋紫萍是一时糊涂，我是酒后行凶，现在后悔莫及。"

法官又问被告律师可有什么话说，被告律师摇了摇头。法官当即宣布第一次开庭结束，十天后，第二次开庭进行了核实案情。

当第三次开庭的时候，法官宣布了判决被告姚祖舜死刑。姚祖舜不服，上诉被驳回，维持原判，这年的10月4日姚祖舜被执行枪决。

判决书的内容大体是这样的：姚祖舜，江苏吴江人，1920年生。1943年在重庆参加国民党中央军统保密局下属一个梅花党秘密组织。1942年到上海，住在淮海中路622弄35号，挂牌当律师，经调查他根本没有学过法律。上海解放前夕，他做了一些破坏工作，没有来得及撤退去台湾。他以杀人灭口的手段杀害了宋紫萍，事后神情慌张，走进了火车站派出所自首。他手段残忍，影响极大，不杀不足以平民愤，现判处姚祖舜死刑。如不服，在十天内提出上诉。姚祖舜被枪决以后，我深深地松了一口气，为大妹报了深仇大恨。我感受到人民政府的确是为人民办事的政府。

## 11 第一次走进中南海

中南海，位于北京故宫西侧，是一座地位最为特殊也最为重要的现存中国皇家园林，它的建筑群始建于辽宋时代，历经辽、金、元、明、清五代七百余年的精心营建，集山、海、岛、桥、亭、阁、廊、榭、宫阙于一园，玲珑剔透，宛若仙境。

自1900年起，八国联军、军阀、国民党、日伪政府都先后入驻过中南海，这座华彩多姿的园林经历了近半个世纪的风雨沧桑。

新中国成立后，中南海成为中共中央和国务院办公所在地，毛泽东、朱德、刘少奇、周恩来、邓小平等中央领导人都在其中居住。中南海历史悠久，规模宏大，作为中华人民共和国的政治中枢，备受全国人民乃至世界人民关注。中南海内主要建筑之一的怀仁堂成为中央政府的礼堂，这里经常举行各种政治会议和文艺晚会。20世纪五六十年代，许多京剧表演艺术家如梅兰芳、周信芳、马连良等常常受邀到中南海为毛泽东等中央领导演戏。

走进中南海演出是艺术家们难以忘怀的光荣和幸福。宋宝罗作为一代京剧名角，也有着这样一段自豪的流金岁月。

1953年冬天，我在上海的演出快满期了，这时候东北沈阳有人来约，条件是四六分账。可是我邀的配角演员大多在南方有家，不愿远行，有的演员提出包账制。我害怕政治运动一来，收入又将受影响，我已吃足了包账制的苦头，所以不同意。事有凑巧，这时候北京李万春、李砚秀夫妇到上海来，他们请我到大东亚酒楼吃饭。在宴席上，李万春邀请我与他合作到北京演出，并谈好了待遇，他的工资为每月六百元,分红三成,夜餐费每场五元。我的每月工资五百元,分红二成。

我回家将此事跟母亲一说,她很高兴。真巧,二哥从上饶来信约小妹去上饶京剧团帮忙唱戏。二哥听说小妹在上海演出很红就来邀请了。我十分赞同,并要三哥同去,帮着小妹排戏。我也把自己的班底解散了,由大哥和老舅舅陪着母亲住在小妹家中。

于是我单人带着两只大戏箱乘上了北去的火车。行程并不顺利,快到徐州时因山东发大水,火车停开,停在半路上竟长达八天八夜之久,当地乡下人大发横财,火车上的旅客没吃没喝,叫苦连天,只能出高价买些大饼、鸡蛋充饥,一个三四斤重的西瓜要卖十块钱,当时十块钱可以买二十斤猪肉。硬席车厢里挤满了人,大哭小喊的乱极了,一些小孩子饿得直哭,很可怜。我身上带有两百多元,大

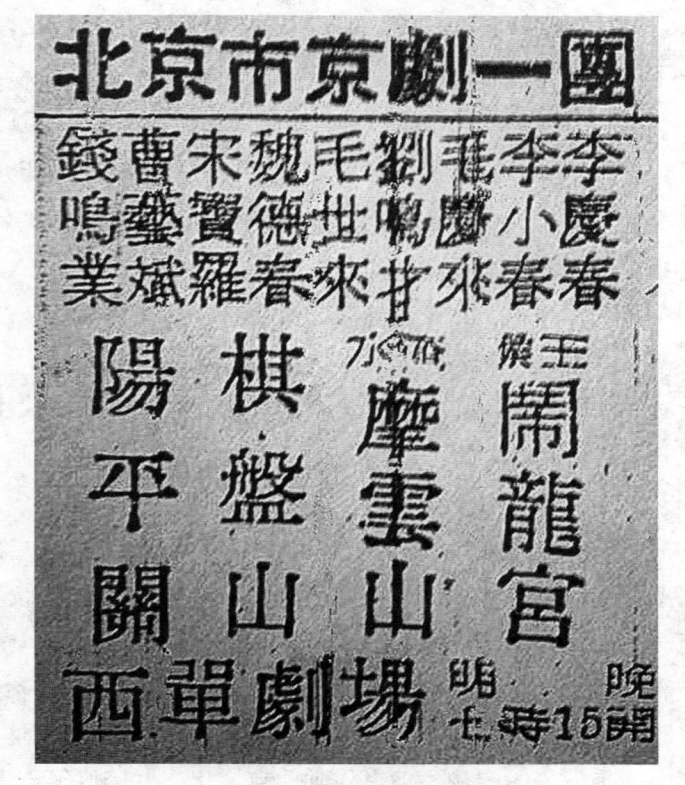

旧海报

部分拿出来给小孩和妇女买了大饼吃。火车终于开动了，走走停停，从上海到北京路上竟走了十天，我的疲劳困顿和李万春派人屡次接站的焦急可想而知。

北京市京剧一团不是国营的，自从我加入以后，业务上有了不少改观。观众对我颇有好感。因为我很久不在北京露面了，所以很多观众对我的演出很有新鲜感。另外，我带去的新剧目，也使观众耳目一新。再加上配角演员齐全，如参加演出的演员有东北来的麒派文武老生曹艺斌、"四小名旦"之一的毛世来，还有原鸣春社科班毕业的四五十个新秀，再加上李庆春、李小春、李砚秀等，阵容相当强大。李万春是剧团的团长，有的戏让我演主角，他演配角，如《刘伯温辞朝》，我演刘基他演洪武皇帝，时间太紧台词背不熟，他灵机一动便把台词写好放在桌子上，边看边唱念，演出以后很受欢迎。马连良和李少春先生看过我的演出也都给予好评。

其他如《魏蜀吴》《吞吴恨》《亡蜀恨》等一些三国戏，观众也十分爱看。我演出期间给剧团赚了一笔相当可观的钱，演职员都能按期发工资了。万春和剧团同仁都很器重我，我在他主演的剧目里，也积极给他配戏，如他演《野猪林》，我扮演林冲的岳父；他演《戚继光斩子》，我演最后一场的读旨官；他演《单刀会》，我配演鲁肃等，大家相互帮助，十分团结。

有一天，上级来了通知，要我去中南海演出《四进士》，演出时间不要超过一个半小时。剧团认为这是一般性的演出，没有太重视，研究了一下，把剧中的零碎场子去了，又减少了几个不重要的演员。这天晚上，我带着二十几个演职员乘专车进了中南海。来到一座古典式的会堂，颇似富连成常演出的广和楼剧场，牌匾上有"怡沁园"三字。这是一个小戏台，台的两边有大红柱子，进出场还写着"出将入相"四个字，座位不多，全是沙发，正面有个花楼，估计这是过去清朝皇宫排戏、演戏的地方，建筑是陈旧的，但很干净，台上灯光很强，场内十分安静。

戏开演以后，观众很少鼓掌。戏演完了，场内亮起灯光，谢幕时，

*《四进士》宋宝罗饰宋士杰*

  我突然发现毛泽东主席在对面花楼上站起来鼓掌,这时全场响起了掌声。我们在后台卸装的时候,周恩来总理笑容满面地来到后台看望大家,在大家热烈的掌声中,周总理说:"你们辛苦了。"然后跟大家一一握手。当总理握着我的手时,我心情十分激动,总理说:"你演得很不错嘛。既像马派,又像麒派,博采众长嘛。'公堂''盗书'两场都很精彩,主席看了很高兴,我代表主席向大家问好!"这时大家又鼓起了掌。总理说:"好,大家吃了点心再回去。"我第一次看到敬爱的毛主席和周总理,感到荣幸极了。回去后我激动得一夜也没睡觉。

  很快,"反胡风运动"开始了,政治气氛突然紧张起来,因此不管演什么戏,观众都很少。因为李万春的这个剧团不是国营的,一旦卖座不好,就会发不出工资。这时团里规定,一个月一百元以下的演职员工资照发,二百元到三百元的打七折,三百元以上的对折。这对

《四进士》宋宝罗饰宋士杰

我来说影响很大。第一个月克服过去了；第二个月，对折工资，还要拖欠，那就太困难了。我一人在北京，每天进小馆子吃饭，最省也要三元钱，住在上海的母亲、老舅舅，大哥夫妇，再加一个侄女，每月至少也要寄一百元去。剧团发不出工资，我只得离开北京，重返江南。

## 12 落户杭州

杭州素有"人间天堂"之美誉。它历史悠久，钟灵毓秀，为中国七大古都之一。数千年来,碧波荡漾的西子湖畔、波澜壮阔的钱塘江潮、灿烂辉煌的历史文化,令众多文人雅客为之倾倒。

杭州与京剧有着很深的历史渊源。清同治年间,杭州繁盛的水陆码头拱宸桥先后建有一些可演戏的茶园,京、津、沪等地的京剧班社便顺京杭运河南下来这里演戏;光绪年间,一批才艺出众的京剧演员如谭鑫培、王鸿寿等相继在拱宸桥一带登台;20世纪初,周信芳以"七龄童"艺名在杭州天仙戏馆唱红。十四岁的张英杰搭杭州天仙戏馆的戏班演出,从此崭露头角而取艺名盖叫天;1912年,浙江第一新剧模范团在杭州组建,上演京剧和文明戏;1914年,杭州第一个京剧科班"三义堂"开办。其后,程砚秋、李吉瑞、欧阳予倩、尚小云、马连良、朱素云、李春山、夏月润、夏月珊、梅兰芳、金少山等先后都来杭演出。

1952年11月,原浙江军区京剧团少部分人员(上调总政京剧团后的剩余人员)与原上海华东实验京剧团和第三野战军文工三团的部分演员,建立了杭州市人民京剧团。在此基础上,1956年9月,杭州京剧团正式成立。1958年,南下干部肖岗任杭州京剧团团长,为了壮大实力,他从上海先后邀请宋宝罗、宋义增、宋紫珊兄妹三人加入该团。

我对杭州这座美丽的城市有着很深的感情,我年轻时就曾多次来往于这里,后半生就定居在杭州。至于我为什么最后落户于杭州,里面还是有一些少为人知的缘由。

1943年春,我就在杭州演过戏,杭州演完戏又到嘉兴。因为那里水路班子常去演出,爱好京剧的人特多,所以业务也相当不错。这时候,上海皇后大戏院派人来嘉兴找我,要我和名旦童芷苓合作演出,讲明是挂双头牌。当时的阵容相当强大,高盛麟、裘盛戎、李宝魁都参加演出。有众多名角同台献艺,售票情况很好。当时童芷苓正以《大劈棺》《纺棉花》在申城走红,轮到她演出《大劈棺》《纺棉花》就场场客满。如果演《红娘》《红楼二尤》卖座就要差些。轮

## 旧海报

> **皇后大戏院**
> 地址虞洽卿路三马路（电话九七七七）
>
> 宋宝罗　童芩芷
>
> 李克昌　裴盛戎　宋紫萍　俞振飞　李宝奎　宋义增
>
> ◀ 小三麻子 ▶
>
> 今天夜戏
>
> 铁公鸡　戏迷小姐　辕门斩子

到我演《岳飞》《武乡侯》时也常客满；如果演出其他戏，那就不行了。

这次在沪演出期间，我开了一次画展，展品主要是扇面，颇受好评。但举办画展必然要使演出分心，再加上票界的朋友向我求扇面的不少，我来者不拒，没日没夜地画，以至于患了胃下垂的毛病。

这时皇后大戏院的演出合同期满，母亲建议我回北方休息一段时间，我没同意。正好杭州灵隐寺有个法名叫长安的和尚，他邀请我去他那里。这位和尚能写善画，对我十分赏识。这样，我到了杭州灵隐寺，住在今天叫得意楼的楼上，一住就是两个多月。这里气候凉爽，风景优美，每天与和尚谈谈说说，画画写写，生活过得十分惬意、自由，我的身体也很快得到恢复。所以这段短暂的杭州之行，让我流连忘返。而真正导致我落户杭州的直接原因，却是新中国成立后的一场政治风波。

1957年，"反右"运动开始。当时党号召给共产党提意见和建议，文化、艺术、教育、科学界人士为帮助党整风，纷纷在报上发表文章，提出不少意见。我作为一个流动演员，一般不去参加集体政治学习，只是偶尔参加个座谈会，但也很少发言。

记得有一次，到徐州演出，突然从上海家里转来一封挂号信，拆开一看，才知道是上海文化局与上海伶界联合会发来的通知。通知要求凡是在上海伶界联合会工作的人员和流动演员都必须在1957年11月底前，到上海伶界联合会报到，学习有关文件。接到这个通知，我结束了山东、陕西等地演出后，就匆匆回到上海，先听了几个报告，然后在上海伶界联合会分组讨论。

在"反右"时期，按当时"右"的标准，我挺为自己担心：我想想自己所演的戏，全是帝王将相，这不是全错了吗？还有自己辛辛苦苦改编、整理、创作的那些新戏也全错了，就凭这些，足够划右派的资格了。所以心里很害怕，茶饭不思，夜不成寐，人也消瘦了，每次"学习"，都让我提心吊胆。

幸亏我人缘好，平时从不沾人家便宜，以助人为乐为本，所以每次说到我总是表扬居多，很少批评。领导号召大家写小字报，也没有人写我的小字报，作为"政治任务"，后来还是有几个右派被人揪了出来，第一个就是上海伶界联合会会长王庆祥，第二个是黄桂秋。

各单位都按比例划右派，有时右派划好了没有女的，还不行，只好抽掉一个男的，补上一个女的，这完全凭运气了。我在这场运动中总算平安地度过来了，至今想来还有些后怕呢。

这时候"反右"运动达到了高潮，全国各界不少知名人士都被打成了右派分子，光是北京京剧界就有叶盛兰、叶盛长、李万春、奚啸伯等著名演员。上海京剧界划右派的有黄桂秋、陈正薇、邱玉成等。电影界划右派的有吴茵、石挥等。画家如王雪涛、徐燕

艺苑春秋

三十八岁宋宝罗

荪、吴湖帆等也被打成右派。那时候凡是有声望、有成就的艺术家，从旧社会过来的知识分子，都人人自危，大家知道一旦划成右派，几乎等于成了反革命，就有妻离子散、家破人亡的危险，有的人想不通得了精神病，有的人干脆自杀了。时间很快到了1958年的春天。

在这之前。上海京剧院的院长吴石坚就曾动员我和三哥加入他们剧院，每月工资一千元，由于正好赶上全国各单位都忙着搞"反右"运动，彼此联络也不通畅，所以这事情一直没能落实。

因为在上海每天都处在抓右派的运动之中，我想躲避，又苦于无法躲避，而这时候杭州京剧团却主动找上门来，动员我参加该团，我内心是求之不得。杭州京剧团是国营单位，经过多次协商，终于

旧报纸

敲定下来了，我的工资每月五百九十元，这在当时是高工资了，当时大学教授最高也只有三百元。三哥每月一百五十元，他嫌少，由我每月补贴他三十元。这年3月28日，我便携家眷到了杭州。

当时杭州京剧团的主演只有我一人，其他主要演员如张二鹏、赵麟童、陈大濩、李瑛等都还没有来杭。我的戏路广，所以平时演出都能顶得下来。京剧团团长萧闵，原来在浙江军区京剧团任领导，会唱几句言派，能力比较强，人品也不错，没有官架子。他对演员甘苦十分清楚，能最大限度地调动每个演员的积极性。由于领导与演职员之间团结，所以大家的心情也比较舒畅。

当时我四十多岁，正精力充沛，领导对我十分重视，观众也对我很喜爱，所以我的工作积极性很高。我积极响应党的号召，配合政治运动，编出小演唱，到街头去宣传。我几乎跑遍了杭州市的工厂为工人演唱，并编演活报剧《钢铁元帅升帐》。我也到广大农村，为农民演唱。有时白天劳动，晚上夜场演完还要背着行李走二三十里路，赶到下一个台口去演出。由于我积极为工农兵服务，从1958年到1964年，连续被评为先进工作者。

1958年"大跃进"时期，杭州市委宣传部、市文化局、杭州京

艺苑春秋

剧团联合召开文艺创作会议，领导在会上点名要求我创作一些有杭州特色的剧目，在大会上选定了"于谦"这一题材，要我执笔创作、导演并任主演。

我接受任务以后，就开始了日夜创作、排演，《于谦》在国庆节那天正式演出，受到了省、市领导的关注。1959年春天，我还兴致

旧海报

勃勃地带着这个剧目去舟山部队慰问演出，得到了广大官兵的好评。

哪知到了1959年反右倾时，《于谦》受到了批判。另外，我创编的《神医华佗》，剧中曹操仍作为反面角色，和郭沫若为曹操翻案唱了反调，也受到批判。我主演的《海瑞背纤》，也同时受到批判。这一批判，把我的积极性完全打下去了。

## 13 我和毛泽东的京剧缘

毛泽东酷爱京剧，这与他熟读中国古典名著、深谙中国历史有关，而传统京剧恰恰是以表现中国历史故事为主，尽管剧中朝代不是任何一个确切的时代、历史也仅是含混的前朝旧事，但这丝毫不影响他对京剧的钟爱。欣赏京剧是毛泽东多年来工作之余必不可少的嗜好，他不仅爱听、爱看，而且对京剧史、剧目角色、唱腔流派、表演程式等均颇有研究，甚至在老年病重时，仍迷恋着京剧。1975年，中央有关部门特为他录制了《古城会》《盗魂铃》等一批传统戏音像……

毛泽东对京剧的欣赏极富个性。他曾坦言："我是很喜欢听高派戏的，越听越爱听。"所谓高派，就是20世纪20年代末至30年代初，京剧老生演员高庆奎以刘鸿升唱腔为主体，吸收孙菊仙、谭鑫培、汪桂芬、王鸿寿等诸家的演唱特点，又融汇贾洪林及老旦谢宝云、武生黄月山诸家之长，创新而形成的老生流派，其中所表达的高亢激昂之情正是毛泽东的最爱。

宋宝罗非常敬佩高庆奎的艺术，虽没正式拜在高庆奎的门下，却一直研习高派艺术。他嗓音极佳，其演唱既深得高派神韵，又富

有个人特色，因而受到毛泽东的青睐。毛泽东虽与宋宝罗相距千里，却始终是宋宝罗的知音，每到杭州必诚邀宋宝罗……

  在演戏生涯中，我永难忘怀的是1958年9月的一天。那天晚上，我在杭州新中国剧院演出《托兆碰碑·夜审潘洪》。大概是8点多钟，《碰碑》中的那段【反二黄】刚唱完，前台看门的同志慌慌张张跑到后台来跟我说，他看见周恩来总理了，周总理在剧场的后排看戏……

  当时我急着上场要演"碰碑"一场，待演完下场回到后台休息时，全场的电灯都亮了，大家忙着找周总理，可是总理的影子在哪儿呢？看门的同志急着回答说，票房快关门的时候，有两个人来买了两张票，只有后排的票了，站在后面的那人就是周总理。大家听完才恍然大悟。事后我问过公安局五处处长封耀松同志，证实了这件事，他说那天总理是背着保安人员自己来看戏的。

  此事过去了几天之后的一天晚上，公安局五处的同志跑到我家说："宝罗同志，有位领导要见你。"说罢来人就用小卧车把我送到了西泠饭店，我猜想这位领导会是谁呢？进入大厅，里面已有好多人了，有省市领导，也有大学、科研单位、铁路系统、银行系统的同志，还有省、市越剧团，省、市歌舞团的人……

  我和旁边的市越剧团演丑角的赵金麟正说着话，忽然听到掌声四起，只见周总理满脸笑容走来向大家挥手、鼓掌。他走到每一张桌子前面和大家打招呼，或握手、或问候，十分亲切。他走到我坐的地方，我赶忙站起来和总理握手，说："总理，您好！"总理说："你是宋宝罗同志，我们见过面。"总理的记忆力真好，我说："是，在北京。"总理问我："前几天，我看过你演的《碰碑》，唱得很好么！是刘（鸿升）派？"我说"是的，唱得不好。""是刘派，对么。还有些高庆奎高派的味道，对吗？""是的，我唱得不好。"这时候，总理坐下来了问我是不是和李和曾是师兄弟。我说，是。想不到总理对我还很熟悉呢。"还有谁学高派的？"总理问。"还有李盛藻、

四十八岁的宋宝罗

白家麟。"我答。"你在《碰碑》中唱的那段【反二黄】不错,等一会儿,请你唱一段好吗?""好。"

周总理和我又握了一次手,便转到其他桌子去了。趁这个时候,我找到公安局五处来接我的同志,说总理叫我清唱一段,请你马上到团里找位琴师来。那位同志马上离开找琴师去了。

这时候,周总理同几个女同志跳舞,气氛祥和。没有乐队,只有唱机放唱片。歌舞团的同志唱起了歌。

不一会儿，琴师来了，报幕员报了节目："下面请宋宝罗清唱《碰碑》【反二黄】。"总理听了，连说："好极了，好极了。"

周总理看了我的戏之后，把我的情况向毛主席作了介绍。毛主席十分爱听《碰碑》中的唱段，后来他每次来杭州召见我时，总要我唱这段。这段唱，我为他唱了至少有十几次。

因为给毛主席演戏，我还经历过一场小小的风波。那是1961年夏天的一个晚上，我在东坡剧院演出全本《龙虎斗》，我扮演赵匡胤。场内客满，气氛非常热烈。当演到"困龙棚"这一段时，突然我们剧团的萧闵团长上来了，向我喊着让我下去。我不知道发生了什么事，观众也莫名其妙。

这时大幕拉上了，演员被要求马上卸装洗脸。我惊讶地问这是怎么啦？萧闵团长只说"有紧急任务"。我急忙到后台卸装，可是赵匡胤这张"红脸"怎么洗也洗不干净。

接着我听到萧闵团长在台上用话筒对观众大声说："观众同志们，非常抱歉，今晚宋宝罗有紧急任务，戏不能演下去了。我们准备换戏，换《红娘》好不好？"台下有的观众喊："不好！不好！"萧团长说："演员正在化妆，大约十分钟就好了。请大家稍候。"下面观众继续喊着："我们不要听《红娘》。"萧团长没有办法，最后说："要听的，请留下，不要听的，可以去退票或换票……"

全本《龙虎斗》这时已经演完了三分之二，这会儿观众一听说可以退票，场内马上乱了，前台、后台乱成一团，连大门口、马路上也乱了起来，公安警察都赶来维持秩序。在混乱中，我从后门溜出来，上了公安局的一辆车子。接我的同志说，还得接个琴师去，又回到后台找琴师。

这时候，很多观众不清楚怎么回事，看到我坐进了公安局的汽车，就说："不好了，宋宝罗被逮捕了！"随即传言四起。后来我才知道，当时这个传言很快就传到了我家里，把我家人全都急坏了，不知我犯了什么罪。

汽车把我送到了杭州饭店（现在的香格里拉饭店），我跟着到了三楼大厅门口，只听见里面悠扬的音乐声，我紧张的心情才开始放下来。这时候周总理正从大厅出来要去洗手间，一眼就看见了我，和蔼地向我打招呼。我急忙上前跟总理握手，总理笑着说："哦，宋宝罗同志来了，你正在演出吧？脸也没有洗干净，先去洗洗脸吧。"周总理真是太平易近人了，听了这话，我赶忙去洗干净脸，然后轻轻走进大厅。

大厅里人很多，工作人员把我和琴师带到了一个角落坐下，抬头一看，我一眼就见到了毛主席。这时候，浙江省委书记江华走过来和我打招呼说："宝罗同志，今天辛苦你了……"

除了毛主席，还看到了在舞池里的外交部部长陈毅。多年不见了，陈外长比我以前在梅兰芳家里遇到的时候胖多了。另外还有一些人，我虽不认识，但感到眼熟，仔细一看，突然想起早晨看过《浙江日报》，报上刊登着金日成的照片，我才明白这是朝鲜贵宾在这里访问。

这时候有位工作人员过来对我说，首长请我唱段京戏。我随声回答说好的。然后工作人员问我唱什么戏。我想了想，说就唱一段《二进宫》吧。

工作人员写了一张小纸条送给了负责报幕的女同志，她看了一下，然后报幕说：请首长们休息一下，今天我们请来了杭州京剧团的著名老生演员宋宝罗同志，他下面为大家演唱一段京戏《二进官》……

话未说完，陈外长站起来大声说道："报错了，不是《二进官》，是《二进宫》！"陈外长的话顿时引起了全场大笑……我随即走到了舞池中央，在京胡的伴奏声中唱完了这段《二进宫》。

陈外长带头鼓掌叫好，全场欢欣鼓舞。我唱完了戏，快步走到毛主席前面，跟毛主席握手。毛主席很高兴地说："唱得好，谢谢，谢谢！"我又和周总理、陈外长、金日成、江华等一一握手。

周总理走到我的面前说："你再给毛主席唱段《空城计》好不好？"我说好，接着就唱起了那段【西皮二六】"我正在城楼观山景"。

这时候，一部分人开始退席，我和其他一些参加演出的同志与首长合影。当时第一排坐着毛主席、周总理、金日成、陈毅、江华。

艺苑春秋

宋宝罗饰诸葛亮

　　我站在第二排。这张珍贵的照片在"文化大革命"破四旧时,连同我的一本珍贵照相簿一起被烧了。照片虽不在了,可是这段珍贵的回忆我终生难忘。特别是毛主席、周总理、陈外长他们和蔼亲切的形象深深印在我的脑海中。

　　1962年12月26日,这一天恰巧是毛主席的生日。凌晨,在杭州的汪庄,我为他演唱了自编自导的《朱耷卖画》。那一天,我边唱戏边画公鸡,正画鸡身的时候,无意中碰了一下毛主席的身体,才知道毛主席正背着手在仔细看我的画稿。我激动极了,大笔挥了几下,鸡头、鸡身、鸡尾全画好了。原来我要唱六句或八句才能把公鸡画好,这次唱完四句就画好了。毛主席站在一旁夸奖说"画得好,

宋宝罗画作

用笔很准。"我换上小毛笔，认认真真写下"敬献给毛主席"六个字。毛主席对我说"你可以写上一句'一唱雄鸡天下白'嘛"。我立即就将这句诗书写在画纸上作为画题。接着，我听到全场响起热烈掌声。毛主席非常喜欢这幅《一唱雄鸡天下白》，把它带回了北京。我至今常常后悔的是，当初为什么没有机灵点请毛主席在那幅画中亲笔题词呢！

　　从1958年到1963年，只要毛主席在杭州，我就有机会去为他演唱。我感到这是一件十分光荣的任务。次数去得多了，就觉得不能老一套，于是，就不断地更换剧目，尽量让毛主席听得高兴。我有时候清唱，有时候彩唱。杭州饭店有了小礼堂以后，我就在小礼堂为毛主席演唱。唱过的剧目有《失空斩》《群英会》《草船借箭》《借东风》《坐宫》《见娘》《逍遥津》《斩黄袍》《珠帘寨》《沙桥饯别》《武家坡》《汾河湾》《贺后骂殿》《桑园会》《审潘洪》《辕门斩子》《打渔杀家》《梅龙镇》《出师表》《文昭关》《捉放曹》《碰碑》等。老旦戏有《钓金龟》《断太后》《太君辞朝》等。

　　除了毛泽东主席，在杭州我还曾给刘少奇、朱德等中央首长演唱过。一次刘少奇同志提出要听我演唱的高派名剧《斩黄袍》，看来他对高派戏也很喜欢，于是我就给他唱了"孤王酒醉桃花宫"这段【西皮二六】，刘少奇听完非常高兴，连声夸奖我唱得好，唱得好。

## 14 "文化大革命"之中进"牛棚"

　　1966年5月，中国开始了"文化大革命"。6月1日，人民日报社论《横扫一切牛鬼蛇神》发表。一时间，"破四旧"犹如浊浪排空的洪水，凶猛肆虐，席卷而来，中华文明古国几千年的传统文化惨遭毁灭性破坏。传统京剧统统作为封建残余被扫入了历史的垃圾堆。演戏的行头被当成"四旧",北京孔庙大院焚烧了堆积如山的戏装和道具,这把熊熊大火很快以燎原之势燃遍全国;一位位艺术大师不堪朝攀暮折,相继身亡命陨……

许多活着的人,他们被关"牛棚"。表面看来"牛棚"二字,就是养牛的棚舍,但此牛棚非彼牛棚。所有"文化大革命"中被"打倒""横扫"者都被冠之以比喻邪恶丑陋之物的"牛鬼蛇神"一词,京剧名家们则是"牛鬼蛇神"中的一部分。"牛棚"就是限制这些"牛鬼蛇神"人身自由的场所。

宋宝罗自幼唱传统京剧,从旧社会一直唱到新社会,是一位红彤彤、响当当的京剧名角,这样的人物岂能逍遥"法"外,他和杭州京剧团的一伙"牛鬼蛇神"被囚禁"牛棚"后,忍受着生不如死的屈辱……

## 搞"四清"是非难辨

自从1963年和1964年毛泽东主席对《戏剧报》和文化部接连进行了两次尖锐批评以后,相关领导部门闻风而动,急急忙忙地以毛主席的批示、批评和讲话为"纲",在全国文艺界进行了大力整顿和"清理"。这时候我身在杭州,也深深感到日子越来越不好过了。当时的舆论已经针对京剧舞台上老演"帝王将相、才子佳人"的现象,进行了批判。那时提出的响亮口号是"艺术家的良心何在?"我感觉到不改不行了,于是动了不少脑筋,也尝试着演现代戏,可是演惯了传统戏的我,演现代戏时,总感到手脚无处放,但我还是克服了不少困难演出了现代戏《八一风暴》《白毛女》《首战平型关》《蟠龙之战》等。

1965年5月25日华东区京剧现代戏观摩演出在上海开幕,历时一个月。杭州京剧团的参演剧目有一台大戏《山花烂漫》和一台小戏《喜迎春》,我主演《喜迎春》。而小妹宋紫珊代表安徽省主演的是《渡江第一船》,我二哥宋遇春代表江西省主演的是《风雷渡》,

我们都获得了演出奖。人们说："华东会演最出风头的是宋家人，等于是宋家班会演。"不少观众赞扬宋家人演传统戏是好样的，演现代戏也得到好评。

我正想在京剧现代戏上有所作为的时候，哪知到了这年下半年，领导上叫我到农村搞"四清"，而且还叫我担任工作队副队长。我从小演戏，从没搞过政治工作，虽算不上是文盲，可却是十足的"政盲"，要我到公社、生产队去清查账目，简直是赶鸭子上架，要我的命了。要我跟农民同吃、同住，还勉强过得去，同劳动那就困难了，我肩不能挑、手不能提，对农活一窍不通，比如采茶，农民一天可以采几斤，我一天只能采几两，干农活常出洋相。我先到萧山南洋村集中学习前、后十条，时间一个月，上下午学习，晚上自学或讨论。房东是贫下中农，生活十分艰苦，以为我是中央派来的干部，对我相当客气，住的是草棚，睡的是竹床，伙食也很差，卫生条件就更差了，喝的都是草屋门前池塘里的水，村民们洗衣服、洗马桶、牛洗澡、牛拉粪也都在池塘里。我喜欢喝茶，房东特地将房后水缸里的天落水烧开给我沏茶。可是日子久了，天不下雨，池塘见底，缸里的天落水全喝光了，那可就苦啦，实在口渴只好吃个梨或萝卜。吃饭在门口搭个小桌子，鸡、狗、猪都在桌子下面找食吃。农民家穷得叮当响，常常不烧菜，只在烧饭时蒸上一碗咸菜梗下饭，我吃不下去，只好趁去学习的路上到小店里买几个饼子充饥。那时候强调和贫下中农"三同"，如果吃不起苦，就得挨批判。

晚上，我睡在竹床上，离床不到一米的地方就是猪圈，臭气熏得人喘不过气来。有一天夜里刮大风，一下子把草屋顶吹飞了，我只能连夜搬到小学校去住。

每天去学习文件要走十多里路，风雨无阻。我从小学戏一学就会，可是学习这"社会主义教育运动"的前、后"十条"，怎么也学不进去，有时学了一点也记不住，身为副队长，还要领导大家学习，有时还要给农民讲解，我感到很为难。这样混了一个多月，我这个小分队，被分配到杭州郊区转塘龙坞公社横山大队正式参加"四清"运动。

一天到晚除了学习文件，还得访贫问苦，参加劳动，审查账目。我最怕阿拉伯数字，查账怎能查得清？我只知道，农民的工分很低，一年辛苦下来，不但没有盈余，还倒挂，所谓"四不清"的问题也都是鸡毛蒜皮的小事。如在三年困难时期偷了生产队一个包心菜，小青年偷偷谈恋爱等，都被扣上坏分子的帽子。地、富、反、坏、右更是被整的对象，不敢乱说乱动，稍不留心就得挨批挨斗。我非常同情那些贫苦的农民，解放十多年了还穷得这样，实在让人无法理解。我常常拿出一点小钱接济他们。有一次，我看到破草屋里一个八十多岁的老妇人，贫病交加，实在太可怜了，我就送给她一条棉被和一点钱，不知怎么被工作队知道了，领导批评我说，这个老太婆出身地主家庭，你怎么能同情她？太丧失阶级立场了，千万不要忘记阶级斗争，你是怎么学的？结果把我的工作队副队长给撤了。这样反倒使我卸去了包袱，轻松多了。转眼到了春节，农村里也没有一点春节的欢乐气氛。我为了多作贡献，画了一些国画，写了一些春联送给农民，还送给一些小孩压岁钱。哪知工作队又批评我广施小恩小惠，居心何在？我深感自己参加"四清"不但没有搞出成绩来，反而挨了不少批评，连做一点好事也挨批评，真是做人太难了。

　　春节放假，回到了杭州。那年天气特别寒冷，节日的气氛也没有，买年货都得凭票购买，而且还得排长队，弄不好还买不到。那时候干部和群众都感到心里有些紧张。省府、市委大院都有人贴大字报了，批评这个领导有问题，那个领导执行了错误路线，在紧张的政治气氛中，根本弄不明白，到底是谁对谁错，我隐约感觉到要有一场大的政治运动来临。大年初六，我又回到了农村，没事可干，天天看报、练字、画画打发日子。

　　"四清"搞不下去了，我便跟着农民上山采茶、下地劳动，有时在大树底下聊天、下象棋，日子倒也过得无忧无愁。可是好景不长，1966年4月，从中央人民广播电台新闻节目中传来了惊人的消息：姚文元写文章批判《海瑞罢官》，是引发"文化大革命"的导火索。紧接下来，开始批判"三家村"，说文学艺术界问题最多，批判调子越来越高，火力越来越猛。面对这严峻的形势，我越来越坐不住了。我过去演过不少帝王将相的戏，如《于谦》《海瑞背纤》《四郎探母》

艺苑春秋

《红鬃烈马·算粮》

郭德发饰魏虎　宋宝罗饰薛平贵　李瑛饰王宝钏　王盛林饰王允

等,看来,自己又要受批判了。我整日坐立不安,夜晚辗转难眠,难道自己要遭难了吗?果然不出所料,1966年4月底,杭州市委宣传部来了公函,叫我限期到杭州十五奎巷市委党校报到,参加学习,并自带生活用品。我怀着忐忑不安的心情到市委党校报到,一进大门,就感到气氛不对了。上面规定,在学习期间不准请假、不准会客、不准打电话。这"三不准"马上把我的心揪紧了。杭州京剧团的主要演员张二鹏、陈大濩、鲍毓春、赵麟童、李瑛、陈幼亭等一个个都先后进来了。我们"八大头牌"同住一室,大家有一年未碰面了,此地重逢,表面上嘻嘻哈哈,互相问候,内心里都有难言的紧张。

## 闹"文化大革命"受辱蒙冤

来到杭州十五奎巷市委党校的第二天早晨,突然来了两位大家都不认识的工作人员，他们一进门就气势汹汹地嚷道："京剧团的演员都来了吗？怎么能住在一起？不行，要马上分开住，这样有利于学习，上午就分开。下午每人交一份简历，要写得清楚详细，不能请假，不能随便走动，买东西可叫值班人员代买，早上六点在大操场集合点名，七点三十分开会学习，不得迟到早退，大家听明白了没有？"

听了这番话，大家都蒙了，我们从未听到过如此火辣辣的训话，来头不对呀！

八个演员立即分开，分别跟不认识的人睡在一屋，下午大家分头写简历，交了上去，上边的人说："不够详细，重写！"大家重写了一遍，依然未通过，直到写了三遍，才勉强通过了。

第二天早晨，大家在操场集合，点名。上边的人又训话了，重点提到京剧团："你们要写自我检查，要互相揭发。从历史上、工作上、生活上、言语上各个方面揭发，不要互相包庇，可以写小字报，也可以写大字报。"

就这样，相互揭发的小字报、大字报铺天盖地而来。只有三四天时间，小字报、大字报贴满了整个党校的校园。在当时，揭发陈大濩和鲍毓春的大字报最多，我的最少。虽然有几张，都是鸡毛蒜皮的小事。又过了几天，写我的大字报多起来了，什么高工资、名演员、演《于谦》、演《海瑞背纤》、演帝王将相等问题都提出来了。我感到问题的严重性，心情十分沉重。

一天，工作人员找我谈话："你的工资为什么这么高，这是谁定的？"我说："我来杭州是省、市委领导同意的。是市文化局委派杭州京剧团团长几次到上海来邀请我的。工资也是市里领导同意定下来的，由剧团领导代表上级签字同意的。试演三个月后，经双方同意正式加入杭州京剧团做长期演员。有合同为证。"工作人员让把这张合同交上去。我回家找到了合同，交了上去。

"那么，你演《于谦》又是怎么回事？谁主使的？目的何在？"我回答编演《于谦》是杭州市委宣传部的指示，市文化局同意创作的，

由剧团团长挂帅编写的，我奉命而演的。

事情没有就此平息下去。有人提出来杭州市京剧团演的毒草都是由剧团艺委会决定的，你是艺委会主任，你就得负主要责任。我不服，就写了一张大字报申辩，又有人责问我为什么要演大毒草《四郎探母》，我申辩说这是一出有争议的戏，解放后我未演过此戏。但1961年开"神仙会"时，刘少奇曾说过"有的传统戏演演不要紧么，像《四郎探母》，过去唱了多少年，新中国还不是诞生了么？"从此，北京的剧团都纷纷上演此剧。外省剧团也纷纷仿效演出此戏。我从十几岁开始就演此剧，也是我最走红的一出戏。在这种情况下，我才上演了这出戏。有人又批驳我说："不对，你是奉刘少奇指示才演此剧的。"这真是天大的冤枉，有口难辩。

也有人指责我说："1958年晚会上，刘少奇亲自点你唱一段《斩黄袍》，唱词第一句就是'孤王酒醉桃花宫'，王光美在'四清'运动中搞了一个'桃园经验'，你们相互配合得那么好，刘少奇不是你的总后台吗？"问题上纲上线了。

这时候"五一六通知"下来，"文化大革命十六条"中又明明写着："打倒党内走资本主义道路当权派。"我心想自己不是党员，就不是被整的对象，可是"打倒一切牛鬼蛇神"的口号，使我胆战心惊，我会不会是"牛鬼蛇神"呢？这时候，马路上已经开始有戴高帽的"牛鬼蛇神"游街了，各剧团也已有不少人被上戴高帽子游街，我担心自己有朝一日也会这样。

剧团里有一位唱小生的演员是北京人，他那里消息特别多，说什么北京批斗"牛鬼蛇神"如何如何；老舍、叶盛章跳河自杀了；马连良挂着"大汉奸"的牌子，被毒打后不久就死了；荀慧生被打死在马路上；张君秋、裘盛戎、李少春等人都关进了"牛棚"；上海金素雯夫妇和言慧珠也都上吊自杀了；黄梅戏演员严凤英也服毒自杀了……这些可怕的消息传来。眼见斗争逐步升级，人人自危，不知将来自己命运会是如何？

灾难终于降临了。一天，造反派将杭州京剧团的"牛鬼蛇神"

集中到东坡剧院门口召开斗争大会，我和其他几位主要演员，都被剃了阴阳头，脸上涂了黑油彩，胸前挂着一块大牌子站在板凳上，一边大声自报姓名和罪状，一边还要敲打锣鼓。围观的人越来越多，剧场门口人山人海，批斗的口号声越喊越响，面对如此羞辱，我不知今后该如何活下去。

有一天，省市各剧团的"牛鬼蛇神"集体大游街，仅挂牌戴高帽子的就有一百多人，加上那些不挂牌、不戴高帽的小"牛鬼蛇神"，共有数百人，声势极为"壮观"。著名武生老演员盖叫天，坐在垃圾车上在前面开路。一路过去，有的"牛鬼蛇神"遭围观的群众打，有的"牛鬼蛇神"被扔来的石块砸中。

在那个疯狂的时代，也有很多善良理智的人，我在游行队伍中间被两个不熟识的人暗中保护着，他们有时还搀扶我一把，防止我晕倒。至今我还怀念着那两位素不相识的好人。

一天晚上，我从广播中听到北京"破四旧"的消息，担心有一场更激烈的风暴将会来临。当时剧团里有一班小科班学员，人数有四十多人，年龄都在十六七岁，最大的也不超过二十岁，他们都是不懂事的孩子。有人利用他们年幼无知，成立了造反队，并胡说什么："浙江省最大的放毒剧团是杭州京剧团，剧团里最大的罪魁祸首就是宋宝罗。宋宝罗是最大的反动权威和牛鬼蛇神，不打倒宋宝罗，你们就没有出头的日子……"这番话，将小科班学员们煽动起来了。

一天早上，一百多人的"造反大队"举着红旗，敲锣打鼓，直奔青年路，将我家团团围住了，他们先贴大字报，什么"革命无罪，造反有理！""打倒反动学术权威宋宝罗！"等的标语，贴满了我住宅的墙上。他们闯进门以后，先把我家里的孩子全都关在厕所里，然后动手将我四大箱的戏衣翻出来，用大幕布将戏衣和圆笼盔头等道具包好，装了满满两大板车拉到团部。造反派翻箱倒柜破"四旧"，又将我几十年辛辛苦苦手抄的两大箱剧本抬到楼下天井里用火烧，眼看自己数十年辛勤积累的宝贵资料付之一炬，我心痛不已。他们还把我家珍藏的文物古玩、书画作品全部搜出，拿去烧了，其中有

一把扇子特别珍贵,那上面有1954年在上海思南路梅兰芳家里请梅先生画的梅花,正巧陈毅市长在,由陈市长题写了一首梅花诗。有人拿着这把扇子说:"这是'陈老右'的,烧掉。"真可惜呀!连我本人平时穿的衣服和妻子的首饰也都被造反派拿走了。这一次抄家从上午8时多一直折腾到中午以后,楼下天井里燃烧物品的火从上午一直烧到天黑才慢慢熄灭。

造反派还不罢休,又拥着我到鲍毓春、张二鹏家去抄家,晚上又到赵麟童家里破"四旧",将赵的戏装和道具青龙刀、头盔拿到青春街十字路口去烧,后被警察禁止住了。他们又到陈大濩家破"四旧",搜不出什么重要东西。

这第一次破"四旧"抄家,我的损失最为惨重,一生积累的心血全部被破坏殆尽,连乾隆年间的宣纸也被搜去写了大字报,"打倒刘少奇!打倒宋宝罗!"

造反派在欢庆他们"胜利"的同时,又把我和鲍毓春、张二鹏、赵麟童、陈大濩重新押回市委党校。过了两天,由那位小生演员发起了"抢房子"运动。这样一来,几位主要演员的家更是闹得鸡犬不宁。有的演员家属在上海的,就赶回上海去;有的赶到团部去住。我家因为人口太多,硬要我腾出一间房子让别人住。剧团里还特地砌了一个"烧池",天天烧戏装,搞得乌烟瘴气。我家几乎每天不分白天黑夜都有人来抄家,他们见什么拿什么,连茶杯上有龙的图案的也不放过。我家的大门索性不上锁了,以便造反派随时随地入室抄家。因为那震耳的擂门声每次都把家里的孩子们吓得战战兢兢,不如敞开大门算了。

不久,北京和全国各地的大中学校都建立了红卫兵组织,这些孩子们都参加了各种名目的战斗队,每天出去造反。那时候,全国各地的红卫兵蜂拥北京,期待着毛主席的接见。杭州京剧团的红卫兵在北京天安门广场受到毛主席的接见以后,他们的造反劲头更加高涨。原先关在剧团排演厅楼上的"牛鬼蛇神",这时候都被安排到农村去了。我们被关在"牛棚"里边劳动边改造。每天学习"毛选",背诵"老三篇",

背诵《敦促杜聿明等投降书》等。造反派对"牛鬼蛇神"管制得更严格了，白天监督劳动，中午写认罪书，晚上参加批斗会。住的地方不是仓库，就是"牛舍"，地上凹凸不平，又很潮湿。我们都只带一条被子，下面铺点稻草，可是不到四五天，稻草都烂了，各种小虫子在床上乱爬乱飞，见了叫人心里发麻。还有成群的老鼠，在我们头上、脚上乱窜……至今回想起这段痛苦的生活，依然毛骨悚然。

毛主席在北京八次接见全国红卫兵以后，各地"造反"烈火更加猛烈地燃烧起来了，红卫兵开始全国大串联。我和其他"牛鬼蛇神"又从农村押回团部继续关在"牛棚"，每天向造反派交代自己的"罪行"，我搜肠刮肚，把自己一生所作所为全部交代出来了，可是造反派还嫌不够。一天，他们对我威吓道："你的交代不彻底，从今以后睡觉不准脱衣服，随时准备批斗，交代自己的罪行。"从此，我终日惶惶不安，无论白天、黑夜，都将被随时拉出去批斗或陪斗。

正在这痛苦难熬的时候，北京某歌舞团一个会唱歌的人，窜到杭州来了。他带着几名打手到了杭州京剧团，发现《红灯记》的说明书有问题，扬言要揪出黑后台。这个人造了市委书记王平夷的反，又打了市委副书记胡景城，打了市文化局的领导孙晓泉和萧闵。他当然也不会放过剧团里的几头"牛"，首先打了鲍毓春。因为我演过《四郎探母》，他又打了我，并把我打得吐血，他还狰狞着脸孔说："怎么搞的，宋宝罗怎么经不起打，一巴掌就打得吐血了。"

这时候，赵麟童也倒了霉。因为他曾经对江青提过意见，所以也被狠狠地打了。省文化局的副局长王顾明被打得残废了，省越剧团团长俞德丰，因受不了污辱自杀了，杭州市曲艺团团长俞笑飞也自杀了……

我被打伤以后依然住在"牛棚"里，过着非人的生活。这时候，去外出串连的红卫兵纷纷回到了杭州，他们成立各种战斗队，有"卫东战斗队""飞虎战斗队"等，其中一个战斗队名叫"一二四战斗队"，其谐音是：一是要的意思，二是你的意思，四是死的意思，这三个字连起来读就是"要你死"。这些战斗队对我特别严厉，打骂是平常

事了,还强迫我干重体力劳动,如刷洗楼梯、厕所,掏阴沟,三层楼宿舍一个大排演厅的卫生全让我一个人包了。别的"牛"放假可以回家,唯独不准我回家,还要我擦玻璃。那时的我真是苦不堪言,想想倒不如死了好。

当时中央提出了"抓革命、促生产"的号召,剧团要演革命样板戏,每次演《沙家浜》《红灯记》前,必须先批斗"牛鬼蛇神",造反派给我们挂上黑牌,把我们从昌化路团部押送到东坡剧院批斗。造反派用"飞机式"将我们双臂往后拉,揪着头发,撅着脖子押到台前,由一个造反派当众宣读我们的罪状。批斗完以后,再将我们押回团部。每天都有新花样,有时押我们到武林门汽车站大门口批斗,有时又押我们到火车站广场批斗……

一天,更大的不幸降临到我头上。1967年春夏之交,团里的战斗队往全国各地串联时,有人在南京图书馆发现了一张1945年10月份的旧报纸。报上头版头条赫然登着一张蒋介石在舞台上和我握手的照片。这张照片上还有美国马歇尔将军和宋美龄、陈诚、何应钦等国民党要员的身影。他们像发现了我重大罪状一样,风风火火回到了杭州,向上面汇报了这一重大发现。上面头头认为这是一件爆炸性的大案,必须从严惩处。当晚就提审我,从一开始气氛就十分紧张。造反派怒气冲冲地吼道:"宋宝罗,你有重大罪行未交代,如果再隐瞒下去,只有死路一条!"我完全愣住了,不知还有什么重大问题未交代呀?

几天几夜我左思右想,从七岁开始给冯玉祥唱戏,一直回忆到1945年给蒋介石唱戏,并在什么情况下唱的戏,我都一一作了交代,可是越坦白交代,罪行却愈来愈严重了。我想,这一下子必死无疑了,我也早作好了此残生的思想准备。造反派威胁我道:"你是四开人物,在军阀的时代你就吃得开,在日伪时期吃得开,在蒋介石手下也吃得开,解放以后,你仍然吃得开。你是一个地地道道的历史反革命。"

此后,我的日子更不好过了。有人提出要审查一下我为毛主席演唱的事。有一次，造反派审问我说："你多次为毛主席演唱的段子，都是帝王将相的大毒草，这到底是毛主席要你唱的，还是你自己主动向毛主席放毒？"

对于这个重大问题，难以如实回答，我思想斗争了好久，如果说是毛主席点唱的，那还了得，这不是罪上加罪吗？我只好违心地交代说是自己要唱的。岂料造反派听了，勃然大怒，拍着桌子大吼道：

"你竟敢在最高领袖面前放毒，真是罪该万死！凭这一条，你就是现行反革命了！"我有什么话说！只有一死了之！

这个案子转到省里，由林彪党羽陈励耘主管成立专案组来审理。从此，我被从"牛棚"拉出来单独隔离审查，日子更加难过了。住在京剧团后面一间倒闭的化工厂仓库的破屋里。破屋四面透风，屋瓦脱落，地下潮湿，外面下大雨，里面下小雨。一场大雪后，屋里滴滴答答漏雪水，几天不停，墙角堆满了坛坛罐罐，雨雪过后，地上的水变得五颜六色，所幸屋内没有虫、蚁、蚊、鼠干扰，大概这些小生命对这里的生存环境也不满意吧！这里没有床铺，给我找来了一只装刀枪的长箱子，铺上一条薄棉被，替换衣服也不多。既不让接见别人，也不让家人送东西来。屋门口有个破水泥池子，自来水水管锈得漏水，水龙头开不开、关不紧，滴滴答答地流水，用个瓶子接水用，大小便也都在这里。

白天，只有屋顶能透进一线光亮，整个破屋黑乎乎一片。为了能写检查，我请求装个灯，总算勉强安顿下来了。

造反派管理"牛鬼蛇神"的食堂，他们订了一条规矩，只准"牛们"买饭，不准"牛们"买菜，每星期只准买一块腐乳。我一连几个星期没有吃过盐，身上一点力气也没有。我随便说一句："不吃盐哪来的力气。"这句话被汇报上去，我又吃了苦头。当我打白饭时，竟把一大勺盐倒在我的饭碗里。那位造反派恶狠狠地训斥道："宋宝罗，你不是想吃盐吗？现在我让你吃个饱！"天哪！这可怎么吃呀？我整整饿了一天。

## 受牵连 儿女受难

对于我们这些"牛鬼蛇神",造反派规定要隔两三个星期才准洗一次澡,地点在杭州解放路的明湖池。好心的人暗暗跟我说,要我洗快一点,趁机到青年路家中去看看孩子和妻子。我好不容易偷偷回到家时,孩子未看到,只看到了妻子。妻子受不了这样的侮辱和压力,表示要与我划清界限,因此不但不安慰我,反而对我说:"你隐瞒了重大的历史问题,害了我一辈子,不如离婚了吧。"妻子的话像一把利剑,把我的心都刺痛了。

人们都说温暖的家庭是避风港,可是我的避风港在哪儿?有一次我偷偷回家,被别人看到了,他们报告了造反派。从此,不准我回家,也不准我洗澡,和家人全部隔绝了。我孤零零地关在破屋里,有时几天也不开门,有时大扫除搞卫生,才放我出来劳动。三天两头还要提审我,逼着我交代罪行。

更苦的日子还在后头,那些造反派将我往死路上逼,竟把我的一季度粮票全换成了番薯。那七百多斤番薯全堆在破屋门口。从此,不准我吃饭,天天吃生番薯。过不了多少日子,番薯全烂了。不吃吧,饿;吃吧,就胃痛。这日子可怎么过呀?此后我看见番薯就吐酸水。这样的苦日子,比蹲大牢还难熬。

冬天来了,寒风刺骨,我的衣衫又薄又破,冻得我头也痛、脚也烂了。自此,我留下了三叉神经痛的后遗症。

1967年的春节到了,这年除夕是我一生中最悲惨的日子。当时我遍体鳞伤,孤零零躺在冰冷的木箱子上,望着破漏的房顶,不觉悲从中来。自古道,男儿有泪不轻弹,可是我再也忍不住了,泪流不止。思前想后,深感人间凄凉……

我一遍又一遍地向造反派交代自己的"罪行",可是换来的却是一顿又一顿毒打,他们怒喝道:"你的交代很不老实,有的材料都是老的!"我挖空心思,把平生所做大大小小的事情都交代了,怎么还不老实呢？难道还要捏造一些假材料、假罪状吗？

我一边呜咽着，一边翻身，可是头部、腿部、腰部、臀部、脸部处处是伤，动哪哪疼……

整个小院只留下了我一个人，我腹中饥饿，随手拿起一个番薯，塞进口中才知是烂的……

在微弱的灯光下，我不由想起了年近八旬的老母亲，她身居上海，现在的身体还好吗？她一生养了这么多孩子，吃足了苦头，儿女的福享不到，现在还要为儿女担惊受怕，我怎么对得起她老人家啊！要是她知道了我受苦受难，她不是会焦急而死吗？

我也十分惦念我那群未成年的孩子们，大儿子德宝才十四岁，大女儿小燕十五岁，飞鸿十二岁，最小的只有三岁，他们还好吗？他们会怪我吗？除夕之夜，家家都团聚了，你们可怜的爸，还在这儿受罪，你们知道吗？不禁悲从中来……

我又想起了自己的妻子，结婚数十年来，我待她不薄，她为我养了一堆孩子，总该有一点夫妻情分，可是她……为什么对我如此薄情？为什么要跟我离婚？可是眼下的形势这样可怕，这能全怪罪于她吗？我越想越悲哀了。

我又想起了自己从七岁学戏，从小到大，老老实实做人，规规矩矩演戏，从来没有干过缺德的事，为什么要遭此报应？我只是为几个"反动人物"演过几场戏，但那也是被逼的啊！既然吃了戏饭，能不为人演戏吗？演了一些帝王将相的戏，这也是师父传授的，我罪行难道真有那么大吗？

我想到悲凉处，真想马上自杀，脱离这个苦海，可是我有一堆孩子，以后谁来养活他们，又想到新中国成立以来，通过学习，积极响应党的号召，也为工农兵演过一些现代戏，做过一些好事，难道也一笔抹杀了吗？

冬去春来，到了1968年10月，党的八届十二中全会在北京召开，公布了"党内最大的走资派"刘少奇的"罪状"。他被戴上了"叛徒、内奸、工贼"三项大帽子，竟被开除出党了。这一天，两个造反派将我押到"杭京"排演厅门外，命我坐在台阶上，等待听晚上8点钟

的新闻联播。当听到"坚决打倒刘少奇"的口号时,全场造反派热烈鼓掌。听完了新闻联播,造反派把我拎到《毛主席去安源》的画像前请罪,腰弯到九十度,不准动一动。一个造反派小头目狠狠打了我两记耳光,大声叫道:"宋宝罗,你的主子、后台老板刘少奇已倒台了,你也永世不得翻身了。"

我被打得昏天黑地,两眼发黑。这个造反派又把我狠狠地拎起来,像包袱一样,将我扔了出去,我躺在地上,一动也不会动了。凶狠无比的他还不肯罢休,对我吼道:"快起来!"我已奄奄一息,实在爬不起来了,他又命两个造反派,将我拎到毛主席画像前叫道:"好好看管宋宝罗,让他弯腰请罪,不准偷懒!"说罢,他去睡觉了。

可怜的我一直站到天亮,才由两个"牛们"将我扶进屋里去。我躺在大箱子上面,像死人一样,不吃不喝。后来幸亏两位有良知的造反派汇报上去,才将那个造反派小头目撤换下来,不然的话,我早就命丧黄泉了。

"文化大革命"期间为了树立"旗手"江青的威信,大演样板戏,杭州京剧团的人员不够,把宁波京剧团的人调来,合并成为浙江京剧团,又来了军宣队。有一次,造反派对"牛鬼蛇神"训话道:"你们这批资产阶级反动学术权威,都是臭知识分子,你们一贯骑在人民的头上作威作福,吃着人民种的粮食,穿着人民织的衣服,哪里知道无产阶级穷苦大众、贫下中农的苦,他们过的什么日子?吃的是什么东西?现在让你们吃一顿忆苦饭,就可知道旧社会劳动人民是多么的苦啊!"

训完话,他们端上一大盆"忆苦饭"。这饭由烂菜和稻糠拌合起来做的,既不烧熟,也不烧热。命令每人吃一大碗,必须吃光,不得浪费。这哪是人吃的呀!我端起一碗,就闻到一股霉味儿,吃了一口,喉头被刺痛了,怎么也咽不下去,喝了一点汤,才将第一口"忆苦饭"吞了下去。有的"牛"当场就呕吐了出来,被造反派臭骂了一顿,依然得吃下去。大家强忍着痛苦将一碗"忆苦饭"吃完了。造反派挨个问道:"这个会开得好吗?"

"好!""牛们"谁敢说个"不"字。

"忆苦饭好吃么?"

"牛们"点点头。当问到我,我老实说:"不好吃。"

"吃惯了就会好吃的。"

又问鲍毓春:"好吃吗?"

"好吃,好吃。"鲍毓春说了假话。

"那好,再给他盛一碗来。"鲍毓春有口难言,他只好再苦苦地继续吞咽"忆苦饭"。

1969年,毛主席说:"工人阶级领导一切。"于是工宣队进驻了京剧团。这个工宣队的队员是来自杭州钢厂的工人,我曾多次去杭钢演出,所以许多工人认识我,对我的德、艺都十分赞赏,对我的遭遇都抱有同情。可是因为我的"罪行"严重,他们无法解放我,不过也采取了一些保护性的措施。如不再让我跟其他的"牛们"住在一起了,可以到食堂去买饭,但只许买素菜不许买荤菜;不再单独强迫我劳动;星期天可以回家看看,但不得过夜。当我初从隔离室出来时,已变成了满头白发的老人。以后我还参加了在昌化路一家工厂门口的河边上挖防空洞,一连挖了好多天。一天我正挖着,上面开过一辆大卡车,一下子把洞压塌,我差点死在洞里。后来到其他工厂劳动,我都积极地干,希望戴"罪"立功,争取将来宽大处理。

没多久,毛主席发出"知识青年到农村去,接受贫下中农的再教育"的号召,上山下乡的热潮立即掀起,我家也再起波澜。妻子带来的一儿一女,先分别去了宁海、富阳插队。我的大儿子德宝刚十五岁,还没到下乡的年龄。但这时,妻子又出了事,挨了批斗。德宝感到这样的家庭实在难以待下去,就毅然报名到东北大兴安岭去当伐木工人。德宝根本料想不到他的年龄和体力是无法承受伐木这个重体力劳动的。德宝曾多次去剧团探望我,均遭拒绝,父子俩分别时才见了面,我含泪说:"孩子,我对不住你,你出外可要自己当心啊!"德宝也泪流满面说:"爸爸,你年纪大了,我不能来照顾你了,你要保重身体啊!"说罢,父子抱头痛哭。

女儿飞鸿十四岁,她在这个破碎的家庭里也待不下去了,自己设法到安徽芜湖市京剧团去当学员,父女分别时也痛哭了一场。我

万万没有想到自己在舞台上表演的"含悲忍泪"和亲人告别的场景，在现实生活中都体验了。

1970年夏秋之交，剧团被派到绍兴柯桥参加"双抢"劳动，那时采取拉练的形式徒步走到柯桥。在那里，我们集中住在一间天主教堂里，每日边劳动、边接受批斗。

一天傍晚，我坐在田边休息，正感叹着自己的凄凉时，突然看见一辆黑色小轿车驶进了大队部。不一会儿，有人跑来通知我说："宋宝罗，你马上回杭州去！"这突如其来的消息，使我蒙住了。回杭州去是祸？是福？我丝毫不清楚。于是，我奉命收拾好简单的行李，立即上了这辆轿车向杭州疾驰而去……

## 15 叶剑英为我平反

所谓平反，是指对过去的冤假错案以及不准确的认识评价做出正确的修改，以还历史一个真实的面目，还当事人一个公正的评价。中共十一届三中全会确定了"解放思想、实事求是"的指导方针。为彻底纠正"文化大革命"及其以前的"左"倾错误，恢复党的实事求是的优良传统，全党遵循"有反必肃、有错必究"的原则，进行了大规模的全面细致的复查与平反冤假错案的工作，各行各业数以万计的人得到了平反昭雪，宋宝罗就是其中一位……

我回杭以后，情况大变，每天可以回家过夜了，也可以在"牛棚"里搭个铺，劳动也不受监督了。每天到剧团上班，领导上也不安排我工作，有时到厨房洗洗菜，有时在传达室看看报，团里排样板戏时，帮着制作一些布景、道具等。我对以上这些情况变化，心存很大的疑团。难道这样就算解放了吗？会不会"秋后"还要算账？我很有自知之明，老老实实接受改造，等待处理，绝不乱说乱动，当时有小道消息传来说是毛主席解放了我，这会是真的吗？我不敢相信，因为团里领导没有向我宣布，也没文件下来，怎么能算是"解放"了呢？对此我仍有疑虑。

一天，从宁波京剧团调来的一位领导找我谈话了。他态度非常好，说："宋宝罗同志，你好！近来身体好吗？"

我已有很长时间没有听到"同志"二字了，激动得我顿时眼含热泪。那位领导又说："近来你帮着制作布景道具，对演出样板戏帮助很大，同志们对你很满意，今后仍希望你好好工作。"说罢，他又拿出一本东西，对我说道："我在团里发现一本你的大作，是四十年前的一本印谱。这是你多少年的艺术杰作，也是你多少年的心血结晶，现在归还给你。"

那本印谱原来是我"罪状"的证据，没想到如今竟然归还我。我见物生情，不觉回想起破"四旧"时许多珍贵的艺术品付之一炬，至今仍痛惜不已。虽物归原主，但我能否"解放"领导只字没提，我仍然疑虑困惑。

我已有两年没有回家了，当踏进家门时，百感交集。环顾家里，除了两张破桌子，几只方凳子，几张破棕棚床，还有几个衣衫褴褛、面黄肌瘦的孩子——飞华、飞来、飞寅、重九。飞来长高了，已经十五岁了，重九最小，只有八九岁。他们拥上来围着我叫："爸爸，你回来了。我们好想你呀！"孩子们稚嫩的呼唤让我一阵心痛心酸，泪水夺眶而出。我给孩子们买了些乡下土布，做几件新衣裤。

家里生活极其困难，孩子们的旧衣服缝缝补补穿了又穿。伙食降到最低标准，经常买一些二分钱一斤的青菜、萝卜，三分钱一斤的螺蛳。开后门买些肉骨头，吃剩下来的碎骨头，还可一斤六分钱卖给废品站……在这种情况下，我的老岳母拿出了她微薄的退休金贴补家用，我对她也十分照顾，最后还为这位心地善良的老岳母送了终，至今我还很怀念她。

我回家后,每天无事可干,内心极为苦闷。一天,我从床底下拉出一大筐石头来,石质参差不等,我想干脆用它刻图章来磨日子吧。

我先刻《毛主席语录》,又刻毛主席诗词,除了已发表的三十七首外,后来发表的《重上井冈山》《鸟儿问答》两首也刻了。后来又刻了一套《国际歌》,三套《百寿图》,一套《百福图》,再加其他一些庆祝重大节日的图章,总共刻了一千五百多方。石头从何处而来?如要买的话,得花许多钱,我哪儿来这些钱呀?这不能不感谢一位好朋友对我的慷慨赐赠。此人名叫陈慕蓉,青田县政协委员,是全国人大副委

员长陈慕华的哥哥。他每次来杭州开会时，总要为我捎来几十斤青田石头，这些石头都是毛坯，需要自己加工。这样一来，我倒有事情可干了。每天锯石头，磨石头，刻石头，忙得不亦乐乎，"文化大革命"后期几年的岁月就在跟石头打交道中打发掉了。这也可算是一段难忘的岁月。

杭州京剧团和宁波京剧团合并成为浙江京剧团以后，大队人马都住在南山路，现今中国美术学院的所在地。我每天在这里上班，除了制作样板戏布景，就在传达室闲坐。回家以后，我就一心扑在石头上了。锯石头，是重体力劳动，磨石头也不简单，刻石头更需要集中精力，这样，可以把我所有在事业上、生活上和家庭关系上一切不顺心的事暂时抛在脑后了。人们都说书画家大都能长寿，主要原因在磨墨上，每天磨墨半小时，可以疏通血脉，对健康大有裨益。刻石章也是如此。对几个字的安排大有讲究，要讲章法，要有文化的涵养，别看小小一方石章，要刻好它，着实不容易呢！有时一方自认为得意的图章刻好以后，往往要自我欣赏好一会儿，这时什么烦恼的事儿也抛到九霄云外去了。

几年来的"牛棚"生活，把我的身体搞垮了，贫血、腰酸、背痛、失眠，全身都是病，最严重的是三叉神经痛，人也消瘦了许多。就在这每天"锯、磨、刻"中，不知不觉我的身体慢慢好起来了。金石书画家大都是长寿老人，这话是有道理的。

我到底是怎样解放的？一次偶然的机会揭开了谜底。

林彪事件以后，一次，在省体育馆召开批判林彪死党南萍、陈励耘大会，这是省里召集的大会，我也参加了。有人在会上揭出了事情真相：1970年冬，毛主席来杭州视察时，在一次晚会上，他没见到我，问陈励耘道："宋宝罗怎么没有来呀？"

陈励耘装糊涂，不作回答。毛主席又追问道："就是那位唱京戏、会画大公鸡的宋宝罗，怎么没来呀？"至此，陈励耘才吞吞吐吐说道："宋宝罗的问题还没有搞清楚。"

毛主席问："什么问题？"

陈励耘说："听说他给蒋介石演过戏。"

毛主席说："给蒋介石演过戏算什么问题？据我所知，宋宝罗从小唱戏，他经历过几个朝代，给很多人唱过戏。那时候是蒋介石的天下，蒋介石要他唱，他敢不唱吗？解放后，我多次叫他来为我唱戏，他不是也来了么！你们到底在搞什么名堂？真是乱弹琴！"

陈励耘默不作声了。

大会上揭出的这段往事说明，南萍、陈励耘根本没有执行毛主席的指示。我在场亲耳听到了这件事，才真正明白确实是毛主席解放了我。

我被"解放"前后不到两三个月时间，别人对我的称呼就有了很大的变化。当初用"喂"字，每听到"喂"字，就知道是在叫我；以后，称呼改了，变成"宋宝罗"，直呼其名；"解放"以后，有人叫我为"宝罗"，把宋字拿掉了；再以后，又听到称我为"宋宝罗同志"；再往后，称呼更亲密了，什么"宝罗同志""老宋""宋先生"，直到称"宋老""宋老师"。从称呼的变化，我感慨万千，深感世态炎凉。

1975年，"文化大革命"还在"斗、批、改"阶段，我随团里的人到嘉兴王店去"学大寨"，每天除了劳动，就是坐下来"批林批孔"，也批不出啥名堂。直到1976年1月8日，突然从电波中传来了周总理逝世的噩耗，这使我大吃一惊。从1956年到1976年的二十年间，我曾多次有幸见过周总理，他慈祥的笑容和平易近人的作风，一直深印在我脑海中。特别是他多次介绍我认识了不少中央领导的情景，历历在目，一想到周总理对我一个普通京剧演员那样关怀，眼泪止不住簌簌流下来了。

1976年是多事之秋的一年，"文化大革命"仍未结束，可是中央领导却一个又一个地逝世了，朱德委员长去了。为纪念人民的好总理，广大老百姓在清明时节自动汇集在天安门广场举行悼念活动，却遭到了"四人帮"的残酷镇压。邓小平又被打倒了。这时唐山又发生了大地震。不久毛主席也去世了，国家经济状况已到了崩溃的边缘。在这危急时刻，党中央一举粉碎了"四人帮"的阴谋，全国人民普天同庆，我连夜新编了几段打倒"四人帮"的唱词，剧团组织几个小分队，到农村、工厂、学校、街道等地为老百姓演唱。全国人民沉浸在一片欢乐的海洋之中。

党的十一届三中全会拨乱反正，国民经济开始健康发展。我也是喜事连连。如恢复传统戏的上演，我又有用武之地了，还担任了省政协常委，重新受到党和人民的信任。省委统战部还对我在"文化大革命"中所受损失给予了八千多元的经济赔偿，这笔钱虽远远抵不上我实际遭受的损失，但也解决了我的不少问题，尤其是精神上得到极大安慰。

我高兴的随团到温州、湖州、嘉兴、镇江、扬州、上海、南京、南昌、九江等地演出优秀传统戏两百多场，所到之处，大受观众欢迎。

有一天，省政协秘书吴魁根对我说："中央有位领导同志来电询问你的情况，他现住杭州饭店（今香格里拉饭店），要见见您。"我说："不知道是哪位中央领导？"吴魁根告诉我是陈再道。我只知陈再道的名字，但并不认识他。

跟着吴魁根前往杭州饭店，拜见了陈再道司令员，只见他个子不高，矮矮胖胖，七十多岁的样子，很和蔼。他说："宋宝罗同志，久闻大名。十多年前，我听湖南省主席程潜同志说起过你，你不但京戏唱得好，还能画画，刻图章，真是一专多能啊！"

我们从下午一直谈到吃晚饭时分，天南海北，无话不谈。陈再道很高兴，说："宋宝罗同志，你唱一段京戏好吗？随便唱什么。"

我当即唱了一段《借东风》。陈再道也随即唱了花脸戏《捉放曹》中曹操唱的那段"恨董卓专权乱朝纲"。陈再道唱得有板有眼，有声有色，大家都很开心。

晚饭和陈再道一起进餐，吴魁根作陪。陈再道酒量大，一杯又一杯地喝，情绪越来越高昂。他说："我今天特别高兴，今晚你别回去了，就住在这里吧！我们可以多聊聊！"我说："不，不，我明天再来吧！"陈再道没有再挽留，临别嘱托我明天带笔砚来，给他画张画。

第二天我又去杭州饭店时，陈再道早在等候了。我当场画了一张《松树红梅》。画好后，他说："你给毛主席画过大公鸡，也给我画一张，好不好？"我二话没说随即又画了一张大公鸡。中饭后。我和吴魁根告辞离去。

后来，我还见到了来杭州视察的省军区领导苏振华上将。我向他谈了在"文化大革命"中受迫害的情况，至今虽"解放"了，可

是一直没有正式平反。他说:"那没有关系,以后会给你平反的。"

1978年冬天,叶剑英元帅到杭州来了,在晚会上,我为叶帅唱了一段《碰碑》,晚会结束后合影前,一位负责同志叫我站在最后一排的边上,拍照前一刻,苏振华上将把我拉到前面,站在第二排中央,正好在叶帅的背后,照片中除叶帅、苏振华外,还有倪志福、铁瑛及省军区负责人等。

叶帅第二次接见我时,先在休息室喝茶。晚会开始,由我搀扶叶帅步入会场时,会场立刻响起了暴风雨般的掌声。叶帅连连举手致意,他高声说道:"同志们好,宋宝罗是我们的好演员、好同志。"那响亮的声音,顿使全场又响起了热烈的掌声。敬爱的叶帅正式为我平了反,怎不使我感激万分呢!

那天是叶帅八十华诞。他事先写下了一首诗《八十抒怀》,我用京剧的【二黄原板】转【四平调】演唱了这首诗。当我唱到"满目青山夕照明"收尾时,全场掌声雷动。叶帅也激动不已,他经人搀扶站起来连连鼓掌,非常开心。

当叶帅第三次接见我时,我为了答谢叶帅对我的关怀,特地送给叶帅一幅郑板桥的真迹对联。这是我父亲的遗物,"文化大革命"破"四旧"时,我从火堆中抢救出来的。重新装裱后,这次晚会结束时,我赠送给了叶帅。与此同时,为了感谢苏振华、铁瑛对我的关怀,我送他们每人一幅雄鹰图。

此后,陈云同志、李先念同志多次接见我,我也为他们演唱了京剧并作画。中央领导对我的关怀爱护,我终生难忘。

# 16 花甲之后的夕阳红

1976年10月,"文化大革命"结束,阴霾笼罩了十年的华夏终又阳光明媚。京剧舞台，逐渐复苏，传统剧目开始解禁，各地的京剧艺术团体先后恢复建制，戏迷观众又兴高采烈地集聚到久违的剧场。但戏院荒芜，再也不见昔日大师们国色天香之风采，本应橙黄橘绿的演员们也难现好景。对此，许多钟情于京剧的老艺术家们胸怀使命，奋发蹈厉，排闷送青。

此时的宋宝罗银发满鬓，虽已值花甲，但有了用武之地，他又练功吊嗓，精神焕发。欣然携《失空斩》《武乡侯》等戏重返各地舞台，嗓子依然嘹亮，情致依旧饱满，一路巡演，一路春风。

耄耋之年的宋宝罗，双栖国粹，京剧为主，书画为辅，他的书画展不仅轰动杭州等地，还轰动了美国费城，欲购画者甚众，但宋宝罗唯求弘扬民族艺术，所作回答始终是他图章上的六个字："我的画不卖钱。"但凡赈灾解危，宋宝罗则积极捐赠，慷慨善举。

走上舞台的宋宝罗，行腔梁绕，艺臻化境。多年来，他从杭州一直唱响到首都北京。在中央电视台灯光璀璨的舞台上，宋宝罗边唱边画，劲展双绝，一曲终罢，雄鸡报晓。银屏上，翰墨飘香，戏韵流芳。亿万观众由衷爱上这位皓首犹童颜、壮美如夕阳的老艺术家！

党的十一届三中全会以后，广大文艺工作者和全国人民一样，无比欢欣鼓舞，都感到第二个春天来临了。全会否定了1963年对文艺工作的两个批示，传统戏开始恢复上演了，我对自己所热爱的京剧事业又充满希望，从此，我可以大干一番了。虽然我已过花甲，可我的身体还挺健康，精力也比较旺盛。为重返舞台我开始吊嗓子了，想不到我的嗓音依然嘹亮，这大概要归功于我早年扎实的幼功。但毕竟年龄大了气力有限，像高派、汪派的代表剧目如《辕门斩子》《打金砖》《取成都》等戏不能再唱了，其他的剧目不会有太大问题。

我先在本市胜利剧院、红星剧院唱传统戏《失空斩》等。这些优秀剧目，观众多年没有听到了，所以每逢演出，必然爆满。后来我又随团到外省巡回演出，所到之处，都非常轰动，像南昌、南京、芜湖、九江、镇江、上海、扬州等地，那里的京剧观众不少，而且

《四郎探母》剧照，宋宝罗饰杨延辉 李瑛饰铁镜公主

过去都听过我的戏，这次久别重逢，都兴奋不已。有的观众天不亮就排队买票，黑市票涨到两三倍。有些老观众、老朋友看了我的演出，纷纷写诗、写文章赞扬我。我记得的有如下一些诗句：

鱼雁消沉四十秋，芳踪何处觅通邮；
清歌一曲从天降，始知先生在杭州。
　　　　　　　　——芜湖观众
艺臻化境老伶工，久领菊坛世所宗；
阔别金陵四十载，轻车重访旧江东。
　　　　　　　　——南京观众
声容仍未减当年，花甲已更不息肩；
惟愿再传佳弟子，好将妙谛振梨园。
　　　　　　　　——南京观众
不妨故事重新编，史实分明耀简篇；

野谊荒唐均可削,汗青再写浣花笺。
　　　　　　——南京观众
旧雨重逢分外亲,未能剪烛问前津;
明朝君去秣陵道,剩得卿声想望殷。
　　　　　　——南京观众
潇洒丰神未易描,吟来双引贯青霄;
曲终人散余音绕,踏月归来兴味饶。
　　　　——南京观众观《武乡侯》有感
还望他日驾重来,老骥仍为个里材;
皓首童颜申嵩祝,愿君长寿慰余怀。
　　　　　　——南昌观众
行腔一声三绕梁,传统佳音善发扬;
台上高歌台下击,曲终人散意清商。
　　　　——南昌观众赞《武乡侯》
三次欣赏武乡侯,造诣已登百丈楼;
唱做均入臻化境,老夫眼福几时修。
　　　　——南昌观众赞《武乡侯》
一曲遏行云,歌出声创新;
唱念做三绝,画笔更传神。
　　　　——观众赞《朱耷卖画》
一曲未终画已成,如椽大笔运千钧;
歌吟白雪称三绝,意匠传来如有神。
　　　　——观众赞《朱耷卖画》
画笔纵横铁笔工,高歌一曲锦鸡雄;
美髯飘拂神仙到,仰看菊坛不老松。
　　　　——一观众赞《朱耷卖画》
音韵在千古,风采胜当年。
　　　　——观众赞《朱耷卖画》

**这些诗词,情真意切,我很受感动,还有许多散见在报刊上的**

赞扬我的文章，都是观众对我的鼓励和鞭策，我只能在艺术上更精益求精，来报答观众对我的爱护和关心。

　　文艺界的形势一片大好，我的演出效果是走一处，红一处，可是令人奇怪的是，却走一处，赔一处，即使天天客满，仍然是赔钱。我思来想去，觉得问题的症结是剧团阵容庞大，主要演员太多，有七八个，每到一处的演出时间最多一星期或十天，这样一来，所到之处，主要演员每人只能演一场或两场，有的主要演员一次也没有轮上。全团一百多人，阵容是强大了，但旅差费、食宿费却负担不了，入不敷出，所以天天客满，依然天天赔钱。我多次建议，规模宜小不宜大，出去的人要少而精，分团演出，每团五十人左右，主演有一两个就够了。可是领导未能接受我的意见，他们首先考虑的是队伍阵容是否强大，至于赚不赚钱是次要的，这是国营剧团吃大锅饭的弊端所在。我兴高采烈参加剧团的巡回演出，没想到这样的演出只过了一年多时间就因财力不足夭折了，我的满腔热情也随即化为乌有。

"文化大革命"后的宋宝罗

从 1989 年至 1998 年，即我从七十三岁到八十二岁。这十年来的晚年生活，我有心情舒畅的时候，也有不如意的时候。人生有喜有悲，也属正常的。我的退休金有一千多元，虽说跟三十年前的五百九十元比较，经济生活是下降了，可心情是愉快的。我的身体

宋宝罗在治印

算是健康的,除"文化大革命"给我带来的三叉神经痛和冻脚以外,其他如血压、内脏、关节等都正常,也没有慢性病,耳不聋、眼不花、牙没掉、腰不酸、腿不疼,睡眠、饮食都正常。像我这样的老人,晚年有这样好的身体,是不多见的,这得归功于我的先天条件不错,另外我的性格比较开朗,兴趣比较广泛。俗话说,"健康为快乐之本",没有健康,什么快乐也谈不上。

我的社会活动丰富多彩,经常被邀请参加京剧演唱活动和绘画活动,有时也刻几方图章,这些活动不仅给大家带来了欢快,也给自己带来了欢快,人生活在快乐之中就会延缓衰老。

我经常给大家作画刻章,朋友们每次得到我的绘画或图章,都快乐无比,看到别人快乐,我也很高兴。

1995年秋,全国老龄委员会在北京人民大会堂举办全国老年艺术家会演。我有幸作为领队,带领浙江省演出队包括京剧、婺剧、越剧、昆剧等剧团赴京参演,演出颇得各界好评,还获得了不少奖品。我荣获特等奖、牡丹奖和寿星奖。

我住在海淀区浙江宾馆,不少过去的浙江省党政领导都来看望我,不少戏剧界的老前辈如马少波、郭汉城等,他们也在百忙中前来看我,这使我十分感动。这些老同志都曾看过我的演出,给我很大鼓励。

返杭以后,正逢九九重阳节,我先后被评为浙江省和杭州市的十佳健康老人,一项项桂冠戴在我的头上,实在让使我又喜又愧。

近几年来,我还相继参加了如下一些较为重大的活动:

一、为纪念毛主席诞辰一百周年,我的美术作品被送到北京参加展览,以后又在北京历史博物馆展出,并由中国书法绘画研究院所珍藏。我获得了荣誉证书。

二、1989至1991年,我的篆刻作品,获得浙江省文化系统特等奖。

三、1991年,我参加温州市水灾义演,当场义卖我的绘画作品,得了七千元,全部捐献给主办单位,获得荣誉奖。

四、1993年,为了弘扬与发展中国体育事业,我为北京申奥活动捐献绘画作品,获得荣誉证书。

五、1995年，浙江京昆剧院组团赴泰国演出，领导要求我画了一幅《松鹰图》，这张国画便由泰国福利院慈善团体拍卖，结果以十三万泰铢出售，折合人民币四万五千元，所得款项全部捐献给泰国福利院，获得了荣誉证书。能为国外慈善事业办点实事，我感到十分快慰。

六、1996年，我已到了八十周岁的杖朝之年。在时任省文化厅厅长张曦同志的帮助下，浙江博物馆免除全部费用为我举办了为期

宋宝罗作画

十天的个人画展。这次展览展出了我近十年中的绘画和篆刻作品共一百七十余件。开幕式那天,来宾达数千人,省电视台特地赶来拍摄了那天开幕剪彩的盛况。那天我穿了红衣裳,精神矍铄,参观者纷纷和我拍照留念。大家对我的厚爱让我心情激动不已。当时,正巧有一个日本代表团在杭州访问,他们听说有这个展览会,也赶来参观,其中有一位日本友人对我的画十分欣赏,愿以相当高的价格将我全部展品买去。我婉言谢绝了他的要求。

画展开完以后,我由于过分劳累,三叉神经痛的旧病又复发了。此病十分痛苦,无法进食,幸亏我遇上了杭州市第一人民医院脑外科的主任医师李云漳,他医术高明,用新治疗方法来医治我。不割断三叉神经血管,而是用隔开的新方法来治疗,手术获得成功。我住院一个多月,就把我二十多年的顽固老毛病治好了,而且没有后遗症。李医师的高超医术让我想到我的女儿飞华,如能遇上这样高

宋宝罗在美国费城参加中美友谊民间纪念馆的活动

明的医师,也许她现在仍活在这个世界上!

　　我想,在我的垂暮之年,尽量能为人民多做些好事,对一切需要我参加的社会活动,只要身体没病,我都积极参加,无论是党政机关、学校、部队、工厂、农村、慈善团体、戏曲票房、里弄街道、养老院、福利院,直至偏远山区,只要他们向我招手,我即随时前往。为他们演唱或画画,我从来不讲条件,不讲金钱报酬。有时他们给我一些劳务费或车马费,我从不争多嫌少。还有的时候,不但没有经济收入,还要自掏腰包给琴师等伴奏人员点劳务费,以表示对他们劳动的尊重。多年来,我从未走穴去赚钱。有时子女都调侃我说:"爸爸攒了一辈子的好戏,现在挨到如此好时光,反而不会赚钱了。"我听了以后只是笑笑,问心无愧。因为我接受党的多年教育只知道文艺是为人民服务,不是为人民币服务的。

2007年宋宝罗与李慧芳四十年后重聚首

艺苑春秋

　　20世纪80年代末，在浙江省体育馆为残疾人捐献义演，我作为省残联的理事，义不容辞要去参加这次活动。我带了四位伴奏人员一同去参加，我连唱带画，博得了观众的好评。主办单位给了我三百元报酬，我给每位伴奏人员五十元，余下一百元我退给了主办单位，因为是义演，我怎么好拿钱呢？主办人说这点钱小意思，给你当车钱的，我依然不肯收受。那张画后来以一万元售出，全部捐给残疾人协会。

　　2010年，有个美国旅游参观团一行二十多人来到杭州各大学参观。事有凑巧，那天这个参观团到中国美术学院（那时叫浙江美院）来参观时，我刚好在美院参加笔会，一同接待了这个参观团。我认识了几个美国男女老教授。他们非常喜欢我的美术作品，其中一个老教授和我商议，一定要把我的作品拿到美国去展览，一切费用由他负责，当时商定下来，只展览不卖钱。因为我是京剧演员，绘画是我的业余爱好。目的只是为了弘扬民族艺术，增进友谊。我挑选了五十余幅作品，于1991年4月美国费城展出。

宋宝罗参加中央电视台录制节目

这次展出的作品都是从1979年至1991年之间创作的，参观者达数千人，不少人喜爱这些作品，要求购买，均被承办人婉拒。展览结束后，我送给承办人两幅作品，其余四十八幅作品均原件寄回。有人批评我有发财机会为何不抓住，我一笑置之。我的作品为中美人民之间架设了友谊的桥梁这是我最感快慰的，让美国人民能欣赏到中国美术作品的艺术魅力，这是金钱买得到的吗？我至今无怨无悔。

　　这些年来，我多次应邀为中央电视台的一些栏目录制访谈节目，还参加了中央、省、市的一些演唱会。2012年3月为中国京剧艺术基金会主办的"京剧艺术传承与保护工程"老艺术家谈戏说艺录制老生演唱要点。2013年12月，我还参加了杭州图书馆编辑我篆刻的《毛泽东诗词三十七首》印谱的发布会……我的社会活动可谓丰富多彩。

　　时光如梭，现在祖国的民族艺术得到了国家的高度重视，我虽然已经年近百岁，但还是虎老雄心在，只要身体条件允许，我希望把我一生的所见所闻、所学所演，无私地传授下去，也算是为我们国家贡献一点绵薄之力吧。

央视"名段欣赏"京剧《朱耷卖画》宋宝罗饰朱耷

艺苑春秋

宋宝罗接受中央电视台导演何冬丽采访

## 17 小妹宋紫珊

　　1929年，宋家又添了一位楚楚可人的女孩，这就是宋宝罗的小妹宋紫珊。这个聪慧伶俐的小姑娘，人见人爱，她五岁开始登台，常在马连良、程砚秋等京剧名流的戏中演娃娃生。十岁与荀慧生演

《香罗带》，雏凤清音初展翅，便深得荀慧生青睐，25岁被荀师收为入室弟子。

宋紫珊不以如花似玉自傲，而以艺压群芳骄人。她与姐姐宋紫萍相似，多才多艺，戏路宽泛，身为扮相俊俏，嗓音甜美的荀派花旦，不仅长于《霍小玉》《红娘》等荀派戏，程派戏《锁麟囊》《荒山泪》、梅派戏《凤还巢》《宇宙锋》亦能信步舞台，颇有风范。新中国成立后，宋紫珊演现代戏毫不逊色，她主演的《渡江第一船》在华东区京剧现代戏观摩演出中获奖，主演《黛诺》《六号门》《红嫂》《红灯记》《沙家浜》《龙江颂》等均各有风采，广受赞誉。

宋紫珊为人谦逊，从无旧戏班陋俗，艺术精益求精，她先后在

新疆乌鲁木齐市京剧团、安徽安庆市京剧团、山东青岛市京剧团担任主演，德艺双馨，众口嘉许，一路走来，一路芬芳。

　　宋紫珊曾与上海京剧院失之交臂，生活坎坷，但时运不济、命途多舛反使她愈挫愈坚。她钟情艺术，正当她为京剧尽心竭力大展宏图时，却劳累过度，英年早逝，时年四十三岁。

　　我的小妹宋紫珊，1929年（农历己巳年）11月22日出生于北京，因为正是冬至日，所以乳名叫至子。母亲共生了我们弟兄十人，小妹排行老九。紫珊从小就聪明，模样也俊秀。1935年前后，恰逢三哥在中国大戏院做基本演员，天赋极好的紫珊小小年龄就有了登台表演的机会，她与众多名家同台演出后脱颖而出，许多京剧名家都很赏识这个小童伶。

　　1945年，紫珊与商人姚志恒成婚，姚和我是朋友，人品不错。母亲视紫珊为掌上明珠，她为紫珊找了个好对象高兴不已。婚后，他们就在上海淮海中路泰山公寓内租了一套四室一厅房子，很宽敞。夫妇生有二子二女，姚志恒对她很好。新中国成立后，姚在"三反运动"和"工商改造"时受了冲击，此后他们离了婚。

　　紫萍死后，我和紫珊合作过几年，后来她也单独挑梁。因为紫珊戏路宽，扮相好，演到哪里都很红。

　　紫珊后来与筱高雪樵的弟弟高松岭结婚，高松岭也唱武生，常陪哥哥演些次要武戏角色，夫妻感情很好。1958年秋天，杭州京剧团的负责人把紫珊接到杭州，当时我的工资是五百九十元，给紫珊的工资是五百元，高松岭只给一百五十元工资，他们在杭州东坡剧院和铁路七一剧场演了几场戏，很受欢迎。当时剧团里已有陈幼亭、张泰华两个很不错的武生，所以没能接受高松岭加入，只履行了三个月的演出合同。

　　当时响应上山下乡的号召，要为工农兵服务，紫珊一向娇生惯养，这一下乡她受不了了，所有的日常生活都不习惯，每天早上要用炼乳冲一杯牛奶喝，于是有人就写大字报批评她，说"杭州京剧团来了一个少奶奶"等，就这样，勉强等三个月的合同唱满，她坚决不干了。

小妹要走我也不便硬留。这时候，乌鲁木齐市京剧团派人又来杭州找我们。他们的意思拟邀请我和小妹一起去新疆。我因已正式加入杭州京剧团，而且有了家室之累，所以不能再去新疆。小妹觉得新疆方面每月给她工资一千元，松岭二百元，待遇优厚，决定前往。

那时候从上海到新疆还不通火车，坐长途车去要走十二天，只走了一半紫珊就病倒了，途中休息了四五天，歇歇走走到了新疆。可喜的是，他们一到那儿演出就红了。陈毅去新疆视察时，观看了

紫珊他们的演出。陈老总说，宋紫珊是上海很受欢迎的名演员，几千里来到你们新疆很不容易，要好好照顾她，她有个哥哥叫宋宝罗，是个大名角，毛主席都称赞他是个多才多艺的好演员，如果说能把她哥哥也请到新疆来，大西北就可以组成第一个兄妹剧团了……自那以后，新疆几次来杭州约我去演出，因为省里一直不放我，所以没去成。

从1959年至1963年紫珊在新疆获得了很多荣誉，如"三八红旗手"、自治区妇女代表、政协委员、先进工作者等。在这些年里，我也不断供给她剧本，荀慧生先生也经常给她寄戏本。她梅、尚、荀的戏都能唱，戏路很宽，业务也很好。可是好景不长，她和我的命运一样，我是帝王将相戏倒的霉，她是才子佳人戏败的运，大字报说她是资产阶级作风……她难以接受。

在这之前上海京剧院要吸收一些中青年的好演员，紫珊与上海京剧院的吴石坚联系了好几次，上海京剧院想接她加入，为此她把新疆的工作辞掉，回到了上海。恰好，那时周信芳的一出《海瑞上疏》受到了批判，吴石坚靠边站了，为此，紫珊加入上海院团的事就此泡汤。

闲了半年多，安徽安庆京剧团约她，因为地方小，出不起高工资，给她夫妻俩四百元钱，在当时只能骑马找马，一些荀派戏又不能演，只能演很少量的几出梅派戏，再演些现代小戏，如《补锅》《审椅子》等。

1966年夏季的一个晚上，安庆京剧团的业务副团长王麟昆对紫珊说，听说北京、上海斗争都很厉害，马连良等都关进了牛棚，上海的童芷苓、言慧珠都在挨批斗，唱青衣的金素雯夫妇一起上吊自杀，安徽省里的严凤英、王少舫都被游街，在杭州的四哥也都吃着苦头，还不知道发展下去是怎样。你在这里的合同已经满了，还没有正式参加他们团，斗争对你来说可能不会太厉害，但谁也不能保险，我看你还是回上海休息一段时间，运动过后我去接你。此番谈话后，紫珊赶快写了一份因病回上海治疗的报告，并很快得到批准，使得

荀慧生与宋紫珊合影

她平安回到了上海。谁知这一去就是好几年没有登台，直到1972年才恢复演戏。

这是紫珊夫妻最苦的阶段，一个老娘，一群孩子，近十年又分文未进，虽然以前有点积蓄，但坐吃山空，在经济上多么困难是可想而知了。那时我也被停薪，只拿十二元的伙食费，无力帮助他们。她和妈妈把存款用光了，紫珊背着母亲卖首饰，母亲又背着紫珊去银行卖黄金……

母亲对两个女儿和我都像心头肉一样疼着。1971年秋天，母亲知道我从牛棚里放出来了，可我的工资问题还没解决，就特意到杭州来看我，看见家里被抄得一干二净，我的衣服鞋袜都是破的，孩子们也都跟要饭的差不多，母亲一看这情景就哭了。很快，母亲就

给我送过来了一千多元钱，叫我贴补生活。我说紫珊好久没演出了，您怎么还有这么多钱啊？她说这是你过去给我的零用钱，我没用完，先给你救救急，等你有了再给我，当时我信以为真，后来才知道她是把一根很大的金条和一只镯子卖了。

1972年，山东济南约我妹妹去演出，原定是去演《红嫂》的B角，后来因故没演，只演了《沙家浜》和《海港》。离开济南又转到青岛京剧团，剧团排《杜鹃山》，我妹妹一向是唱梅、荀两派的传统戏，如演《沙家浜》《龙江颂》还过得去，《杜鹃山》有很多的高腔上不去，还有些身段很革命化，和她以前学的艺术都不一样。不过紫珊是个好强的人，因为要跟上形势，就没日没夜地练功。她到底已四十有三，身体难以承受强度如此大的练功量，但紫珊不肯落后。一次去乡下参加收麦子，那些农民不让她干，叫她唱几段京戏就行了。紫珊很认真，于是她在这个田头唱完，又到另一个田头去唱，连换了三个地方，跑来跑去，一下子累倒在了田头上。当大家七手八脚把她从乡下抬到市里的医院抢救时，大夫说太晚了……就这样，紫珊妹妹走了。

## 18 爱情生活的甜蜜与辛酸

自从有了传说中的亚当和夏娃，爱情之歌就成为人类生活的永恒旋律，它从古至今，传唱了千千万万个刻骨铭心、美丽哀婉的动人故事。

有人常把爱情比作晶莹的雪花、清纯的泉水；也有人把爱情比作断肠的毒酒、恐怖的恶魔……人世间，伴随爱情的并非只有幸福快乐，也有痛苦恼恨。

青年宋宝罗潇洒倜傥，成为众多爱慕者心中的风流才俊，他的身边开满了诱人的爱情鲜花。他风华正茂时，倒嗓休演，褪粉墨华美又丹青吐彩，那灵动飘逸的绘画和篆刻，令名媛才女芳心怦动，挚情相许，誓为君手之石。不料想，一见钟情的相爱为时不久，月老的红绳就被病魔扯断，"君石"陨落，撒手人寰，一段铭肌镂骨的爱恋就这样来去匆然；他嗓音康复后，声名再起，十里洋场，灯红酒绿，迷离混沌中的风花雪月让他饱受煎熬多年，一段扭曲的情爱，伤痕累累，苦不堪言；他伤痕未平，又再结情缘，生儿育女，总算苦中有甜。但，夫妻几十载，风雨不同舟；文革十年间，患难不见爱。他阅尽红尘，参透冷暖，一段恩怨参半的婚姻，终于晚年解散。

有人说：爱情能造就一切，也能毁灭一切。对此，宋宝罗扼腕兴嗟，感慨万千……

在人的一生中，婚姻是十分重要的，对此我的体会太深了。我曾经历过三次爱情、婚姻，有过陶醉、有过悔恨、有过伤心。其中两次我不堪回首，唯有幸福美好的初恋让我至今难以忘怀。

1932年前后，湖社在北京中山公园水榭举办了一次京津沪联合画展。有一位叫张琦的天津姑娘，是天津美专松声画社的社员。她十七八岁，身材修长，两条长辫，穿着过膝的竹布旗袍和布鞋，素雅朴实，端庄大方。她带来了两幅画参展，一幅是松声社社长赵松声作的山水画；另一幅是张琦自作的仕女图，仿仇十洲笔意工笔画，人物造型秀美，博得了许多画家和观众的好评。画展中有我的一幅《芙蓉翠鸟》图，还有我为张大千、徐悲鸿制印的篆刻作品嵌在一个镜框里，其中一方是我为齐白石刻的八个字"一切画会无能加入"。齐白石的一幅《月明人静时候》上盖有这方印章，张琦看了久久没有离去，当时我站在她的身后，看出来她在思忖字意。有一位名叫何华生的学生与我、张琦都熟悉，经他介绍，我与张琦相识并一见钟情，我向张琦介绍了这方印上的字意——表达了齐白石出名后对频繁邀他参展时的不耐烦心情。第三天，我拿出两方篆刻作品送给张琦让她留个纪念，张琦接过爱不释手。

就在这个时候,城南游艺园的创办人彭秀康故世了,游艺园也随即关门,我母亲也停止了演出。不久,有个坤班成立了,主要演员有张蕴馨、李桂云、秦凤云等,母亲也加入其中。她们先后演出了《啼笑因缘》《春阿氏》等新戏,深得好评。当她们决定去天津演出时,我欣喜万分,决定乘机随母亲同去。一到天津,我就去同裕里看望张琦。张琦的父亲张影香是银行家,任河北省银行天津分行的副总裁,年约五十多岁,颇有文化修养,还是一位诗人。

一切画会无能加入(宋宝罗治印)

张琦虽比我大两岁,但我俩情投意合也很相配,所以我与张琦恋爱,张父很高兴。于是由张父做主并征求了我的意见,让我们办理了订婚手续,自此我俩过起了甜蜜幸福的生活。

张琦很快介绍我进了天津美专松声画社学画。社长赵松声是天津的名流,交际广阔,我由此结识了许多名家。如清朝的遗老书法家金锡侯,他是钟鼎文专家。还有太傅书法家陈宝琛,前总统书画家徐世昌,大书法家华世奎,草书名家于右任,北大第一任校长张伯苓等,我都为他们刻过图章。在这些名流的安排和介绍下,我开始挂牌治印谋生。当时在天津中华书局、劝业场三楼、梦花室二楼刻字店以及一家南纸店等四处地方挂牌治印。那时的刻字价定得很高,一字一块大洋,刻的字过大、过小都要加倍,边款每五字当一个字计算。而且还规定仿样不刻、劣石不刻。这些规章都由几位老先生定下的,由于是社会名流的介绍和推广,我的名声也越来越大,有人称之为"刻字大王"。我每月至少刻印二十至三十方,月收入有一二百元,生活着实不错了。我刻字也讲究品德,凡名画家、名演员、社会名流要刻的一律免费,有时连石头也奉送,以后就慢慢成了习惯。

张父为了使我每月有固定的收入，就在他管辖的银行里替我找了一份工作。由于我不会算账，只能当文书，又因文化水平低，没有写作能力，只能叫我写写信封，糊糊破损的小票，每月工资三十块大洋。我对这份工作不感兴趣，碍于岳父的面子，干了一段时间。这时候三哥到天津演出，在法租界松月里租了房子，我便搭铺在三哥家。后因三哥结婚，我只好搬到银行宿舍去住。那时候我依然刻印，对刻印的兴趣越来越浓。许多名家如于右任、孔祥熙等都找我刻过图章，都觉得我刻图章大有前途。我备有一个印谱本，把自己刻过的图章印样印在印谱本上，曾有不少名家为我在印谱本上题字。如张伯苓为我写跋，徐世昌为我题"铁划银钩"四个字，金锡侯为我题写"直追秦汉"，如此一来，我的刻印生意更红火了。

我和张琦重逢以后，两人形影不离。我白天不是在张琦家里，就是在松声画社的赵老师家里。张琦见我刻印大有前途，就买来了许多篆刻方面的书籍，如《六书通》《钟鼎文》等。这些书籍使我大开眼界，刻印技艺更上一层楼。我对石头特别有感情，看到好石头，爱不释手，至今我还收藏着上千方名贵的石章。张琦见我如此痴迷石头，就把自己的名字改为张君石，意思就是"我是你的石头"。后来有人谈起这个名字说改糟了，她既是宋宝罗的心爱石头，可是他天天刻石头，"刻"与"克"同音，这不是要把她刻（克）死吗？这虽是迷信，可是后来张琦果然一病不起了。

那时候，张琦经常替我磨石头、查字典。她在父亲的教导下，颇有文化修养，她说刻印有很多学问，曾说"秦玺、汉印的字体大不一样，刻一方图章不管有几个字，都要有一定的规格，不能两个

字是汉印加一个别的文字进去。比如唱京戏《甘露寺》里的'劝千岁杀字休出口'绝不能用麒派或谭派的唱法。《追韩信》中的'三生有幸',绝不能用马派的唱法,其道理是一样的"。张琦虽是外行,可是讲的这些道理使我口服心服。

张琦十分聪明,她虽学画,也懂财会。我进了银行工作,她就教我财会方面的知识。由于我的基础太差,怎么学也学不会。我写信时或因对方来信字体太潦草,认不清楚而写错,也是由张琦指出后纠正的。

张琦是一位多才多艺、善解人意的姑娘,她不但是我的恋人、未婚妻,还是我的良师,我深感有这样的姑娘做自己的终身伴侣,将来的家庭生活一定非常幸福。我们在1936年冬订婚,准备1937年春结婚。

正当我憧憬美好的未来时,张琦突然病倒了,这一下使我乱了手脚。经医生诊断,她患的是肺痨,又名"百日痨",而且已到晚期,两三家医院都束手无策。张父见自己的爱女病卧床上,忧心如焚。他原来身体就不好,得知女儿患的是绝症,精神也崩溃了,每天拄着拐杖前来探望病体恹恹的女儿,往往都是哭着离去。

张琦的病情日益加重,脸色苍白,最后连大小便也不能自理了,我不禁暗自垂泪。我母亲得知这一消息,几次特地从北京赶来探望她,母亲与张琦相见,未来的婆媳俩人总是泪眼相对。

张琦病危时,我每晚睡在一张藤椅上陪伴她,多么希望出现奇迹,等张琦病好了起来,我俩一起学画,一起探讨刻印,一起出去散步谈心,一起去看京戏……

一天,由于我连日来服侍病人疲惫不堪,一下子睡着了,当我半夜惊醒过来,才发现张琦的心脏已停止了跳动。我再也控制不住自己的感情,紧抱着逝去的张琦号啕大哭起来……

张琦走了,我终日昏昏沉沉,既不想学画也不想刻图章,这段美好的初恋就这样在我的极度悲哀中结束了……

## 19 我和我的孩子们

"心清水现月,意定天无云"。饱经风霜的宋宝罗望天上云卷云舒,观人生潮起潮落,把人间得失付之一吟,唱《梦石长歌》,豁达淡定,心旷而神怡。

正健步迈向一百岁的宋宝罗鹤发童颜,声若洪钟。他儿孙满堂,承欢膝下,亲情萦绕,其乐融融。此情此境堪媲美古人所述"皤腹老翁眉似雪,海棠花下戏儿孙"之温馨景致。

宋宝罗宽厚的胸怀中有一颗温柔细腻的心,他父爱如山,舐犊情深,每当他回首自己的沧桑一生时,总有一种情让他心痛,也总有一种情让他欣慰。心痛的是,孩子们生于逆境,被他"连累",吃苦受辱,他对孩子们一直心存亏欠;欣慰的是,孩子们个个聪明勤奋,励志成才,幸福安宁,让他心生自豪。

最美桑榆景,人间重晚情。宋宝罗是令人羡慕的幸福老人,他,拥有了健康长寿,拥有了孝敬的儿女,尽享着人间那份最甘美无比的天伦之情。

2009年我九十三岁,逢元宵佳节,月圆之夜,回忆往昔,思绪连连。人生沧桑,五味杂陈。艺海漂泊,跌宕起落,不胜感慨,抒怀于《梦石长歌》——

  人无十全好,我少治家婆。
  一生从事文艺,半世勤学"结果"
  作品人见人爱,各地演戏红火。

生不逢时,奈何!几十年,晴天少,风雨多,经历多少坎坷。

一个艺人,普通的老百姓,"顺民"。

不招灾、不闯祸、不吸毒、不赌博、不烧香、不信佛;

不吹牛拍马、不信口开河,更不缺德。

经过了军阀、敌伪、国民党,那万恶的社会不去说。

解放好,只是运动多,"文化大革命"受折磨。

康德、兆铭、老蒋,我只把戏演过,不止我一个,这算什么错?凭唱戏赚钱生活,有什么罪过?

造反派说:呸!你别瞎扯!你是四开人物、反动权威、反革命,还敢胡说?

真可惜,半生作品、服装、书画、剧本,一把火,全当"四旧"破。

毒打、挂牌、剃阴阳头、脸涂墨、游行示众、站高凳批斗、把"飞机"坐。

造反派读罪状,他瞎编乱造,我当耳边风吹过。想想多少大人物都奈何不得,我又算什么。

禁闭两年多,生蕃芋充饥饿,缺衣少盖寒冬过,手脚都冻破。

无休止的监督劳动:拖台板、洗厕所、淘粪坑,农活都干过。

五十多岁,拉四十里的大板车,牛马不如的生活!

天天写罪状,写不出,关难过。写什么?一群儿女丢不下,九十岁的老妈舍不得。

思来想去,到底有何罪恶?什么地方缺了德,受此折磨?糊涂啦!不,我没糊涂。要脸的去自杀,不要脸的保命活着。

真糊涂、假糊涂、不糊涂、装糊涂,糊里糊涂地活着。

十多个寒暑度日如年须发变。经过毛主席亲自过问,叶帅为我平反,水落日出,解脱!

改革开放好,国泰民安乐。讲和谐,那个"斗"字不再说。感恩邓小平,几届领导不错,一个十几亿的人口的大国,能够安居乐业,历史上也没有过。

退休后,过着晚年幸福生活,不高不低的工资拿着,不大不小的房子住着，医疗全报，还有国务院的津贴。

身不动、膀不摇、不论什么会，去不去由我。

想唱，到票房哼上几句；想画，画几笔，朋友拿去当宝货。

神仙过的日子，岂能错过？胡思乱想要不得，安详的生活安详过，古话说：争名夺利干什么？知足者常乐！

钱不多，够用，口袋总有得"摸摸"；四季衣服都有，不新也不破；吃饭不挑食，五脏都不错；不算健康，也没病魔；没心没肺，活过九十多。几个子女顺着我，谁好谁差全知道，心知肚明嘴不说。

可惜残年日将近，屈指能有几年活？唉！不想那么多，不需子女养我，但求晚辈谐和。

我和妻子育有六个孩子，三子三女。

长子宋德宝小时候聪明灵巧，学习总是最优。无奈1970年下放去了边疆。大兴安岭的严寒，熬垮了孩子的身体，关节炎、胃病、动脉炎让他变得未老先衰。返城后工作努力，也得到重用。退休后

宋宝罗与家人和医院医护人员

悉心照顾我的起居，用心培育独生女儿。德宝的女儿叫宋伊琳（乳名茄子），画画很好，好学上进，在传媒大学毕业后，利用寒、暑假期考出日语二级，还有美国Adobe公司、Autodesk公司、微软公司、玛雅公司等高级工程师及认证专家。2009年毕业后在上海一个英国动漫公司任高管。

二子宋飞来是高级厨师，曾远赴海外兼职厨师多年，回国后开餐馆很红火。现任浙江日报餐厅主管，得到一致好评。他们的孩子宋可可是我的二孙女，性格开朗，阳光活泼。

三子宋飞跃（乳名重九）才气非凡，书法篆刻、厨师烹饪、样样能来，现在从事地产商工作，他会让大家刮目相看的！女儿宋思莹（乳名莹莹）也很漂亮、稳重。

长女宋飞鸿生不逢时磨难多。"文化大革命"期间读不上书。她从小懂事勤奋刻苦，一大家的家务挑头干，缝补浆洗样样行。自学高考上榜，毕业当了一名优秀的教师。1993年远赴美国，经过数十年拼搏，在费城有了一家颇具规模的中国书店和文化中心，在方圆百里的华人圈中，引以为傲。年近九旬时我只身赴美，在宾州、新泽西州和佛罗里达州进行了多次京剧史和京剧艺术讲座，为此我得到几个州颁发的"终身艺术成就奖"。

飞鸿是六个孩子中唯一有艺术细胞的，她读书学习一直优秀。自学考上大学。又自学音乐、书法和篆刻等。这些爱好都有我的遗传基因。飞鸿还很善良有爱心，义工赈灾经常参加。更让我欣慰的是，她还能唱京剧。近年，参加中国天津"和平杯"京剧票友大赛中得了大奖。在中央电视台"空中剧院"颁奖晚会上，她边挥毫，边演唱，赢得了好彩。并且还在我当年曾唱红过的天津中国大戏院，举办了她的京剧专场，这在我们宋家来说，也算是个很有意义的佳话。

飞鸿的女儿章难，有出息有作为，十几年帮妈妈分忧解难。如今，外孙女章难和外孙女婿笪治是美国圣母大学金融和文学教授。他们有了两个玲珑孩子，也就是我第四代的诺诺和言言，飞鸿当上了姥姥，她看上去一点都不像，年轻的姥姥！

父女情深

　　二女宋飞华20世纪70年代初中毕业后，在杭州棉纺厂、钟表厂当工人，1985年和丈夫在香港定居经商。飞华老实善良、勤奋聪明，从香港国际服装设计学校毕业后，在一家服装公司当设计员，干得不错。以后又开了两家中国药业公司的分店，生意红红火火。她知道我患有三叉神经痛和冻脚的毛病，所以每年接我去香港过冬，细心照料我。大概有七八个冬天我都是在香港度过的。我在香港有不少老朋友，还有认识我的老票友，都是在20世纪40年代就相识的，大家经常聚在一起，聊聊，唱唱。我来了画兴时就涂上几笔，送给朋友留个纪念，大家都很愉快。我手头较宽裕，但飞华还每年贴补我一万港币零花钱，她知道我爱画画，但赞成我不卖画，把画捐献给慈善事业或赠送朋友。她认为画国画是高雅的事儿，沾上铜臭就庸俗了，我很赞赏，所以我为此特意刻了一方图章，章上的文字是"我的画不换钱"，飞华看了也十分快慰。

　　飞华夫妇和睦，生有一女黎颖琪，一男黎百成，日子正过得幸福甜美时，想不到飞华患了癌症，1995病逝于香港，飞华的早逝让

艺苑春秋

宋宝罗和女儿宋飞华

我痛心不已。

　　三女宋飞寅也是小才女,写点文字也不赖。

　　还有两个继子继女,小燕和德明。德明朴实勤奋,从小下放在外地,现已退休在上海。小燕老实巴交,下乡病重返城。肾炎尿毒症住院八年,四次病危,全家人精心伺候,耗尽心血钱财,她对我也很孝顺体贴。

　　我的孩子们少年时正处在"文化大革命"动荡的年代,受到我的牵连，他们学习工作遇到重重困难，我总感觉亏欠了他们。但他们都发奋图强，好学上进，创出了自己的事业，建立了美好的家庭，这又让我颇感欣慰。

还有浙江京剧团乐队的俞锡永，他二十多年里几乎每周都要两次来我家，细心地帮着我洗澡、理发、换衣服，这位同事如同我自己的晚辈一般，由此我感到子女的亲情是重要的，朋友的友情也同样是重要的。

宋宝罗和俞锡永

# 谈艺说戏

谈艺说戏

戏剧评论家、上海新民晚报资深高级记者张之江从20世纪40年代就开始欣赏宋宝罗上演的许多传统戏,与宋宝罗相交半个多世纪,深谙其舞台艺术,他总结到:"宋宝罗先生是演传统戏的,是上演经过他精心改编后的传统戏的——几乎无戏不改,似乎是他一生艺术生涯的特点之一。"

张之江评论宋宝罗演出的《岳飞》"删去了旧'岳传'中的因果论、宿命论等封建糟粕,突出了代表全民抗敌意志的主战派与主张小朝廷偏安局面的主和派之间的斗争,因而造成了主战派代表人物岳飞被害死的悲剧情节,这改编是合理的"。他告诉大家,"宋先生的一生艺术生涯,似乎对三国时期蜀相诸葛孔明情有独钟⋯⋯

追溯宋宝罗上演的众多剧目:大处,他追求合情合理;小处,

宋宝罗剧本

他追求不可随便。不仅人物感情要服从剧情，舞台美、服装美、演唱美也要与之和谐统一。因此，经他改编上演的剧目都不拘一格，旧貌新颜……

## 我演传统戏

### 一 《失街亭·空城计·斩马谡》

我从青年时代起就喜欢演儒雅的老生戏，特别爱演诸葛亮的戏，我演过不少诸葛亮的戏，从《三顾茅庐》《新野县》《舌战·借箭》《借东风》直到《七星灯》等，我都演出过。我在诸葛亮这个角色上倾注了很多心血。

我演诸葛亮穿的各色和各种图案的八卦衣就有十件，这十件戏服都是我自己设计的。诸葛亮什么时候、什么剧情穿什么颜色、什么图案的八卦衣我都很严谨，也很讲究。颜色有黑的、蓝的、紫的、白的、古铜色的都有，还有金绣、银绣、彩绣各种不同的颜色。图案设计也各不相同，有八卦、仙鹤、团花等。

八卦衣的图案有的是用金丝、银丝加彩绣的，件件都漂亮光彩，给我的诸葛亮戏增色不少。

诸葛亮的八卦衣：

1. 蓝色的上面没有八卦，是用仙鹤代替八卦，名字叫鹤氅。比如诸葛亮在《三顾茅庐》时是不能穿八卦衣的，要穿鹤氅，上面就没有八卦。
2. 《博望坡》诸葛亮刚做元帅时，穿大红的八卦衣，表示喜庆。

谈艺说戏

宋宝罗饰诸葛亮

3.《群英会》的时候是穿深蓝色的八卦衣，表示他年轻和精神。

4.《柴桑口》周瑜死后，孔明吊孝时穿白色的八卦衣。

5. 刘备做汉中王，此后直到《白帝城》都穿紫色的八卦衣。

6. 从刘备一死，孔明穿黑色的八卦衣（我的黑色八卦衣是用真金线绣的，真金用了三两多）。黑色八卦衣共有三件，但图案都不一样。一件边上都是福字和八卦的图案，一件边上是大波浪，另一件边是小波浪。

7.《出祁山》穿古铜色的八卦衣。

8. 还有是香色、古铜色。这几件八卦衣都是《七擒孟获》和《六出祁山》时穿的。

我对诸葛亮的彩妆也十分注重，诸葛亮在什么戏、什么场景、什么剧情等，脸上的油彩都不一样。我是根据诸葛亮的年龄来抹的彩，年轻时扮的精神点，周瑜死后就要扮的老成一些，到《白帝城》后诸葛亮已进入老年，他已成熟老练，脸上已基本不抹胭脂，用朱红色代替胭脂。到了《空城计》诸葛亮已很显老了，唱到《六出祁山》就什么红彩都不用了。

我甚至于戴的髯口跟别人也不一样。我演的诸葛亮戴的髯口的须比较少，稀一些，很精神。要是诸葛亮戴的髯口很浓厚就会显笨拙了。经过无数次舞台演出，我演的诸葛亮还是很受观众们的认可和欢迎的。

下面着重谈一谈对《失街亭·空城计·斩马谡》的改动。

对这出传统名剧的修改，历来有不同的看法。归纳起来主要有三种意见：一是大改，二是小改，三是不改。

奚啸伯先生主张大改。奚出身官宦家庭，旗人，他是票友下海，文化程度相当高，他自编自演的戏不少，如《范进中举》《吞吴恨》等，他的唱腔别具一格，自成一派。他改《失街亭·空城计·斩马谡》连上场引子、定场诗、自报家门等都删去了。结果观众不认可，失败了。杨宝森是保守派，主张一字不改。杨宝森文化程度不高，但他写得一笔好行书。我在1950年去北京住在荀慧生开的吟香饭店时，曾和奚啸伯、杨宝森专门讨论过《失街亭·空城计·斩马谡》的修改问题。

我的态度主张小改。例如《失街亭》开场是四大将赵云、马岱、王平、马谡起霸。过去演出四个人起霸动作几乎一样，观众看了心烦，又浪费时间。

我改为赵云先上场起全霸，马岱上场起半霸，王平从下场门上，马谡从上场门上，动作简化。待赵云自报姓名后，丞相升帐前四将军两厢侍候，在【吹打】声中龙套两边站好。【一锤锣】响以后，孔明慢慢出场。这样出场比较庄严。"引子"照旧念，诸葛亮归座，众将参见丞相，诸葛亮又站起，半拱身说："众位将军少礼。"这样就体现了孔明礼贤下士，不摆大官架子的姿态。等到说"众位将军，哪位将军愿带领本部镇守街亭，当帐请令"时，赵云先上一步，表

示愿去。孔明对赵云使了眼色,稍稍摇头,意思是不同意赵云去,也就是说,孔明想把赵云留在左右,不要远离的意思。这时马谡想说话,按老式演法,马谡一看二看,没有人接话,就走出帐外说:"丞相传下将令,满营众将并无一人应声,待俺马谡进帐讨令。"

我认为这段台词和动作不合适。在这样的场合,马谡一个人走出帐外更不合适,不如改为孔明没让赵云讨令后,马谡就接着说:"丞相,俺马谡无才愿带人马,镇守街亭。"

立军令状照旧,马谡接令下。接下来孔明又说:"众位将军,哪位将军愿协同马谡镇守街亭?"王平说:"王平愿往。"孔明说:"好,到了街亭必须靠山近水安营扎寨,扎寨之后,将山势地图画来让老夫观看。"王平接令下。孔明又派马岱押运粮草,马岱下。这时候,孔明站起来说道:"赵老将军,镇守列柳城。"赵云接令,孔明拱手下。因为列柳城离西城很近,可以保护孔明,另外也说明孔明对赵云的尊敬,与对其他几位将军有所不同。

《空城计》中,我对报子的"三报",也作了一些改动。先说说舞台的画面,我认为京戏舞台虽简单,但也要讲究舞台美,看起来要大方、干净,给观众有一种舒适之感。孔明的服装也要有讲究。身穿八卦衣,衣上绣仙鹤、团花,给人一种庄严、飘逸之感。不穿八卦衣,那就不像是京剧舞台上的诸葛亮了,在面部的化妆上,最好不用油彩,胭脂白粉越少越好,不用也不好,那会像病夫,总之,不要有脂粉气就行。眉毛不要画得太粗,胡子不要过长过浓,不然就没有书卷气了。扮相越清秀越能显示孔明的儒雅之风。孔明的两个琴童最好由女孩子扮演,如由学武生的男孩子扮演,就和孔明不配了。孔明上城以后他们不能东张西望,要有礼貌地沉静地站着,这些都不能马虎。孔明上场要潇洒、大方、稳重,念"兵扎岐山地,要擒司马懿"时,仿佛胸中装有百万雄兵,显出定能战胜对方的气势。

旗牌官上,念"人行千里路,马过万重山",下马以后问道:"门上哪位听事?"

琴童："做什么的？"

旗牌官："求见丞相。"

琴童："请稍候。"转向孔明，"启禀丞相，旗牌官求见。"

孔明："传。"

旗牌官进门，行礼："参见丞相。"

孔明欠一下身说："罢了。"这表明孔明没有官架子。他看着旗牌官又问："你奉何人所差？"说明孔明并不认识这个旗牌官。

"奉王平王将军所差。"旗牌官答。

"手捧何物？"孔明问。

"地理图。"旗牌官答。他将地图交给童儿，两个琴童打开地图时要不高不低在孔明面前展开。过去的演法在【三枪】牌子声中孔明很快一看就起【乱锤】，旗牌官要走，孔明叫他回来，命他去到列柳城将赵老将军调回，旗牌官拉马下。

我认为这样的演法太简单、太马虎了。过去我也是这样学的。现在我觉得需要改动一下。如地图展开时，【三枪】牌子要起得慢，然后转快，再起【乱锤】。孔明的动作先从左边下方看起，左下方是王平的扎营之地，孔明稍点点头，表示满意，然后慢慢往右边看。左方是山下，右方是山上，孔明发现双方营寨距离太远，摇摇头，表示不满意，因为万一打起仗来双方不好接应；看到马谡在山顶扎营的地图，大惊失色，起【乱锤】。过去的演法：孔明将扇子一摆，命旗牌官退下，后又叫他转来，命他去列柳城把赵老将军调回，连说："快去，快去！"我觉得其中有不少不合理的部分，旗牌官凭什么能将赵老将军调回？我演出时，将它改为："回来，命你到列柳城把赵老将军调回，快去，快去！并示意琴童取支令箭交付旗牌官，有此凭证才能将赵老将军调回，这才是合乎情理的。

旗牌官下场后，舞台上静场片刻，此时孔明的表情又气又恼又悔恨。孔明自言自语且声音不要太大，说："我把你这大胆的马谡哇，临行之时怎样嘱咐与你，到了街亭要靠山近水安营扎寨，怎么偏偏要在山顶扎营，街亭难保！"过去都是这么念的。我将"街亭难保"改成"街亭不保"，这虽是一字之改，却突出了孔明料事如神，断定街亭一定失守。

谈艺说戏

这时候报子上:"启禀丞相,马谡、王平失守街亭。"

孔明表示我已知道,慢慢地说:"再探!"

报子下,孔明自语:"如何,果然把街亭失守了。失守街亭,悔之晚矣。"

报子又上:"司马懿带领大兵直奔西城而来!"

孔明语气稍重些念:"再探!"

报子下,孔明自语:"司马带兵夺取西城来了。"随后又自语:"忆昔当年先帝在白帝城也曾言道,马谡言过其实,终无大用,今日我错用马谡,乃亮之过也。"

报子又上:"司马大兵离西城不远。"

孔明一惊,说:"再探。"

报子下,孔明:"司马大兵来得好快呀,人言司马用兵如神,今日一见,令人可服,令人可敬!"

老的演法,此时孔明左看看,右看看,想到了自己身边已没有人了。我认为孔明自己把人马都已调出,难道现在才想起来吗?所以认为不必左看右看了。孔明这时自言自语道:"想这西城的兵将俱被老夫调遣在外,少时司马带兵至此,难道叫我束手被擒。这这这束手被擒。"起【慢乱锤】。这时候,孔明真的急了,来回走动,想逃走,又走不掉了,【乱锤】稍急些,这时孔明想起用空城计。过去老的演法是孔明看扇子,又说"我自有道理"。我认为不必看扇子,也不用说:"我自有道理。"孔明应该想到空城计是危险的,但只能铤而走险了。于是对琴童说:"唤老军进见。"老军上,念道:"司马兵到,心惊肉跳。"孔明念道:"命你等将西门大开,打扫街道,司马大兵至此,不要害怕,违令者斩!""斩"字要念得重些。老军下,当孔明对琴童念道:"来!随带瑶琴、宝剑。"(宝剑二字要念得重些,这意思就是万一司马大兵进城只有宝剑解决问题了。)两琴童分别回身拿琴、剑。过去的演法,到此孔明大叫:"天哪天,汉室兴败在此空城一计了。"我觉得不妥,他不用呼天抢地,只长叹一口气,说:"哎,汉室兴败只在此空城一计了。"虽也是一字之改,但语气大不一样,接唱四句【西皮摇板】,最后一句是:"望空中求先帝大显威灵。"我觉得原句有迷信色彩，改为"但愿得四将军早到西城"。然而效果不好，以后又改了回来。

《空城计》一折，也作了一些小改动。上场起【小开门】孔明上场后有三看：一看上场门的远方，司马的兵来了没有，来了一定尘土

《斩马谡》宋宝罗饰诸葛亮

飞扬；再看看右边赵云的兵马有没有消息；然后再看看放琴的地方，司马能不能看得见。在下面这段【西皮摇板】中改了两个字，即"国家事"改为"军中事"，"十万神兵"改为"十万兵"。这样似乎更贴切些。

司马懿下场后，老军报告："司马倒退四十里了。"孔明往上场的远处一看，再看看面前的琴，老的演法在此处说："险呀！"我将他改为下场时说。下城后我将这段【西皮摇板】改成："人言司马善用兵，到此不敢进空城。若是我诸葛把兵领，定要分兵杀进城，诸葛从来不弄险，险中弄险显奇能。"

赵云上场参见丞相，孔明见赵云到来，又惊又喜，念道"哎呀，老将军啊，方才司马到此，被我用空城之计，将他诈走（我将"唬"改作"诈"）。少时他必定转来，将军抵挡一阵。"赵云下。至此，孔明长叹一声："哎，虎豹归山拴兽远，蛟龙入海又复还，险哪！"然后下。

《斩马谡》一场，我也作了一些改动。

孔明在【紧长锤】锣鼓中面带怒气上，唱："算来汉室三分定，险些一旦化灰尘。"

报子（上）："马谡、王平回营请罪。"

孔明："再探。"

孔明满脸怒气升帐，他刚要说"带王平"，报子又上："老将军得胜回营。"孔明立即将满脸怒气改为满脸笑容说："快快有请。"拿酒杯出帐迎接，赵云见孔明迎接，急忙下马。孔明递酒，赵云接酒敬天地。赵云要进帐，被孔明拦住。赵云归到左边，孔明走到右边，赵云又要进帐，意欲为马谡说情，孔明用扇子挡住赵云示意，赵云无可奈何叹气，下场。

孔明第二次升帐，没有道白，只用很少的动作，表演不要吹须摇头，只需面带怒气，入座后拍惊堂木说："带王平。"后面唱："将王平责打四十大棍……"我认为孔明责打王平四十军棍是没有道理的，王平是副职，虽相助于马谡，马谡不听，也是枉然，他又按照孔明的嘱咐将地图及时送上，街亭失守主要责任在马谡。在《三国演义》中也没有打王平的情节，所以我演孔明时，不打王平四十军棍，接唱："若不是你画图来得紧，险些老夫也被擒，来来来与王平松了捆……"。按此唱，懂戏的观众都同意我的改动，只有少数人不同意。

　　1955年我去北京演出，有个前辈老艺人魏三，他是名旦魏莲芳的父亲，是个有名的鼓师，曾多年为刘鸿升、高庆奎司鼓。魏老对我很关心，有一次他找我谈心时谈到要不要打王平之事，魏老说："我在南方也看过你的《失空斩》，改的都不错，就是'不打王平'你在北京演出可能通不过，依我看，你还是打的好。"我听从魏老的话，又改了回来。我深深感到，老观众的欣赏习惯很难改变，因此改一出传统老戏是多么不容易呀，即使不太合理的要改也难啊。

　　《斩马谡》这场戏没有大动，只是将赵云的台词简化了一些，效果甚好。斩了马谡后，孔明唱完【哭头】，赵云接唱一句"丞相为何两泪淋"，把它改成【扫头】就是不唱了，改为念："丞相，斩了马谡为何这样悲痛？"照老的演法孔明有一大段念白说昔日在白帝城，先帝临终时如何如何，因为太冷场了，斩完马谡观众也坐不住了，我把它简化一些，就念："错用马谡，亮之过也，也罢，待我打本自免武乡侯，整顿人马复取三城，后帐摆酒与老将军贺功。"我对《失街亭·空城计·斩马谡》的改动着实花了一番心血，一字一句都作了斟酌，但是否算改好了，仍然没有把握，希望各地行家能提出宝贵意见。

## 二 《四郎探母》

　　《四郎探母》我已唱了半个多世纪，唱到哪里就红到哪里，可以说是我的拿手戏之一，是经常上演的。

　　对这出传统老戏，我采取了比较审慎的态度，因为这出戏经过许多前辈艺人的演唱，已经定型了，不大好修改。但我为了精益求精，也作了一些小修改。如《出关》一场，四郎见杨宗保时被擒的一个动作。按老的演法，四郎上场时把宝剑、令箭交给马达子抱着，三打马，扔了马鞭，一个吊毛被擒住了。我演时挎着宝剑，三打马，

拿着马鞭吊毛被擒，吊毛时用左手握着宝剑、令箭，把宝剑横在肚子上，这样宝剑、令箭、马鞭都不离手，吊毛干净利落，往往能赢得满堂彩声。

## 三 《汉献帝》

《汉献帝》也是我的拿手戏，常常作为打炮戏来演出。

我将《逍遥津》和《受禅台》合并成为《汉献帝》。《逍遥津》是刘鸿升、高庆奎的代表作，有很多精彩的唱段。《受禅台》是汪笑侬的代表作，我在这出戏中的唱腔与众不同，很有汪派的特色，我全把它保留了。对这出戏的改动有如下几点：

汉献帝出场念完【引子】"驾坐许昌，众文武辅保孤王"，见曹操带剑上场就惊恐不已，退两步归座。我认为这个【引子】不合适，应删去。在演汉献帝上场时，曹操从下场门上，华歆从上场门上，献帝见曹操佩剑上场惊慌不已，稍回头又见华歆一副凶相，倒退两步再归座。这样，戏一开头就把曹操逼宫的紧张形势凸现出来了。

曹操："外有两处烟尘未扫，孙权、刘备不除，终是后患。"

汉献帝："自孤登基，朝中之事尽在丞相掌握之中，区区小事，何必奏孤知道。"

曹操大怒，拔剑欲斩。穆顺和太监赶忙护驾。曹操下场。高庆奎先生演时，献帝害怕得躲藏在桌子下面，我认为不妥，改为穆顺和太监挡着，献帝用水袖挡脸就行了，用不着藏在桌子下面，不然，太失皇帝的身份了。

《写血诏》一场高庆奎先生演时咬右手中指，用手指血写诏书。我改为咬左手中指，血流在手心中，然后用右手拿笔蘸血写血诏，这样比较合乎情理。《罗成叫关》中的写血书，因两军阵前没有笔，只能用右手的中指写。皇宫里有的是笔，为什么不用笔写呢？

穆顺下场以前，老的唱法是，献帝叫他回来，念道："此番出宫要留心在意，如若有失，孤命难保。"（哭）穆顺大惊唱道："万岁一

《汉献帝》中宋宝罗饰刘协

言出了唇,恐怕此去事难成。"这句唱词我感到不妥,改唱"辞别万岁出宫廷",献帝念"需要小心",就够了。穆顺带着血诏出宫,老的演法,看见曹操在等着他,穆顺念道:"怕遇见他偏偏就遇见了他,待我转去。"转而一想,不对,又念道:"大丈夫,只有向前,哪有

后退之理,待我向前。"我认为这段念白不恰当,改为"待我转去,慢着,我已被他看见,我若转去,反而引起他的疑心,待我沉着向前。"这样比较合理。

另外,曹操搜查穆顺时没有发现可疑之物,叫穆顺去。穆顺出门时不小心绊了一跤,曹操问他:"为什么绊了一跤?"穆顺回答:"这件衣服是万岁所赐长了三寸,故而绊了一跤。"我认为一件衣服长三寸怎么穿,改为"长了一些,故而绊了一跤。"曹操又说:"就该用剪刀割去。"穆顺回答:"成物不可损坏。"我认为不如改成"君赐臣物,不可损坏。"以上是对穆顺唱念的小改。

《逍遥津》是刘鸿升、高庆奎两位先生设计的唱腔,我认为不能改动,必须把那段【二黄导板】"父子们在宫院伤心落泪"【回龙】"叫孤王思想起好不伤悲"和后面一大段唱词唱好。但我也作了一些必要的修改。如汉献帝大段【慢板】唱完,曹操上场,献帝跪在曹操面前的一大段念白,叙述血诏是伏后的主意,她已被杖击毙命,穆顺已被华歆劈死等,要求曹操饶恕他的两个太子,这大段念白,全部删去了。

接下来是司马懿的戏,主要为献帝改装,这场戏表现出司马懿是汉朝忠臣,对曹操逼宫大为不满,他恨华歆,有朝一日杀了此人以除后患等。在这场戏中,司马懿是老生扮相。

《受禅台》是汪笑侬的拿手戏,其中精华如唱腔、身段全部保留,当时只是把零碎场删去,最后我加了华歆追杀献帝,司马懿刺死华歆,达到大快人心的目的,全剧到此结束。

## 四 《岳飞》

这是一出老戏,剧本是根据《岳飞传》改编的,不少前辈艺人如小达子、白玉昆、杨瑞亭、陈鹤峰、李如春等都演出过此剧。我演此剧时作了较大修改。我理解这本戏的主题是描写主战与求和的矛盾,从中突出岳飞的爱国主义思想。当时朝廷中的主和派是高宗、秦桧,主战派是宗泽、李刚、岳飞等人。徽、钦二帝是赵光义的后代,

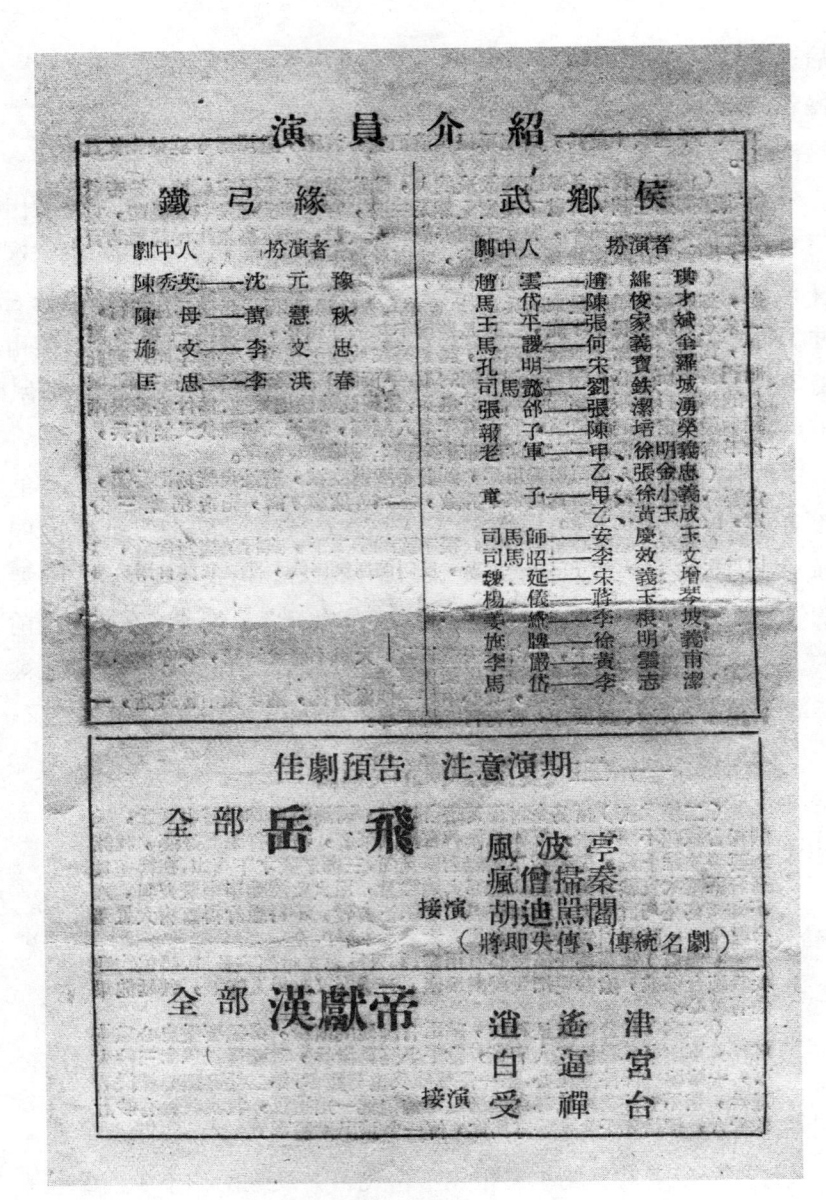

旧戏单

高宗是八贤王的后代，也即宋太祖赵匡胤的后代。当时岳飞抗击金兵，提出的口号是"直捣黄龙迎回二圣"。当时徽宗已死，钦宗被囚。岳飞这次出兵一定要把钦宗迎回来，可当时南宋王朝的皇帝是高宗，如果迎回钦宗，高宗怎么办？钦宗如回来，他就不可能做皇帝了，所以高宗主和，宋兵只要打到黄河为止，不必打过黄河。

当时主战的将领宗泽、李刚、韩世忠等有的死了，有的退了，只有岳飞主战。为此高宗与秦桧定计，欲害死岳飞。三道圣旨、十二道金牌全是皇帝下的，岳飞返京以后，处死岳飞的事就交给秦桧办了。秦桧忠于高宗，皇帝叫怎办就怎办，他抓不住岳飞的罪名，只好以莫须有的罪名加害岳飞。这是真实的故事情节。

老的演法，《岳飞》一剧从头到尾有百分之七十的内容充满迷信成分。例如描写岳飞原来是如来佛头上的一只大鹏鸟，秦桧是个大乌龟，在听佛祖讲经时放了一个屁，大鹏鸟就啄瞎了大乌龟的眼睛，佛祖说："这是一场怨孽，你们就下凡去吧。"于是大乌龟投胎为秦桧，大鹏鸟就投胎为岳飞。把这一场有关民族存亡的斗争，说成是前世冤冤相报，这自然是有损于严肃的主题。我演出时把迷信部分全部删去。另外，小说描写岳飞学武时到利泉去取水，看见一条大蟒蛇，岳飞拉着大蟒蛇的尾巴走，大蟒蛇立即变成了一杆金枪，就叫利泉金枪。岳飞回京时，夜宿馆驿连得怪梦，梦中看见两只狗对话，还有两个穿青衣的小孩对哭，等等。岳飞去金山寺问卦，老和尚说："两犬对话就是牢狱的狱字，你可能有牢狱之灾。两个青衣小孩对话，可能同受其害，有风波之险。"另外小说描写岳飞从金山寺下来乘船渡江时，见江中有一怪物，岳飞用枪刺它，枪被怪物夺去了。在"胡迪骂阎"中，胡迪闻秦桧害死岳飞，气疯了，在东岳庙大骂东岳菩萨，在梦中又大骂阎王。阎王大怒，命小鬼押着胡迪游十八层地狱，看见秦桧在阴曹地府受罪，王氏被小鬼割去舌头，等等。这些荒诞迷信的情节，我认为都不可取，全删去了。

我改编的《岳飞》，情节安排是这样的：岳飞大破金龙阵后，金兵大败，但不甘休，命军师哈迷蚩做奸细与秦桧勾结，秦桧又与高宗定计，召回岳飞。这时候岳飞正准备进兵直捣黄龙，可是粮草不够了，如果退兵，这将前功尽弃，只好不进不退，朝廷又怪他按兵不动，正在左右为难时，三道圣旨、十二道金牌下来，火速调岳飞回京，岳飞无奈只得回京。他知道朝廷有议和之举，但他又不得不回去。他命令牛皋、施全领兵镇守黄河南岸，又命岳云、张宪回家探母，又命张保去当总兵。王横愿跟随岳飞回京。临行之时，众百姓痛哭送别岳飞。我在"送别"和"夜宿馆驿"两场戏里安排了大段唱腔。

岳飞回京以后立即被捕，王横被杀，秦桧派了两个奸臣在大理寺公堂审问岳飞。老戏演公堂审岳飞时要脱去衣服，背露"精忠报国"四字，用豆腐皮贴在背上，中用些红彩，名叫"剥皮烤"，形状惨不忍睹。我改为岳飞在后台遭毒刑，并在后台大叫："岳云、张宪，为父死后，尔等不要坏了我的忠义之名啊……"

两个奸臣害怕岳云、张宪将来造反，又捉拿岳云、张宪入狱。张保来探监时，撞死狱中。圣旨下来，叫岳飞去风波亭接旨，岳飞明知死期已到，我演出时当场书写"还我河山"四个大字，观众掌声雷动。"就义"一场，我仍用暗表。以往有的演员演"风波亭"就义一场，把岳飞父子绑在戏台上；用"三绞"之刑处死岳飞父子和张宪，还用三个假的红舌头吐出来。我认为这样太恐怖，把这些表演全删去了。

《疯僧扫秦》是我三哥的拿手戏，他扮演的疯僧有独到之处。过去的演法，把疯僧当作是地藏王菩萨的化身，带有迷信色彩。三哥改为一个普通的和尚。听说秦桧把岳飞害死了，他故作疯癫之状，把秦桧臭骂一顿，演来大快人心，很受观众的欢迎。

《胡迪骂阎》是汪笑侬的杰作，前半出是"胡迪在天齐庙里大骂东岳大帝的神像和五殿阎王的神像，后半出是胡迪下阴曹地府，骂阎王，游十八层地狱。我只演前半出，后半出的迷信部分全删去了。我演出时仍保留了汪笑侬创造的"一七"辙[流水]板独特唱腔，很受观众欢迎。

最后一场是众安桥施全刺秦，打算把狗官杀死，秦桧吓倒在地，施全自刎，全剧到此结束。

## 八 《一捧雪》

这是一出唱、念、做都很繁重的老生戏，不少观众爱听这出戏。剧本原描写了义仆莫成甘心替主人莫怀古去死，宣扬了封建主义的

奴隶道德。我在改编这出戏时，强调了莫成为什么心甘情愿替莫怀古去死。如果盲目替主人去死，剧本就没有积极的意义了。

经过改编后的剧情是这样的：钱塘巨富莫怀古爱好诗词书画，又喜藏珠宝文物。一日，他行至贯桥，看见一座画棚里的书画作品甚佳。作者是一个落榜秀才名叫汤勤。他不但擅绘画，也能裱字画，人称汤裱褙。莫成见莫怀古十分喜爱汤勤的书画，就将汤勤引荐进府做主人的幕宾。莫怀古有一祖传玉杯，乃稀世珍宝，名叫"一捧雪"。他常在宾客中夸富，此事被远在京城的严世蕃得知。严世蕃为了夺取这一珍宝，就荐莫怀古进京做官。莫怀古明知严世蕃不怀好意，但也不得不献珍宝。莫成向主人建议，玉杯乃祖传珍宝，献与他人是不孝行为，不如用些金钱另购一玉杯进献严府，谅严世蕃难辨真伪。于是莫怀古将假杯献了上去。

进京后，莫怀古带着汤勤至严府谢恩。严世蕃见汤勤聪敏乖巧又善于书画，就将汤勤留了下来。汤勤为了讨好新的主人，竟将莫怀古献假杯的事说了出来。严世蕃大怒，至莫府搜杯。莫成献茶时，见严世蕃为玉杯而来，就怀藏真杯越墙躲避。严世蕃搜不到真杯，大怒，威吓说："没有玉杯，三天后杀你全家。"莫怀古十分惊恐，莫成献计道："不如弃官逃走，不能回转钱塘，不如到蓟州好友戚继光那里藏身，待事平息，以后再做打算。"于是莫怀古带着爱妾雪艳和莫成逃奔蓟州而去。

严世蕃回府后大骂汤勤，汤勤说："莫怀古为人奸诈，若无真杯定然安稳在家，若有真杯定然弃官逃走。"严世蕃听后立即行文捉拿莫怀古。汤勤又进言道："莫怀古不敢回钱塘，他有好友戚继光不知现在何处，估计一定去了那里。"严世番说："在蓟州。"汤勤回答："那好办，去蓟州一捉便准。文书上要说明无论州、府、县一经拿获莫怀古，斩头解京。"校尉立即赶至蓟州，果然拿到了莫怀古。莫成挺身对主人道："引荐汤勤进府是我，劝说主人进京为官是我，假杯进献严府也是我，劝主弃官逃走也是我……都是我出的主意，自古道一人做事一人当，怎能叫主人受刑，我情愿替主人去死。"将这出戏如此一改，莫成的替主去死不是无缘无故的，他富于正义感，疾恶如仇，替主人出主意也是好心好意的。这样一来，莫成的形象就高大了。我前演莫成，后演陆炳。"审头刺汤"没有改动。剧中将奸臣严世蕃、坏人汤勤刻画得栩栩如生，也将莫成和雪艳的不怕死精神描绘得十分生动。那几段悲壮的唱腔，十分感人。

## 九 《三辞朝》

《三辞朝》是我根据自身长处创编的三出值得一书的剧目：

**1.《张良辞朝》**

灭楚以后，刘邦即位，成为汉朝第一位皇帝。岁月不居，刘邦渐渐老了，朝中大事均由吕后处理。功臣张良深深感到刘邦是一个只可共患难、不可共富贵的皇帝。他曾劝过大将军韩信辞官归林，可是韩信不肯，后被吕后所杀。张良上表辞朝，刘邦不准。张良态度坚决，刘邦最后说了句："容我思之。"从此数日不朝。张良得不到刘邦的确切回答，终于迫不得已留柬辞朝而离去，后不知所终。我在此剧中扮演张良，在张良的化妆上作了一些改革：黑胡、软巾、着深灰色道袍、宝兰色坎肩，像一位儒雅的书生。

**2.《刘伯温辞朝》**

这是根据京韵大鼓老艺人刘宝全说的一个段子《游武庙》改编而成的一出唱功戏。剧情是这样的：朱元璋在南京即位后取年号为洪武，国号大明。一日，他与谋士军师刘基（字伯温）到功臣阁武庙闲游，朱元璋对历朝的文臣武将胡乱评论，见到赵云和王伯当的神像放在殿外，认为不妥，命武士移至殿内；见伍子胥、韩信神像，命武士打碎。见姜尚、孔明的神像大加称赞；见范蠡、张良的神像颇不满意，命武士打碎。刘基见此忙加劝止，刘基见朱元璋如此不重视谋士的作用，觉得再待在朝中绝非良策。次日，他就上表辞朝。

此剧共分三场：一场是金殿，二场是游庙，三场是辞朝。我扮演刘基，前两场唱的是【西皮】，辞朝唱的是【二黄】。我在剧中安排了大段的唱腔，在京、津、沪、浙各大城市演出，效果很好。马连良、

周信芳两位大师都看过我的演出，给予好评。我在北京演出此戏时，由李万春配演朱元璋；在浙江演出时，由王盛林配演朱元璋。

这里要特别提一下，我虽然文化程度不高，但我通过长期的艺术实践和刻苦自学，既能编戏，也能编写唱词。其中《刘伯温辞朝》中的唱词就是我自己创作的。

这些唱词把一个老功臣刘基迫切要求归隐山林的心情生动地表现出来了。对刘基的形象设计，我也花了一番心血。刘基的扮相与众不同，穿八卦蟒袍，素相貂，白胡须，最后一场改穿道袍。（参看剧本《刘伯温辞朝》）。

**3.《佘太君抗婚辞朝》**

这出戏跟老戏《太君辞朝》完全不同。我是从山东曲艺鼓词中的《杨八姐游春》改编成京剧的。该剧内容从杨八姐游春遇见宋王演起，经过王延龄帅府提亲、佘太君讨彩礼、刘文晋定计抢亲、杨八姐兵围皇城，直到佘太君抗婚辞朝。其中剧情抓人，表演有文有武，我扮演老旦佘太君，并设计了大段唱腔，演出效果很好。

## 十 《春秋笔》

在《春秋笔》这出戏中，我把重男轻女和迷信的情节都作了必要地修改，重点放在了《杀驿》一场。

## 创作编演的剧目

**1.《圯桥进履》**

该戏剧情描写黄石公教导张良的故事。黄石公十分喜爱这位年轻人，他觉得孺子可教，于是将姜太公的兵法传授与张良。

### 2.《徐达反徐州》

我把马连良拿手戏《串龙珠》和《反徐州》结合成一出戏，改名《徐达反徐州》。我对马连良的成名之作，十分看重。如《十老安刘》《赵氏孤儿》等，原封不动上演。我虽是宗高派，但我兼收并蓄，也融入了马派的潇洒风格。

### 3.《还我台湾》

前辈艺人唐韵笙有一部杰作《郑成功》，走红东北地区。我无意之中得到了一张唐韵笙在沈阳演出此剧的说明书，觉得内容很好，颇有现实意义。我和二哥宋遇春商议了一下，决定两人合编这一剧本，取名《还我台湾》。1954年，我去上饶演出时，二哥当时是上饶京剧团团长，他在剧中扮演郑成功，我在剧中扮演老渔民，演出效果相当不错。

### 4.《望娘滩》

这个戏题材取自四川人民出版社出版的一本连环画册《望娘滩》，故事内容很有意义，情节也十分生动。说的是四川山乡有一个贫穷的寡妇，年约五六十岁，与一个十四五岁的孤儿名叫龙儿的相依为命，生活在一个名叫"十八滩"的地方。他们受尽当地恶霸地主的剥削，过着困苦的生活。一日，龙儿在"十八滩"打鱼，拣得一颗宝珠，他回家将宝珠放入米缸中，米缸中的米就突然满了起来。母子俩见这奇异的情景，真是又惊又喜。他们将每日上涨的米，分送给四周的贫苦百姓，大家都很高兴。岂料此事传到了地主的耳中，他带人前来龙儿家中搜珠。

龙儿决不肯让宝珠被地主拿走，他就将这颗宝珠含在口中，不慎将宝珠吞入肚中。一夜之间，龙儿变成了一条蛟龙，掀起巨浪将

地主活活淹死了。从此以后，每年龙儿都在"十八滩"上出现，来探望亲娘。他还把大部分溪涧变成良田，使当地的老百姓过着幸福的生活，后来人们将"十八滩"改名为"望娘滩"。这个民间故事颇有浪漫主义色彩，也反映了农民勇敢斗地主的精神，演出以后很受欢迎。

我在剧中扮演贫穷老妇人。以后我加入杭州京剧团，也经常演出此剧。由武生演员陈幼亭扮演龙儿，张洪文扮演地主，张泰华扮演算账先生，演出以后，效果良好。因早年学过很多老旦戏，我对扮演老旦很感兴趣。我的嗓音、扮相都适合扮演老妇人。我认为历史故事不乏贤德老母的题材，这些题材如改编成京剧，将大大丰富老旦的剧目。

## 改编整理"十贤母"的剧目

**1.《徐母骂曹》**

东汉时期，徐庶因打抱不平，杀伤了人命，后改名单福，投奔新野县刘备。徐庶为刘备出谋划策，多次战胜曹操。曹操问计于谋士程昱，程昱献计曰："如能将徐庶之母弄到许昌，徐庶必然来降。因为徐庶是孝子。"于是曹操假冒徐母之名作书召徐庶归来。徐母得悉此阴谋以后，大怒，用石砚投击曹操，未中。曹操虽怒但未杀徐母，将她安置在别室供养起来。

程昱诈言自己与徐庶是结拜兄弟，待徐母似亲母，从中骗得徐母的笔迹，于是作伪书传给徐庶。徐庶见母书以为是真的，就辞别刘备至许昌见母。徐母见儿来到大怒，曰："儿凭一纸伪书弃明投暗，自取恶名。我无颜见先祖于地下。"说完她转入后堂，自缢身亡。从此，徐庶虽身在曹营，但誓死不为曹操效劳，不献一策，结果抱恨终身。

该剧老的演法，全剧都唱的【西皮】。我在"训子"一场，改唱【二黄】，效果很好，由于这出戏唱做并重，所以观众很欢迎。

### 2.《岳母刺字》

这出戏描写当年岳飞还是个小校官职时，老将军宗泽已病死，李刚也已引退了，他感觉无用武之地，就回到了自己的家乡岳家庄。岳母深明大义，对岳飞训道："你身为武将就应以身许国，不应有引退思想。"为了激励岳飞精忠报国，岳母在岳飞背上刺了"精忠报国"四字。岳飞受训后，告别老母、妻子，重返前方杀敌报国。这是一出爱国主义的剧目。我在剧中扮演岳母，除唱腔稍有改动外，其余内容没有作更大改动。

### 3.《漂母饭信》

剧本描写秦末淮阴县有一平民名叫韩信，他自幼喜读诗文。因父母早亡，家庭又十分贫困，不得不流浪街头以乞食为生，他受辱于胯下，很不得志。有一浣纱老妇，见韩信不是等闲之辈，将来一定有出息。她将自己的口粮分一半给韩信，令其用功读书，稍有懒惰，老妇就训之，勉励他上进。后来韩信经过奋发努力，终成大器，成为刘邦手下的大将军。我是从"故事百篇"中选出加以改编的。我在剧中扮演漂母。戏中唱腔新颖。

### 4.《纪母骂殿》

楚汉相争时，刘邦部下有一人名叫纪信。有一次项羽招刘邦去荥阳赴宴，刘邦明知有险，但不能不去。纪信愿假扮刘邦前去赴宴，结果被项羽识破，将纪信活活烧死。后刘邦打下江山坐了龙廷，当他大封功臣时，竟忘了纪信的功劳。纪母不服，上殿痛骂刘邦忘恩负义。刘邦自知理亏，追封纪信，并厚待纪母。

这出戏出场人物不少，有刘邦、纪母、朝中大臣等。我在剧中扮演纪母，但剧情不抓人，效果平平。

### 5.《洪母骂畴》

此剧又名《六离门》。明朝大臣经略使洪承畴与清兵交战时，他领兵镇守松山，县城被攻破，洪被俘不降，后经清皇太后'大玉儿'用了美人计，说降了洪承畴。此时明崇祯帝以为洪承畴已为国捐躯，亲写祭文祭奠洪的亡灵。谁知此时洪承畴密书送到，帝见密书中写着："为臣不忠，因兵尽粮绝，暂忍辱降之，勉图后报……"帝长叹一声，知道洪已投降，只得罢祭。因念及洪因兵尽粮绝而降，情有可原，就不追拿洪的家眷。洪母十分感念帝德。

明朝灭亡以后，清帝封洪承畴为大学士。洪感念清帝的恩德，剃发结辫，头戴红顶花翎，身穿黄马褂，"衣锦还乡"来探望老母和妻室儿女。洪母大怒，将承畴拒之"六离门"外（百姓常见之物，即在门框中间另装一扇半截门，上可见头，下能见脚，小孩子可从门下钻进钻出，大人进出不便。此门不开表示六亲不认），并大骂逆子不忠不孝，辱没先祖列宗。洪母骂后转入后堂取火自焚而死，洪妻及子也投火自尽。我在剧中扮演洪母。这出戏有繁重的唱腔。

### 6.《孟母择邻》

又名《孟母三迁》。说的是孟母教子成名的故事。孟母一心想为儿子找一个清静之处读书，最先住的地方，有一群孩子终日打闹，使儿子不能安心读书。后孟母搬到另一个地方，可是附近有一个屠夫，儿子好奇，每天去看屠夫杀猪。孟母觉得这个地方仍不妥当，二次迁居到郊外一处地方，可是这里常有人来祭坟，孟母又觉不妥，于是三迁到一处书馆附近，此后儿子常与几个读书子弟相处，研究学问。孟母认为住在这里孩子有良好的读书环境，可以使儿子安心读书了。以后孟子成为一大贤人，孟母功不可没。剧中我饰演孟母。

### 7.《铫母助汉》

又名《鬼神庄》。东汉光武帝刘秀，当年未称帝前，走南阳时与手下人邓禹一日行至一个山村中的鬼神庄，遇见一位大汉名叫铫期。这位大汉勇猛过人，刘秀十分喜爱他，当即请其出山，共扶汉室。铫期告曰："老母在，不远游。"铫母听了这件事以后说道："汉太子邀儿出山，一可灭莽扶汉，二可为儿父报仇，汝因何不去？"铫期云："老母在堂，无子奉养，候母百年，儿再去不迟。"母曰："是我连累吾儿。"遂自缢身亡。

铫期痛哭后葬之。此时，刘秀又来邀请他出山共襄义举。铫期回答："老母新亡，候我守孝三年。"刘秀曰："兴汉灭莽乃燃眉大事，如何等得？"铫期曰："三月如何？"刘秀曰："等不得！"铫期连说："三天？三时？三刻？……"最后向老母之亡灵三叩首后，离家随刘秀而去。他只用了三分钟时间就决定了下来。他的深明大义，后世传为美谈。我在此剧中扮演铫母。

## 8.《专诸别母》

又名《鱼藏剑》。伍子胥弃楚投吴以后，与一名叫专诸的屠夫结为弟兄。后来伍子胥把专诸引荐给姬光，伍子胥请姬光发兵报仇。姬光迟不发兵，因担心兵权俱在姬僚手中。姬僚不除，大事难成，就定计刺杀姬僚。他们得知，姬僚爱吃太湖之鱼，伍子胥又命专诸学习烹鱼技艺。

专诸学会了烹鱼技艺，仍迟迟未去，因为老母在堂。老母得知情况后云："汝受姬光千岁之恩，为何不去效力？"专诸曰："儿怎能舍母而去？"母会其意，曰："吾儿去山涧下取杯水，为娘饮用。"专诸不明其意，去山涧取水。水拿来了，老母已自缢身亡。我在此剧中前饰伍子胥，后饰专诸老母。

## 9.《贤母殉城》

又名《守绵竹》。三国时代魏将邓艾领兵偷渡阴平，攻克江油关，直逼绵竹。后主刘禅大惊，急召孔明之子诸葛瞻。他承袭父亲武乡侯之爵位。瞻的儿子诸葛尚，刘禅以女配之，招为驸马。瞻因后主宠信黄皓误事，因此称病不出。瞻母黄桂英乃黄承彦之女，她深明大义，有奇才。孔明死后，黄氏遵照孔明遗嘱，教子育孙，令其成才。今闻瞻托病不出，训曰："汝父受先主知遇之恩，鞠躬尽瘁，汝怎能坐视不救？应以死而后已报答之。"瞻听从母命，父子挂帅，同时出兵，分别把守绵竹之东、西两门，直战至粮尽，仍守住西门。

后城破，父子双双战死，母仗剑指挥三军守城，见瞻父子被乱箭射中身亡，自己也自刎殉城。我在剧中扮演黄氏，其中"训子"一场，十分感人。

10.《掘地见母》

　　这个剧本是高庆奎先生遗赠给我的。剧情是这样的：战国时代郑庄公，乳名寤生，因母子不和，庄公发誓生不和母亲见面，只能和她相见于九泉之下。后庄公自悔不该发誓，他思念母亲殷切。有一臣子向庄公献计，只要掘地九尺深，将母接至地下，母子就可相会了。庄公依从，母子遂在九尺地下相见。母子见面时有一番动人的描写和唱腔，曾多次想上演此剧，后因种种原因未能上演。

　　这"十贤母"的戏，除《掘地见母》外，均已上演过，观众反应都很不错。我原打算把这"十贤母"的戏进一步加工整理，使它们成为我的保留节目，后因过去那条"左"的路线的干扰，始终未能如愿。在"文化大革命"中，将我所有剧本付之一炬，实在痛心之至。壮志未酬，终身遗憾。

宋宝罗在化妆

## 振兴京剧我之见

我曾看到天津市青年京剧团的演出。使我太高兴了，这是李瑞环同志亲自抓出来的成果，也是老艺人辛勤培育的结晶，他们唱的是优秀传统戏，有整出的，也有折子戏，唱、念、做、打样样不错。我认为振兴京剧不光光是一句口号，一定要落实在行动上。天津市青年京剧团的做法为全国做出了榜样，只有实实在在做出成绩来，振兴京剧才有希望。

有些地方为振兴京剧也花了不少力气，成绩也是有的，可是还有许多不足之处，比如培养苗子，发展尖子，这完全是对的，可是光发展尖子行吗？因为京剧和曲艺、杂技、京韵大鼓不同。如京韵大鼓骆玉笙大师，一把弦子就行，她连唱带打鼓，就可以成为一代宗师；山东快书高元钧，一个人就可以表演了。然而京剧不行，京剧是综合性的艺术，光有"尖子"演员不行，还得有其他演员配合才行，除了主演，还要有二路、三路的演员配演才行，其他还要有音乐伴奏、舞美的配合，红花还要绿叶扶，所以光培养"尖子"还不行，还得培养一般的演员。

再说尖子也要有条件、身材、扮相、五官端正、口齿清楚、音色优美等当然很重要，但还要有敬业精神，专心学习，不怕吃苦，不能三心二意，不能一心向"钱"看，私心杂念要少一些，要勤学苦练，多学、多练、多看、多演，经过数年、数十年磨炼，才能培养出一个好演员。

培养一个好演员是不容易的，关键在老师。老师并不强调一定要名演员，老师要见多识广，有丰富的舞台经验，要有爱徒如子的

精神，不保守，愿意把自己的好东西无条件地传授给学生，这就是好老师。如今，有的老师自己学得不怎么样，有的戏自己也没看过，光拿"戏考"，听听录音，看看录像就去教学生，这能教得好吗？这是误人子弟。过去老师教戏不叫教戏而是叫说戏。教戏以前，先要向学生讲解剧情、历史背景、人物性格，剧中每一个人物都要交代清楚，然后才正式说戏。现在是这样教吗？有的老师连自己还搞不清楚，这不是越教越糊涂吗？

谁都知道说相声，讲究"说、学、逗、唱"，京剧则讲究"唱、念、做、打"。我调查过一些学生的练功情况，他们只是在"唱"和"打"两方面下点功夫，"念"和"做"往往忽视了。那是万万不行的。过去有句老话"千斤道白四两唱。"这说明念白比唱还吃力。在许多传统戏里，往往以念白为主，唱次之，如《审头刺汤》《审潘洪》《审刺客》及《四进士》《胭脂宝褶》等，全剧没有几句唱词，以念白为主。旧时代没有扩音设备，演员全凭真功夫，台上的念白要使剧场最后一排观众也能字字听清楚，那是很不容易的。

演员在台上的一举一动、一笑一哭都代表了人物的感情，演员的眼睛是人的灵魂，人物的喜、怒、哀、乐的情绪都表达在演员的脸上和眼神中。

我以为，演员演得再好，念得再好，脸上没表情，只能说是"傻唱"，"傻唱"怎么能真正感动观众呢？北方的观众，管"看戏"叫"听戏"，有的观众闭着眼睛，摇头晃脑，津津有味地听着演员有板有眼的唱腔。

如今的观众要求提高了，不但要听唱功，还要看演员的做功，做功包括的面很广，身段、台步、动作、表情等都属于做功。过去的老艺人把"十八子"都列入做功的范畴，这"十八子"就是"靴子、袖子、胡子（髯口）、辫子（甩发）、翎子、翅子、褶子、带子、剑穗子、马鞭子、扇子、珠子、绸子、绢子、棍子、把子、桌子、椅子等"十八子"。其中"一个子"未做好，就会出洋相，可见做功里面有许多学问啊。

很长时间里，我对演员胸口藏着话筒很反感。全凭着"技术手段"增加音量，而不是凭真本领来演唱，未必能完全表现出人物感情。尤其是以前话筒、音响设备落后，声音很刺耳，根本叫人听不下去，这真可谓是"科学进步，艺术落后"了。

我一直赞成"拳不离手，曲不离口"的口号，说白了，就是"勤学苦练"，除此以外，没有捷径可走。现在重武轻文的现象很厉害，也许是为了讨好部分观众和洋人的兴趣，他们完全以武打、跟斗、出手来讨好观众，当然武打也要付出血汗的，可是不重视唱、念，京剧艺术如何能提高呢？

现在吊嗓太随便，往往一把胡琴为十多人吊嗓、练唱，每人唱一段，有时唱六句，有时唱八句，唱完就拉倒，也没人来指出好坏，更没有人来纠正，这怎么行呢？回忆我早期吊嗓练唱时，一吊就是三出戏，或是全出戏，如伍子胥、薛平贵的戏，我都是从头唱到尾的，虽然唱得辛苦，可是嗓子吊出来了。

我在漫长的舞台生涯中久唱不衰的原因，得归功于早年的练嗓。现在有的青年演员，在台上多唱了几段，嗓子就哑了，主要原因就是平时不重视吊嗓子。

我说以上这些话，目的是希望作为传统艺术的国宝——京剧，不能断送在我们一代人手里，希望通过全社会的努力，使京剧振兴起来，早日出现繁花似锦的局面。国家一直强调在建设物质文明的同时要建设社会主义的精神文明。我以为在文艺战线上，多培养出一批德艺双馨的杰出人才，也就是为建设精神文明出了力。我殷切希望在我的有生之年多看几场富于时代特色的新戏和好戏，看到青出于蓝胜于蓝。

## 有关当前演出剧目

当前剧本荒是个大问题。演来演去都是老剧目，演员演腻了，

观众也看厌了。按说，这不应该成为问题，从四大徽班进京以来，京剧发展已有两百多年的历史，剧目除了从老艺人传下来的以外，还有从《三国》《水浒》《红楼梦》等古典名著改编的不少剧目，数量相当多，从全国各地的地方戏优秀剧目中改编成京剧的，为数也不少，另外又从梆子戏、昆曲中改编成京剧，数量就更可观了。四大名旦、四大须生、南周北马，以及其他各个流派的大师们，他们都在齐如山、翁偶虹等文化人参与下，创编了不少脍炙人口的新剧本，翻开京剧发展史看一下，剧目总数不下数千出，那么多的剧目中难道没有好东西吗？平心而论除了一些凶杀、色情、迷信等糟粕外，好东西还不少呢！

  不少前辈艺人已为我们做出了好榜样，他们将一些原来不怎么光彩的剧目，经过精心改编，推陈出新，使剧情焕发了光彩，成了他们的精品之作。我相信，只要通过努力，并邀集一些懂京剧、爱京剧的文化人来积极参与，使大量的原有剧目去其糟粕，取其精华，必然会改编出许多内容健康的精美的剧本来。可是由于长期在那条"左"的路线统治之下，许多好东西都被他们一棍子打死了，他们打着"戏改"的旗号，乱打棍子，乱扣帽子，把原本丰富多彩的戏剧舞台搞得冷冷清清，即使像梅兰芳这样的大师，也只有八出戏勉强好唱，所以人们呼他为"梅八出"。周信芳大师能演的戏多达数百出，后来七批八批，搞得无戏可演了。"文化大革命"期间八亿人民八个样板戏，文艺界万马齐喑的局面，我们都经历过，这种惨痛的教训多么深刻，我们绝不能允许再重演了。

## 如何看待传统戏

  我国的传统剧目浩如烟海，历来有"唐三千、宋八百"之说，对数量巨大的传统戏报什么态度，我的观点是一定要采取一分为二的实事求是的态度。

在旧时代产生的传统戏，必然有时代的烙印，存在一些糟粕，对那些糟粕应该抛弃，这是毫无问题的，问题是有些宣扬忠孝节义的戏，算不算全都是糟粕？如果说宣传"忠"的戏都是忠于统治阶级的，应该禁演，那么，那些清官戏又怎么办？如铁面无私的包公是人民歌颂的形象，如果说他的铁面无私是为巩固统治阶级服务的，那岂不是所有的清官戏都该打倒了吗？

再比如，宣扬"孝"字的传统戏，如果不按历史观点看待，都说是孔夫子遗留下来的旧道德，缺乏阶级性，也该打倒，那怎么行？人类如果不讲孝道，精神文明如何建设？再说"节"字，民族的气节怎么可以不歌颂？如果不讲民族气节，还讲什么爱国主义！至于妇女的"守节"，这自然属于封建意识的范畴，可是这也要具体分析，如《三娘教子》主要是歌颂王春娥严格教子的精神，而且教的不是自己所生的孩子，这种精神尤其可贵，如果将这出戏批成"读书做官论"岂不成了糟粕了吗？

至于"义"，也要作具体分析，仆人忠于自己的主人，不能一概否定，这跟提倡封建奴隶道德是两码事。至于黄天霸的戏，也可以研究，绿林好汉与土豪恶霸也有所区别的，如果不分青红皂白一律反对，恐怕也不是历史唯物主义的态度吧。其他如薛仁贵征东、樊梨花征西的内容牵涉到少数民族问题。如果把他们都列入镇压少数民族的刽子手那就难办了。其他关于杨家将、狄青、关公、观音等戏，如果按照简单化的方法，都要遭禁了。

我一直认为对待传统戏一定要采取历史唯物主义的态度，要考虑到当时的时代背景，不然可演的戏就越来越少了。过去把海瑞的戏，批成反党反社会主义的大毒草，我至今还没有弄明白到底是怎么回事？

## 我小时候怎样吊嗓子

上海戏剧学院的童航老师前段时间率领一干人马来我家采访，童老师嘱咐我说一些关于年轻人如何吊嗓子的经验，我多多少少地说了一些，最近几天我又想到一些，今天把它记录下来。

我倒仓以后那段时间里，基本噤声，在恢复期里慢慢开始哼哼唱唱，等到有了声音以后，就由琴师专门给我吊嗓子，我都是在早上起床后吊嗓，一个半到两个小时，每天如此，从不间断。

先吊《洪羊洞》的三段，或者《上天台》的三段，然后再吊吊【西皮】唱腔，比如《捉放曹》之类，平稳的腔，不用高的调门或者大腔，先是平腔平调的，后面唱《辕门斩子》《斩黄袍》《汾河湾》《武家坡》等，吊半出，最后是唱【流水】板，比如像《打登州》里的【西皮流水】，或是《卖马当锏》的【西皮流水】。

《卖马当锏》我那时的唱词是这样的：

手挽手儿站街心，
把话说与二位贤弟听。
自那年离了济南郡，
押解了人犯前来潞州投公文。
蔡知府为官多不正，
既贪赃又卖法苦害众黎民。
只因我未曾把礼敬，
他不与我批票与回文。
愚兄我在店中身遭困，

不料想一场大病临了身,我手中无钱到处难为人。
头一次卖马遇见了单雄信,
我二人在旅店之中叙叙旧寒温。
另人报大员外在岔子岗口丧了命,
他不该拐走我的黄骠马能行。
你看愚兄多背运,
头一次卖马未见半分文。
第二次卖铜多侥幸,
遇见了王伯当谢映登。
江湖上人人讲个个论,
都道你弟兄二人侠义慷慨话不虚传果是真。
多谢你赠我的金,再谢你赠我的银,
谢谢你赠我的批票与回文,一匹马能行。
有朝愚兄时运转,
我定要报答你的恩。
辞别二位登路紧,
回历城先探望我的老娘亲。

这段【流水】是练习嘴皮子功夫,另外,唇齿舌喉,抑扬顿挫都能用上,所以在吊嗓子的时候很用得上,也很实用。

## 为什么我不收徒

经常有人会问我:"宋老,您为什么不带徒弟呀?"现在我就说一说这事。其实我何尝不愿带徒弟,培养接班人呢?我所在的剧团

领导一直要我在本团青年演员中挑选一个拜我为师，我提出做我的徒弟必须具备三个条件：

1. 嗓子、扮相都要好。
2. 对京剧事业要有敬业精神，不能三心二意。
3. 人品要好。

这三个基本条件一条不能符合，我绝不收。为此，领导批评我"太保守"，不愿收徒弟。我认为我如果降格以求，岂不是误人子弟吗？领导指定的人我不同意；而我想收的人领导又不批准，所以一直就没收徒弟。经常有这样的情况，比如有一次要举办"青年演员会演"，一外地青年拿着团里的"介绍信"来家找我，这个青年手中拎着一台录音机，开门见山对我说道："宋老，我要学《辕门斩子》，准备参加青年汇演，一个星期要完成学习任务。"

我就问他这出戏，你过去学过吗？

"没有。"他倒说得很干脆，"我曾在中央电视台看过这出戏，但未看全。"

我听了他的话，不觉暗暗好笑，一个星期要学一出《辕门斩子》，还要参加会演，有那么容易吗？按我的想法，一个星期连《辕门斩子》中的一个长腔也难学会。这个青年不理会我说的。他说："宋老，只要把你那句长腔录下来，我回去学就可以学会。"

后来我没有答应他的要求。学戏能这样随便吗？这当然使这位青年很不高兴，同时我也得罪了该剧团的领导，他还说我不肯培养青年呢。凡是艺术，无论是书画、音乐、舞蹈、戏剧、美术等，都要从勤学苦练中学出来的，聪明是一个有利条件，光靠聪明也是不行的，有的学十年二十年仍没学好，如果说"一看就懂，一学就会"这叫艺术吗？

每次省市举办某某京剧比赛之类的活动，总有一些青年临时登门向我"请教"，学这学那，汇演闭幕后，评上奖的从此不来了，评不上奖的更不来了。一般的都是临时抱佛脚。这样的态度能学好艺术吗？

## 《逍遥津》和《哭秦庭》

京剧《逍遥津》这出戏也叫《白逼宫》，就是曹操逼宫。这出戏为什么要叫《逍遥津》到现在也是一个谜。整出戏从朝房议事到鸩毒太子，也没有任何地方跟"逍遥津"有关系。按《三国演义》书中有一段"张辽威震逍遥津"，这是张辽的事情，为什么会扯到汉献帝的身上，我确实不明白了。可它又是一出很有名的老生唱功戏，听说这个剧本出自老"三鼎甲"之一张二奎之手，程长庚是不是唱过此戏没听说过，它还是新"三鼎甲"之一孙菊仙的代表作，谭鑫培、汪桂芬等人都不唱此戏。后来有许多老演员如时慧宝、郭仲衡、高庆奎等人也唱这出戏，最有代表性的是高庆奎。我从八九岁时起就演该剧，原封不动地唱了好几年，因为我很喜欢这出戏。直到1943年左右，不断加工、修改，除了修血诏，和【导板】【回龙】大段的唱段中在气口上、拖腔中稍有改动外，其他基本不变。后来我把《逍遥津》和《受禅台》连在一起演，取名《汉献帝》，此后该剧就成了我独有的打炮戏和看家戏，久演不衰。

这出戏从表面上看没大地改动，其实是全有改动的，从"朝房议事"减少了一些人员，比如张辽、曹子建等人都简化了。第二场金殿，献帝的【引子】和定场诗都取消了。三场修血诏和盘门，直到鸩毒太子，都有修改。《白逼宫》演完以后，接着演《受禅台》定计夺位、逼交玉玺、受禅让位、追杀献帝、刺杀华歆。全部演完两个半小时。孙菊仙九十岁在北京鲜鱼口华乐戏院上演《逍遥津》，是李万春，兰月春二位演的太子，我看了这场戏，他戴着黑三，鼻子下面还隐约露出自己的白胡须），如果要把全部详细改动的情况写下来，恐怕还

要几千个字了。

《哭秦庭》是一出高派名剧，最早上演是在20世纪20年代，以后凡是唱高派的，不管好角还是差点儿的角都演此剧。在过去的流动演出，在临别时总是演最后的一场，因为是高派名剧，有一定的上座率。说句心里话，我不喜欢这个剧本，其原因是：上场的演员太多，这一出戏没有七八十个演员就演不出来。一，是吴国的伍子胥，要率领龙套、四将、大旗等。二，是楚国申包胥，他需要有朝官、小王子、太监、龙套等。三，是秦国的秦王，他要有大太监、四小太监、四大将，另外还有修坟的、樵夫等，全部戏里没有一个旦角。人员占了不少，除了伍子胥和申包胥有戏份以外，其他都是走过场。还有一个最大缺点就是虎头蛇尾。申包胥的几场重头戏，如失散、修书、行路、哭庭，大段的【反二黄】都在全剧中的三分之二里演完，最后的三分之一都走过场，伍子胥也只有一场"鞭尸"有点戏可演。由于上述原因，所以我对这出戏就没去加工和整理。

## 我演过的京剧剧目

我从小学过很多传统剧目，主要学唱老生，宗汪桂芬一派，后来学高庆奎一派，也学过余派、马派等流派，总之根源还是谭派。我也学过一些老旦戏和花脸戏，还学了几出青衣戏。成年后自己挑班，算算至今已有九十余年的戏龄了。

我的戏大多数是跟师父一板一眼学的，但也有偷学来的，就是看看戏本子，再看看名角的演出，就算学会了，这样叫偷戏。在我成名之后，自己也改编和新编了几出戏。

我演的戏多数是主演，但也有我陪人家唱、当配角的戏。究竟演了多少戏，我自己也记不准，现把我还能想起来的、我演过的剧目开列如下：

自编主演
　　《于谦》《宗泽》《朱耷卖画》《张良辞朝》《抗婚辞朝》《刘基辞朝》《神医华佗》《圯桥进履》《干将造剑》

主演（包括改编）
　　《岳飞》《十面》《罢宴》《哭秦庭》《哭雄信》《打督邮》《连营寨》《珠帘寨》《困龙棚》《困龙床》《朱痕计》《朱砂痣》《投刘表》《出师表》《刺巴杰》《刺庆忌》《南天门》《木门道》《盗魂铃》《盗宗卷》《取洛阳》《取南郡》《取帅印》《取荥阳》《取成都》《浔阳楼》《黄鹤楼》《望母楼》《失空斩》《斩颜良》《斩郑文》《斩华雄》《清风亭》《御碑亭》《风波亭》《战宛城》《战长沙》《蟠龙战》《马嵬坡》《落凤坡》《胭脂虎》《胭脂褶》《乌龙院》《白毛女》《白蟒台》《造白袍》《赠绨袍》《百寿图》《献地图》《铁冠图》《满床笏》《打窦瑶》《打严嵩》《打龙袍》《打花鼓》《郑成功》《文天祥》《临江会》《单刀会》《桑园会》《红逼宫》《红旗谱》《状元谱》《亡蜀恨》《煤山恨》《南阳关》《白良关》《牧虎关》《草桥关》《独木关》《阳平关》《山海关》《雁门关》《天水关》《战蒲关》《凤鸣关》《雄州关》《战太平》《战北原》《探皇陵》《武乡侯》《五载山》《翠屏山》《定军山》《滑油山》《马鞍山》《剑峰山》《两狼山》《洗浮山》《探阴山》《临潼山》《飞虎山》《焚绵山》《潞安州》《镇谭州》《春秋笔》《喜迎春》《一捧雪》《二进宫》《三进士》《三字经》《三结义》《马三保》《除三害》《四进士》《五雷阵》《锁五龙》《五国城》《游六殿》《六月雪》《七星灯》《八大锤》《八蜡庙》《九更天》《陈十策》《十道本》《渭水河》《芦花河》《汾河湾》《下河东》《金水桥》《清河桥》《江东桥》《骆马湖》《浣花溪》《凤雷渡》《金沙滩》《临江驿》《莱阳县》《善宝庄》《陀牟岗》《法门寺》《游武庙》《衙果园》《大名府》《大保国》《断密涧》《连环套》《钓金龟》《铡美案》《审潘洪》《李陵碑》《选元戎》《孝感天》《收姜维》《捉放曹》《请宋灵》

《衣带诏》《骊珠梦》《串龙珠》《宝莲灯》《铁莲花》《洗耳记》《摘缨会》《党人碑》《龙虎斗》《封神榜》《雪杯圆》《廉吏风》《骂杨广》《假金牌》《借赵云》《排王赞》《喜封侯》《戏迷传》《断太后》《官门带》《马陵道》《蝴蝶杯》《羊角哀》《魏蜀吴》《上天台》《黄金台》《火牛阵》《奇双会》《群借华》《汉献帝》（受禅台）

全部《红鬃烈马》全部《鼎盛春秋》全部《双官诰》

《沙桥饯别》《三顾茅庐》《刀劈三关》《四郎探母》《五郎出家》《五台会兄》《六部大审》《七擒孟获》《八郎探母》《八一风暴》《十老安刘》《辕门斩子》《桑园寄子》《法场换子》《马芳困城》《马前泼水》《胡迪骂阎》《击鼓骂曹》《骂毛延寿》《贺后骂殿》《举鼎观画》《孙安动本》《孙庞斗志》《秦琼观阵》《秦琼发配》《秦琼卖马》《贤母殉城》《纪母骂殿》《掘地见母》《洪母骂畴》《孟母择邻》《铫母助汉》《专诸别母》《徐母骂曹》《漂母饭信》《目莲救母》《打棍出箱》《打渔杀家》《苏武牧羊》《太白醉写》《赵彦借寿》《海瑞背纤》《黄魏归汉》《庄子扇坟》《卧龙吊孝》《乔府求计》《龙凤呈祥》《雪夜访贤》《搜孤救孤》《别宫祭江》《行路哭灵》《敲骨求金》《问樵闹府》《卧薪尝胆》《遇龙封官》《舌战群儒》《鞭打芦花》《失印救火》《扫松下书》《呼延赞表功》《火烧百凉楼》《天齐庙打擂》《枪挑小梁王》《安居平五路》《青梅煮酒论英雄》

梨园见闻

梨园见闻

## "喜神"的来历

　　观众看《四郎探母》的时候，会发现铁镜公主手里抱着一个小娃娃，名称为阿哥。《二进宫》这出戏里李艳妃怀中也抱着一个孩子，名称为皇儿；《长坂坡》里面糜夫人抱着的也是个婴儿，名称为阿斗。梨园界把戏中所有的这些娃娃道具，统称为"喜神"，据说这个称号是皇帝封赠的。"喜神"是放大衣箱里的，艺人们都管"喜神"尊称为"大师哥"，说到喜神，还有一段有趣的故事。

　　我小时候听老先生是这样讲的：话说这年的阴历三月十八是唐明皇的五十大寿，皇上的生日总要唱戏来热闹热闹，命众多的梨园子弟来演戏，一同庆贺。傍晚到了即将开演时分，那主事的人还没到场，这位主事人叫房玄龄，职务是礼部尚书，兼右丞相，他掌管

老戏箱

的是外交、国史、文化、礼物、宫廷内的婚丧嫁娶、礼节、科举等事项，这房玄龄年纪已经有七十岁了，他的如夫人却刚给他生了个儿子，这天也正好是给儿子办满月酒，房玄龄老来得子，喜形于色，开心得很，满月酒上抱着满月的儿子向来宾炫耀，展示自己的爱子，在众位同仁的夸赞和簇拥下，喝得酩酊大醉，居然把自己要去做司仪的事情给忘了。这边宫里快开演了，迟迟不见主事人房玄龄到来，乐队就先打一通热闹的锣鼓经来延缓时间，后来这通锣鼓经就叫"闹台"。打完之后还不见他到来，再打一通闹台，此时皇上已经到了，他还是没来，皇上问明情况就派人去接房玄龄。

轿夫们赶到了房家，正在厅堂里兴高采烈的房玄龄听说皇帝的銮驾到了，这才想起今天的重要事情，不敢耽搁片刻，忙不迭地抱着儿子，跟着轿子走了。

赶到后台时，扮演《八仙祝寿》的演员们都在化妆，房玄龄要上台履行自己的职责，赶紧将孩子交给了演何仙姑的演员，担任起了司仪的工作。他刚刚在自己家里喝了不少酒，已经半醉了，脑子里一下子还没词儿，站在台上看到台底下有好多红纸写的吉祥话，他就照着那些吉祥话大声向皇上祝福，什么万寿无疆啊，天下太平啊，万国来朝等。

这时他的夫人知道老爷居然带着刚满月的儿子去了宫里主事，也急急地追赶过来，看到老爷在台上司仪，她就从后台上去找儿子，刚好房玄龄念完祝福语，走下台了，夫人又从上场门找到了台上，一看底下坐着皇上，赶紧跪下给皇上磕头拜寿，慌慌忙忙的从下场门跑下台去，皇帝以为这也是在演戏，就问身边的太监，这是何戏，太监也不明白，随口回答，是加官，皇帝又问这女的是出什么戏，太监又答，女加官。这就成了以后的女跳加官。

台上大赐福戏开演了，八仙祝寿马上要上台了，扮演何仙姑的演员赶紧把手里的孩子放到大衣箱里，自己连忙演戏去了。

皇帝在底下一直看着台上总闹哄哄的，也坐不住了，起身到后

台去看看，皇上一进后台，演员们纷纷大惊，全都跪下朝拜，万寿无疆。

　　房玄龄从大衣箱里找到了自己的儿子，可怜的孩子由于在大衣箱里闷得时间太久，抱出来一看已经闷死了。房玄龄悲痛欲绝，但当着皇帝的面又不好大放悲声，况且是皇上的良辰吉时，每个人的脸上都要喜形于色，他想哭不敢哭，还满脸带着笑容，一直陪伴在皇上的左右，直到喜宴结束。

　　当皇上知道了这事以后，也感慨万分，明白了房玄龄对自己的一片忠心，这孩子为了这场生日喜宴做出了贡献，他想，这孩子死了，后台的人，还有房玄龄夫妇都没有一个哭的，而且都还是喜形于色，遂封这死去的孩子为喜神，也让他做了梨园行的"大师哥"。

《坐宫》王艳饰铁镜公主

我听到的故事就是这样，现在我把它如实记录下来，或许从现在的角度看其中可能带着一些传说的成分，但从另一个角度看，也许其中也夹带着某些独特的文化含意，旧时这个典故一直流传，所以我们的演员在后台都不敢轻慢"喜神"，更不会拿他当玩具玩，都是恭恭敬敬地抱在手里，或拿一块手绢、水袖挡着他的脸，以示对喜神的敬重。

## 后台供奉的神龛有讲究

我小时候几乎演遍了全北京的大小剧场，每次演出，都要先在后台给祖师爷烧香磕头。老戏园里祖师爷的神龛都是很讲究的，凡是清朝时期盖的戏园子，后台供奉尤为虔诚，当时一些名演员比如谭鑫培、王瑶卿、杨小楼等人，家里都特设祖师爷的神龛，非常虔诚地供奉。

祖师爷神龛一般都制作得非常精美，以大栅栏一带的戏园子来排的话，广德楼的神龛最为考究，第二是庆乐戏院，三庆戏院的占地面积小一些，所以它的佛龛也小，中和园、华乐这些戏院就更小一些。

广德楼的佛龛模仿的是金銮殿的样子，里面有龙椅，有龙柱，还有匾额，祖师爷就坐在龙椅上，整尊神像的高度有半米的样子，身穿黄蟒，头戴王帽，五绺黑胡子。外面是黄罗伞、十色龙旗，全副銮驾，刀枪剑戟。

里面供奉有四个牌位，一边两个，分别是文圣人和武圣人，老郎神，斗战胜佛。

一般新角到一个剧场去演出，第一步就是要到后台去朝拜祖师爷，请祖师爷保佑演出成功。另外，舞台上的桌子底下也有个牌位，

## 梨园见闻

叫黄顺仙，传说是黄鼠狼的化身，专门在舞台上管扫台，也有供土地爷的，同样是放在桌子底下。

戏院后台祖师爷神龛前面常年会点一盏海灯，一般都是用专门的芝麻油点的，用这种油点灯就不会冒烟。神龛用的香也很特别，名字叫全福寿。

全福寿这种香比一般的香要高一半，一捆四十八根，它有个特点，点燃后只有火头没有烟雾，而且火头特别"冲"，寓意"大吉大利、红红火火"。

为什么要这么讲究，我想这也是出于对祖师爷的敬重吧。另外如果冒烟的话，一则对台上演员的嗓子不好，二则对昂贵的戏曲行头有损害，所以后台都是用高价的芝麻油和全福寿，点燃后的四十八根香卷起的火花很好看，火花很艳丽的！可惜现在看不到了。等这种香燃到大半的时候，火头就没有了，这时，会有专门管事的人把它拿出来，放到一个水桶里揿灭，放在一边，然后这些香头就归检场的来收。

检场的人收集这些香头之后，会把它们磨成粉，然后再加上松香粉，将来另有大用：就用它在台上"放彩火"。比如在《火烧连营寨》《竹林计》《火烧余洪》等戏里面都有火彩的。

在这里我另外讲一个小故事，记得在1950年的5月1日，我在江西南昌的永乐大戏院演出，当时是旧历的三月十八日，有个唱武生的叫胡志鹏，他是个撇子武生（"撇子武生"是行话，大意指能打不能唱），平时他就在前头给我垫戏，唱唱开锣戏。那时新中国刚刚成立不久，胡志鹏心血来潮，说人民政府正在"破除迷信"，这里还是供着祖师爷的神龛，应该把它"破除掉"。于是他去找了一把道具斧子来，把后台的神龛给砸了，挂上了毛主席的画像。看到的人急忙来通报我，于是我赶紧去后台看，结果看到一地破碎的祖师爷，当时心里很难受，却也不好说什么，"破除迷信"挂毛泽东画像，这事谁能说"不好"呢。没想到真是"得罪"祖师爷了，当天晚上这个胡志鹏演出《战马超》，一个难度不高的动作，居然让他摔断了腿。于是由不得团里的演员们议论纷纷，说他砸神龛对祖师爷不敬才有报应。看来这祖师爷还是有灵性的。

　　我的脑子里还有个旧观念，各个行业都有祖师爷，也就是表示一个根基和来源。对祖师爷神龛的尊敬，其实也是尊师重教、追恩溯源不忘本的意思。比如说泥瓦匠拜鲁班前辈，开药店的奉药王爷一样，大抵都是一样的道理。

戏院后台祖师爷神龛

梨园见闻

## 从跑龙套说起

很多观众不甚重视"龙套",认为他们只不过是"打旗的"而已。当然有观众知道"龙套"及其重要性,比如舞台上的将帅说"命你带领四十名校尉",这时台上的四个人就是"四十名校尉了",同理,也可以变为"五百名军卒",也可以表示"带领三千人马",再往大的说当曹操领着四个龙套上,那就代表"八十三万"人马,"龙套"对于整出戏有着极重要的作用,不过总的来说大多数人还是不怎么重视,想"跑龙套"的就更少了,因为这一行"吃力不讨好"。甚至有些人错误地以为"龙套"学起来也容易,也不要练什么基本功,只要会"走"就行了。

龙套这一行有"不辛苦"的一面,也有"很辛苦"的一面。他们往往一站就站几十分钟,而且脸上不能有什么表情。尤其是主演在表演哭哇、笑啊的戏,跑龙套的在两边呆站着,脸上可是绝对不许有表情的。因为观众的注意力都在主演上,你跑龙套一有什么表情观众是看主演呢还是看龙套呢?再者跑龙套的"跑"得再好,观众也不会鼓掌叫好。可是只要有一个跑龙套的站错了位子或走错了一步,马上就会引起哄堂大笑或全场的倒好。说来也很奇怪,比如说一个看着很聪明的小伙子,在台上走错一步或站错了位子,马上就会引起全场的笑声或倒好。一个笑声或倒好就会把这个小伙子弄蒙了、脸也红了、腿也软了,弄得无所适从。

侯宝林说的相声《空城计》,真是入木三分,一点都不错:跟着三旗上,站在二旗旁。站在三旗边,"倒好"叫满堂。

跑龙套很有规矩,绝不是随便就能上的,从很多术语上就能看出龙套的舞台调度和花样了，我仔细回忆了，大概有以下这些：一翻两翻、二龙出水、一条边、斜一字、会阵、起打、过河、拉开、溜上溜下、两边上、两边下、追过场、亮住、耍下场、结攒、几股档、打连环、蛇穿皮、扎犄角、大排队、上下轿、带马、带刀、带枪、圆场、扯四门、钻烟囱、斜胡同、双斜胡同、加饽饽、鹞子头会阵、骨牌队、大站门、小站门、太极图、倒脱靴、倒插门、正插门、合拢口、挖门等等，跑龙套的这些动作都要表现清楚，站错、跑错都会引起倒好的。

在旧社会干这一行的人往往是吃不饱肚子的底层艺人。有人说跑龙套的只要对了不出错就行了，用不着开口，这当然是不对的。比如中间的元帅或大将叫一声：众将官！扮龙套的要很严肃齐整的齐声说"有"。元帅、大将说：起兵前往。众龙套得齐声说："啊"。如果元帅吩咐完龙套后一声不响，那就不像个戏了。

有人说跑龙套的用不着唱，这也不对的，有时候也需要跟着唱。比如说：过春节的开台戏，首先是《跳加官》《跳财神》，没有曲牌。下来就是《大赐福》（又名《天官赐福》和《八仙庆寿》）。有的上福、禄、寿，都要有曲牌了。这些曲牌四个龙套拿着画着云彩的牌子，有的扯四门或圆场，就都有曲牌。这些曲牌扮龙套的人员都要很整齐地跟着唱，不能死鱼不张嘴。

又如演《法门寺》丑大太监贾桂说：孩子们启驾法门寺呀。众应介！起牌子。另如《战宛城》里曹操马踏青苗，龙套和曹八将大排队、圆场的大牌子。还有闻太师奏凯还朝，又名《大回朝》的牌子，龙套都要唱。

有人问，跑龙套的都不许有动作，当然不全是这样。这要看戏的需要，"动"也要恰到好处，不能乱动。比如唱《打棍出箱》中"闹府"一场。范仲禹追打太师葛登云，太师旁边有四个青袍，代表家丁。如果这四个人光看着太师被人打的时候，站在两边一动不动，一是不合乎情理，二是也不太好看。所以范仲禹打葛登云的时候需要拦拦、挡挡。可是幅度太大也不好，如何"恰到好处"全在于要经过排练

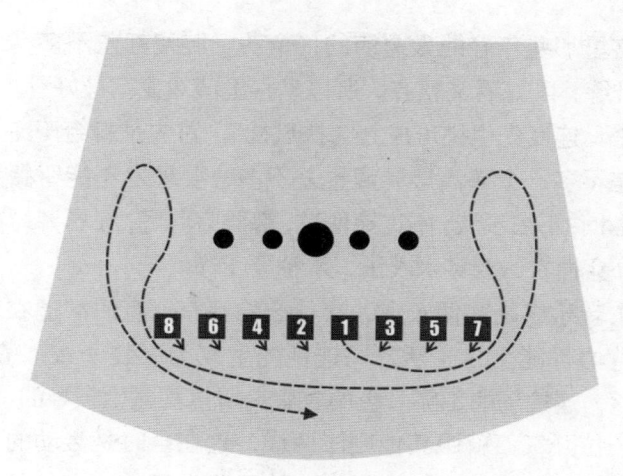

龙套走"太极图"

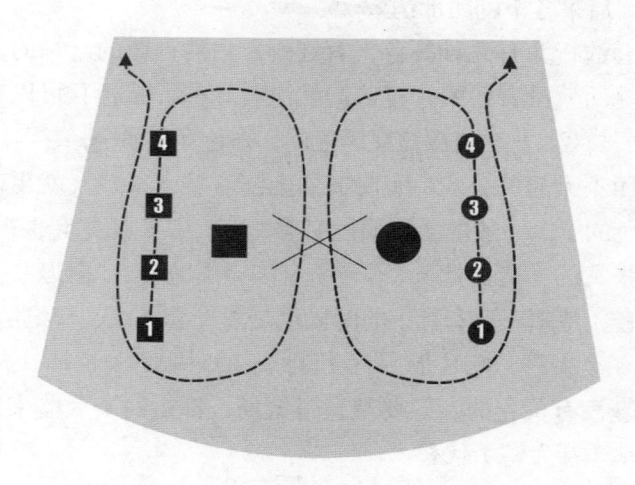

龙套走"钻烟筒"

才能完成。

早年富连成科班在喜连成时，是叫能演戏的学生在不演戏时多跑跑龙套。后来认为这样不太好，把主要能演正戏的孩子们精力全浪费了，后来改为变嗓子的学生专跑龙套。那时虽然是科班可也不够整齐。

最整齐、最好看的龙套要属皇宫里了，宫里唱戏是不需要从外面把龙套带到皇宫里的，一是为了安全、二是节省开支。演戏的龙套是叫宫里那些年轻的太监演的，个头、胖瘦都差不多，经过专门的老师排练，既好看又整齐。所以皇宫里演戏龙套最好看。

后来马连良先生挑班成立"扶风社"。首先是舞台干净，选的龙套年纪差不多，个头高矮胖瘦也差不多，要理发不能留鬓角。有专人为之化妆，不浓不淡，不许穿便鞋，都要穿薄底，红彩裤，穿龙套服，里面不许穿棉衣，要穿水衣子，水袖要干净。

过去音乐组是穿便衣上，穿什么的都有。有的穿棉衣，夏天有的汗衫背心都能上台干活。马连良先生改为服装一致，蓝布长衫、灰色长衫，连捡场的都穿一色的衣服。所以马先生领导的"扶风社"把大幕一拉开气氛就跟其他剧团两样，这在当时是轰动的。我到南方唱红了之后也效仿了一个时期，效果非常好，这也是号召观众的一方面。后来各个剧团都仿效。

龙套的行头有几种颜色，有红的、白的、蓝的、绿的，一般的剧团有绿的就没有蓝的，有蓝的就没有绿的，就相互可以替代，比如说唱关公戏，龙套也应该穿绿色的，关老爷穿绿蟒，绿靠，绿箭衣，有的剧团不大演关公戏，有时突然上演有关老爷戏，就用蓝色蟒来代替绿色的了。一般的小剧团没有黑龙套，其实黑龙套也很重要的，例如，张飞的《造白袍》，第一场应该穿黑龙套，"尉迟恭挂帅"都是黑龙套，楚霸王没有称王的时候也是黑龙套，如《焚纪信》《取荥阳》《鸿门宴》等，凡是楚项羽没有称王的时候都是黑蟒，夫子盔。

龙套没有黄色的，只要是皇帝上场，都由四个太监来代替，或是御林军（穿大铠）代替。

## 跑龙套遇上了"国丧"

我听老辈人这样叙说，1908年慈禧和光绪死后，宣布"断国孝"，

三年不准娱乐：不准穿红绿衣裳、不准演戏、不准打响器。如敲锣打鼓、和琴弦的声音，连大门、旗杆、剃头的挑柜子都要染成黑色的。所有的戏院、票房、杂技、曲艺都不得演出。一些主要演员一时半时还能勉强过活，一些班底和跑龙套、打下手的演员有戏演着生活还能勉强过，一旦不准演戏了那生活怎么办？只得改行，有的做小买卖，有的拉黄包车（如侯宝林相声中所说的"改行"，确有其事）。

那时正是杨小楼恢复演出的时候，杨小楼的身体一直不是太好，又抽大烟，还有个气喘的毛病，他动了脑筋搞了"武戏文唱"，也不是很合观众的胃口，也不是很叫座，再加上他的演出也不是很定期，所以班底时常要更换，为此，龙套也就成了一个大问题，有时候临时找人，找来的人也不是很熟练，每次演出都要临时排戏，这样难免容易出错，管事的和武行头都很头痛，还有一个主要问题是，戏演完了，分到的份子钱也吃不饱肚子。

有一天在吉祥戏院演出全本《连环套》，从行围射猎起，杨小楼与侯喜瑞合作，那天的生意还算不错，虽然不是客满，倒也有大半堂的观众，大约有七百多人，当时算是不错的了。时间到了快演出的时候，龙套却还没到齐，因为这出戏是"行围射猎"，要是龙套不整齐，不熟悉，就很容易出错的，管事的很着急，这时杨小楼也在扮装了。外面下起了雨，那个太监龙套老王就是因为天下雨没了生意，跑到吉祥戏院后台来看看小楼先生，因为杨小楼在宫里演出好多年，和这位太监老王也很熟悉，在后台见到也很亲热。杨小楼叫了一声"王公公"，老王红了脸说："别别，杨老板您别叫我公公了，就叫我小王吧。"杨小楼一听就明白意思了，改口问老王近况怎样。老王说日子难过。正寒暄时，管事的过来催场了，杨小楼问："时间差不多了，龙套到齐了么"？管事的一时不知如何回话，杨小楼看出来了，便指着老王说："这位是老王，过去在宫里跑龙套，台上是老资格了。"扭头和龙套老王说："老王啊，今天就帮我客串一次吧。"这老王二话没说，一点头，马上就去洗脸扮戏了，他还是头旗，戏里的牌子他一句不少都唱得很好，就这一下子后台的人全都服了。

戏散了，杨小楼关照管事的给他两块大洋。就这样，以后每逢看到《群强报》上有杨小楼的演出广告，龙套老王就必到了，他到了后台还给其他跑龙套的说戏、排戏，戏份却也从不争多论少，直到1938年杨小楼去世，龙套老王就不再露面了，消失得无影无踪，都说人过留名，雁过留声，可是老王去了哪里没人知道，什么时候去世也没人知道，就连老王的大名都没留下，真是一件憾事。

## "龙套王"施启元

我现在说说另一个"龙套王"施启元，他1887年出生，住北京崇文门外放生池37号。父辈是做官的，也可以说是书香门第出身的人。施启元从小读书，清末时进过一次科场，但没考中，后来科举取消了，直至清朝灭亡。因为巨大的社会变革，父辈亡故，家道中落，仕途无望。施启元有两个女儿，一个儿子，都是上学的年纪，妻子在一家宅门做佣人，微薄的工资贴补家用，施启元于是只得想尽一切办法挣钱供子女上学。

施启元会用黄胶泥捏做"兔儿爷"，赶庙会卖给小孩子玩。后来施启元也顺便用黄胶泥做一些成人脸，画上京剧脸谱，做成后用煤火烧烧，再用油漆画好拿到庙会集市上去卖，非常受欢迎。碰到有的脸谱施启元不会画，就去京剧票房里请教一些京剧老艺人，这样就认识了不少京剧演员，在他们那里得到了很多京剧知识。

施启元也很喜欢唱戏，可惜的是他没有嗓子，只好作罢。有时票房彩唱，没有人扮龙套，施启元就主动扮龙套，后来就升级了，也到剧场去跑跑龙套。那个时候跑龙套的人员不多的，原因是干这行的人都看不起这些"打旗"的。再者，工资也没保障，跑半天龙

套赚的钱还吃不饱肚子。有的剧团都是临时找人跑龙套，就有人介绍他去，舞台上的效果很好。日久出名后，有时候剧院还让施启元自己找几个龙套过去，施启元的住所旁有个传呼电话，接到任务后他就骑着自行车去通知那些龙套哥们，绝不误事。到了舞台上也由施启元负责，完事以后他不争工资给多给少，由他分配给其他龙套也从不多拿一分钱。慢慢地施启元就出了名了，大家都叫他"施头"。

再后来施启元发展到各大宅门、公馆去了，谁家办红白喜事、唱堂会都会找到施启元，只要找到施头什么事都能解决好，比如搭棚、搞戏台、租桌椅板凳、找厨子、唱戏，或者杂耍等，施启元都会想办法办妥。如果是出殡，施头能纠集两百人的"雪柳队"来；要是哪家娶媳妇了，施启元会搞到"金瓜钺斧"，他办事处处使人家满意，钱也不多拿一分，为此，施启元在当时是口碑很好的。

施启元七十岁过生日时，儿女给他办寿事，当时很热闹，像当时的名伶马连良、李万春、尚小云等人都去为施启元祝寿的，可见施头的人缘之好了。

新中国成立后施启元已经七十多岁了，中国京剧院还把他接来，请他看管传达室，顺便请他把有关龙套内容的东西都记录下来，用油印印出来，装订成册子还想给他出书的，不知什么原因最后没有正式从出版社给他出书，这个油印本我也拿到过一本的，可惜在"文化大革命"中也被烧毁。就这样，没有流传下来，施启元老先生大约七十七岁时亡故的，到现在仍然有人纪念他的。

## 杨小楼与《霸王别姬》

杨小楼先生后期因为身体情况（气喘病，还抽大烟），想尝试演一些不大"开打"的戏，像《连环套》《骆马湖》等，看似"武戏"可又没有"武打"，或"打的不多"。不过收效并不好，观众毕竟还是冲着看他的"武戏"去的比较多。

《连环套》为什么就有观众呢，因为《连环套》中有"盗马"和"盗钩"二折。"盗马"不是郝寿臣就是侯喜瑞，他俩都有叫座的能力；还有"盗钩"这出戏有头有尾，观众直到现在也喜欢。但《骆马湖》

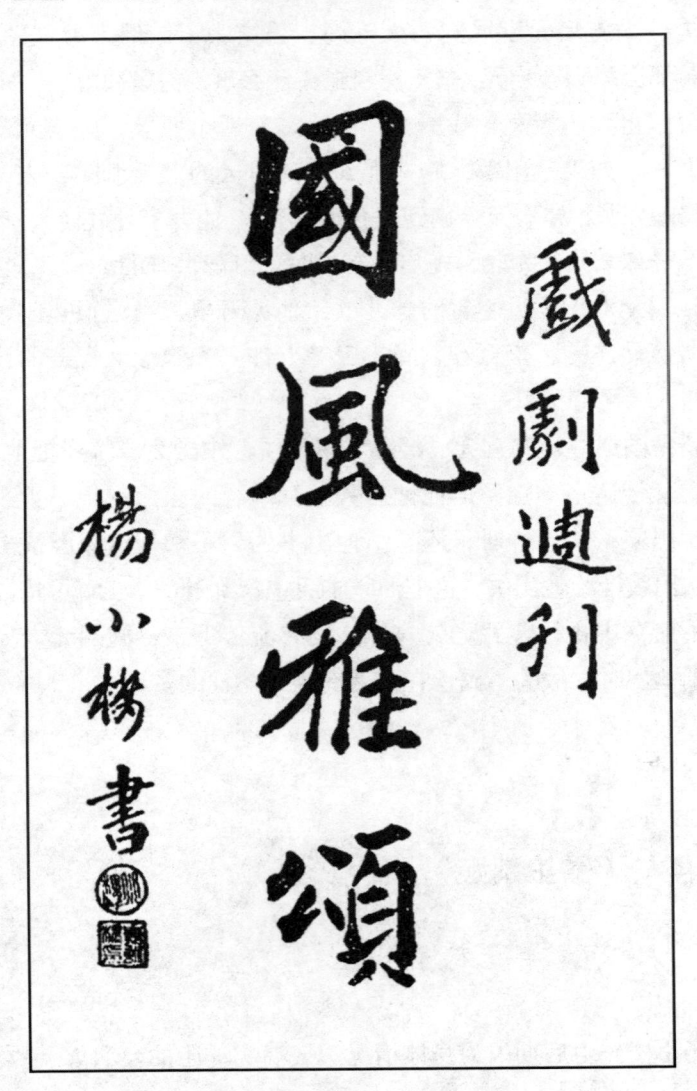

就不同了，就是从"回船"到"水擒"也有三个小时，就是没有《连环套》精彩。

杨小楼先生为演出，其实也是费尽心思，他编过非常多的新剧目，很多都仍以"文"为主，如《甘宁百骑劫魏营》，虽然从扮相到剧情都有革新，可是"避开了武打"，不但观众不欢迎，就是连后来的杨派传人都不喜欢。

另外杨小楼先生也演过几出关公戏，如《屯土山约三事》《封金挂印》《灞桥挑袍》，都没能留传，只不过偶尔还能看到当时的老相片，或者录音。

杨小楼先生和郝寿臣合作过，也和男旦朱琴心合作过。合作《战宛城》，郝寿臣演曹操，朱琴心演邹氏，全戏从"马踏青苗"到"刺婶"为止，上座很好。杨小楼先生的《吴三桂请清兵》，杨小楼的吴三桂、朱琴心的陈圆圆、郝寿臣的李闯王。戏的中间有一折，吴三桂和清朝多尔衮借兵的一场，戏里说的是满洲话，观众听不懂，白费事。观众并不欢迎。这出戏真是昙花一现。

后来杨小楼先生想到上海演出连台本戏《楚汉争》，内中有霸王和虞姬的一段故事。主演是夏月润和小杨月楼，从"霸王遇虞姬"到"霸王别虞姬"。

杨小楼很感兴趣，于是就和梅兰芳商量改编这个戏。

《霸王别姬》剧本写成了，梅、杨怎样合作，当然也不是一帆风顺。其中有不少难办的问题。杨小楼在当时称"戏剧宗师"是京剧界的代表人物，无论是人品、地位、艺术、辈分没有不尊重他的，就连梅兰芳看见杨小楼也是"三叔、三叔"的叫着，几次大义务戏杨小楼唱《长坂坡》都是梅兰芳主动配演糜夫人。

1920年前后，梅的声望是扶摇直上，是国内外妇孺皆知的京剧代表人物。评选"四大名旦"，票数最多的也是梅兰芳，票房最好的也是梅兰芳，就这样"杨小楼"的第一号人物也不得不让给梅兰芳。

梅兰芳是处处尊重杨小楼先生，杨也处处让步。比如说是梅兰芳去参加"杨的剧团"呢，还是杨小楼参加"梅剧团"呢？杨小楼先生非常开通地认为他领导的剧团是以武戏为主,没有"梅剧团"齐整,还是他去参加"梅剧团",这样对演出质量好些。关于挂牌也是个问题,谁挂"头牌"谁挂"二牌"呢?杨小楼先生说"双头牌"嘛,就是海报、戏单都是两个名字并列,其他人则以姓氏笔画多少为准,或出场先后为序。

杨小楼与梅兰芳确定合作《霸王别姬》,接下去就是剧本定稿(也

杨小楼、梅兰芳演出《霸王别姬》剧照

梨园见闻

就是从什么地方开始，演到什么地方为止），最后确定从"韩信点将"开始，全戏的重点是"命李左车诈降""项羽发兵"起直到"霸王乌江自刎"。整个演出的时间大约需三个小时三十分钟。这在当时，演出时间是不算长的。

剧本定了之后，接着就是"分派角色"，按照梅剧团的人员派活、发单词，文的研究"唱腔台词"，武的研究"开打"，"箱、场"研究音乐、穿戴，各尽其职。《霸王别姬》剧中人物的出场顺序是这样的：

王凤卿饰韩　信
张春彦饰李左车
姜妙香饰虞子期
许德义饰樊　哙
杨小楼饰项　羽
梅兰芳饰虞　姬
萧长华、慈瑞泉、李庆山等饰老军。

大家都是老演员，用不着怎么排怎么练，一般的口头说说就行了。说演就演，地点是北京的中和戏院，当时也用不着其他宣传，登报就演出，头三天的票是一抢而空，梅先生设计的服装，如鱼鳞甲、如意冠，一时都来不及做好（第一场演出时，梅先生穿黄披带如意冠，后来才改穿鱼鳞甲，斗篷，挂剑）。

《霸王别姬》演出消息宣传出去之后，轰动了九城。看当时的情形，只演三场根本不能解决问题，非延长不可。梅先生日夜不停地研究唱腔以及舞剑的剑套子。杨小楼先生也不例外。

杨小楼先生在《霸王别姬》开演的前两天提议，他认为剧本前紧后松。虞姬自刎后还有四场戏是汉兵围营，小开打，杀子弟兵，霸王与汉将开打，败下，摘盔头换甩发，再到乌江自刎。最后改为：虞姬自刎后，霸王：哎呀……就闭幕，擂鼓，换场，再上场摘盔头，换甩发不拿大枪，持马鞭，挂宝剑，接演《乌江恨》。

《乌江恨》剧情是这样的：项羽到了乌江，有一条小渔船，船夫认得是项羽。他原来是想渡江，但是船小人马难渡，是否人马分两次渡江，此时的项羽心情不定。此次战败，也无面目回去见江东父老，还是在此处了结终身吧！船夫一番好意我领情了，我也没有什么答谢的，此马跟随我已有五年，攻无不取，战无不胜，我实不忍心杀之，就将此马赠送你吧！谁知那马竟流下泪来，长嘶一声跳江而去，马仍回过头来看看项羽，被江水淹没了。传说此江过去曾叫"箭江"，因为项羽的乌骓马跳江而去改叫乌江。

照史载，有个将官叫"吕马童"先是项羽的部下，后来降了刘邦。此时与项羽会面想劝项羽归降汉王，项羽说"过去你是我的部下，现在你降了刘邦。是想保全我的性命，这也是一番好意，我领情了。那刘邦有榜文言道"拿我的人头可领千金重赏"。我俩还有些旧情，你就拿我的人头可领赏去吧！说罢自刎。（这是原文）戏上也是这样处理的。可是时间拖长了些，就把这段消去了，"吕马童"也不上了。

舞台上最后部分是这样处理的：马跳乌江一声长叫，项羽下了决心自刎，罢罢罢，自刎，汉将上，尾声。演出的效果好极了。

该剧演出特色，文的、武的、唱、念、做、打，几场开打杨小楼的身段也有设计，真的演出了西楚霸王"万马军中犹入无人之境"勇冠三军的英豪本色。

《霸王别姬》还有杨先生的两个"哇呀呀"。一个是李左军诈降时说："刘邦各处刷下榜文，要以千两黄金购买项羽的人头"。霸王气极了一声"哇呀呀"。另一处是舞剑前，【南梆子】唱完，听到张良的箫声，唱的楚歌，配唱者是在上场门唱三次！千里从军实可悲，日日征杀为着谁？家中撇得双亲在，朝朝暮暮盼儿归。倘若战死疆场上，父母妻儿依靠谁？

当霸王听到这首歌时就来个"哇呀呀"，前后这两个"哇呀呀"，真是太绝了。此后所有霸王的这两个"哇呀呀"，谁也比不过他（第二个"哇呀呀"有录音的唱片作证）。

《霸王别姬》是梅兰芳在舞台上第一次舞剑。其他有"舞绸、舞袖、舞雉翎、舞拂尘",当时他还没有"舞剑"。

杨小楼先生对此戏的演出非常重视,特请钱金福老先生为他勾脸。在这出戏里,被困垓下后,脸谱还有些变样。这事我本人也是听了前辈老先生这样讲才懂的。《霸王别姬》在"大开打"后,就是把"眼窝"下边用黑油笔再加重点,目的是体现西楚霸王困在"穷途末路"之时的悲壮。

《霸王别姬》中,霸王被困垓下之后,还有一场戏,即:刘邦、韩信、张良三人"定计",说霸王被困九里山,霸王手下八千子弟兵一时无法消灭,问张良有何妙计。张良说:"这有何难,我幼时受过异人传授,一支短箫能吹各种音调,我去到九里山选一高山有回音之处,吹奏几曲悲调再叫几个士兵和唱几段楚歌管叫那八千子弟慢慢散去",汉王说:"真乃妙计"。韩信道:"就请照计行事。",接下去,第一句我不记得了,第二句:悲歌一曲散楚兵。下来,上虞姬,上项羽,唱"今日里败阵归"这几句。

这出戏的上演,虽说是空前绝后,也稍有美中不足。就是当"虞姬自刎"后,观众认为戏完了,就起堂、"开闸(散场)"。下面还有一场"霸王自刎"戏,观众就不看了。

观众一站起要走,剧场就乱了,这弄得杨小楼先生非常难堪,第二天演出仍然如此。第三天由杨先生提出演到"虞姬自刎"为止。从此以后谁演《霸王别姬》都是"虞姬自刎"为止。这种"观众提前离席"的场面杨先生觉得非常难堪,也真是一生中从未遇见过的事情会碰上了。总的说:杨先生演的霸王,我个人看法是空前绝后的,以后的几个霸王谁也演不过杨先生。

《霸王别姬》首演三天演下来,观众好评如潮,纷纷要求加演,当时又加演了三场。接着本来身体不是很好的杨小楼先生,累得病倒了。这下,"霸王"一时无人可以替代,因为谁都顶不上去。

杨小楼先生休息了很长一段时间之后,又演过了一次《霸王别姬》,不过这回是为了给俞振庭唱一场"搭桌戏"("搭桌戏",就是为有困难的同行义演，除去开支，演员都不拿钱），演出余下的钱，都给俞振庭救他重病中的燃眉之急。

这次"搭桌戏"的演出地是在珠市口西的第一舞台，这个戏院有三千座位，票价是一、三、五元，包厢二十元。据说演下来除去开销，俞振庭净得六千多元。

为什么杨小楼先生要给俞振庭演搭桌戏呢？因为杨先生是俞菊笙的弟子，跟俞振庭是师兄弟。为此要帮助俞振庭解决困难。演出时，病中的俞振庭让人搀扶着到后台，向诸位演员致谢！从此之后，因为观众从此再难得看到全部的《霸王别姬》了。有几场大义务戏中的《霸王别姬》，演的都不再是全剧。后来梅先生去上海演出，与金少山合作演过几场全剧。

"文化大革命"后，旧戏重上舞台，不过是否有演员演过全剧，我不太清楚了，各个剧团的青年一代演员，也有不少人演《霸王别姬》，据我所知都是从"今日里败阵归……"开始的，三十多年来，应该从没人演过全剧吧。

我说一出《霸王别姬》唱红了八九十年，是说这出戏还是有人看，但是，无论是质量、还是艺术都是打了折扣的，恕我直言：今天的《霸王别姬》今不如昔吧。

## 看杨小楼先生最后一次演《挑华车》

在20个世纪30年代，杨小楼先生年纪也就五十多岁，可是他的身体已现衰老，患有气喘病，可能与抽大烟有关系。他演的剧目又是以武戏为主，或是半文半武。

记得时间是1935年冬，我特地赶去看他的戏，这天天气很冷，

梨园见闻

演出地点在北京东安市场的吉祥戏院，当天戏码是朱琴心的《悦来店》，郝寿臣的《牛皋下书》，杨小楼的《挑华车》。

因为天非常冷，当天戏院里没有客满，但也有六七百人。郝寿臣《牛皋下书》上场了，杨小楼先生才来。我赶过去看，当时杨小楼是乘私人的人力车来的，有棉布棚子，这人力车停在东安市场后边一家店铺的后门处，那里离东安市场很近。

杨小楼先生穿皮大衣、皮帽子、围巾把头包得严严实实。有人搀扶着进了后台，就在管事桌前扮戏，坐了几分钟喘喘气，"跟包的"

杨小楼主演《甘宁百骑劫魏营》

把炭盆搬来，他就把大衣，长袍、棉裤、棉袄、棉鞋一件一件脱了，换上彩裤、靴子，穿上水衣子、胖袄、箭衣、又坐了一会抽了支烟。到这时，台上差不多了，杨小楼先生才把软靠穿上，面对着镜子，面前有两条热毛巾，杨小楼拿一条捂在脸上，约有半分钟后拿下，抹了一点类似"凡士林"之类的油，杨小楼用的红颜色不是胭脂，就是画画用的"朱膘"，比"杏黄"红些，眉毛眼睛都是手指轻轻勾画的，眉毛的中心勾有两细纹，画妆完毕再用另一块热毛巾捂了一捂，带网子、包头、挂"牵巾"。站起扎大靠、戴盔头，一支烟抽了两口，正好场上管旗包箱的师傅吹"挑子"。一种约二尺多长类似小喇叭的铜质响器，一般在大将出场前吹奏，以渲染气氛；另外在战斗中吹奏模拟战马嘶鸣。

在这时杨小楼先生回过头来，面对祖师爷佛龛双手抱拳，稍闭双目，意思就是说我要上场了，祖师爷保佑我平安！此时正是【四击头】出场，一个亮相满场掌声。说实在话，不用说看他的表演，就是看看他化妆，在几分钟时间不慌不忙地完成了整个化妆过程，就够受益。接着，杨小楼一个"起霸"平平而过，一句【点绛唇】"煞气冲霄"，他的嗓音盖过伴奏的唢呐，满场彩声！

我简单地说吧，我看杨小楼的这出戏，最大的特点是全剧唢呐曲牌的唱词一字不漏清清楚楚地唱出来，这一点其他演员是没有的！都做不到！那载歌载舞，手、眼、身、法、步绝对是空前绝后，无与伦比！我听杨小楼在山上（高台上）的一个唱段"只见那满山蝼蚁似海潮。……"和下一场的"气得俺……"，连唱带舞一招一式的，哪里像一个五十多岁又有病的人，当时我都看傻了。

下来一场"开打"。首先是岳飞败下，金兀术"三笑"中，高宠把金兀术的耳环挑下来，金兀术惊慌。一般的演员都是把耳环摘下后扔向"上场门"。可是杨小楼的演法不是这样。他是把耳环揣在怀里，表现这支耳环是很重要的一个"战利品"。接着与黑风利的开打，接着"下场花"，真是太精彩了！

当杨小楼走到下场门时就慢下来了，由两个"跟包的"搀扶下场，

坐下来休息。可是杨先生此时就喘不过气来了，见他张着嘴，跟包的赶紧拿过小茶壶叫他喝口水，杨摇摇头，用手指指台上，跟包的马上会意，就叫台上"马后！马后！"。于是的台上的节奏立刻就慢下来了，如黑风利车旗过场上山，金兀术上，两望门，还擂了三通鼓，一番下来已有五六分钟了，此时杨小楼才喘过这口气来，又上了场。

这时杨小楼尽量提精神，还是一招一式地表演，"挑车"这场戏演下来了，当然谈不上精彩了，最后的"僵尸"站了半天躺不下来，还是"捡场的"接了他一把，杨小楼才算"倒下"，接着大幕拉上。

在当时还不兴谢幕，可是大部分观众，站着不走，大幕拉开了，跟包的把杨先生扶起来搀下场去，有好多观众从台下跳到台上是向后台看望杨小楼先生，杨先生也不说话向大家拱拱手表示谢意，坐在椅子上也不卸妆，坐了十多分钟，慢慢地脱了戏装也没洗脸，穿上大衣由人搀扶上了包车回家休息去了……。

我这次看杨小楼演出是他最后一次演《挑华车》，其实杨小楼先生的年龄并不算老，可是他身体差了。按说他有多年积蓄就是戏不唱了在生活上也不会有什么问题。可是他带着一副班子（也就是一个剧团）。有管事的、傍角的、打下把的、文武场、跟包的、伙计、拉车的、门房、用人，最少也有六七十号人，这些人就是六七十户人家，都是指着他吃饭，如果他不演了，这六七十户家庭生活就成问题了，为此他每个星期最少也要唱两场。

一个唱武生的，一场开打戏演下来就喘不过气那可怎么办呢？杨小楼就想演"不开打"的武戏，或是"开打"不多的戏。如类似《连环套》《骆马湖》等，表面是武戏可又没有武打，或打的不多，取其名叫"武戏文唱"。可是观众不管这一套，一般来看戏的观众想看"文戏"的就是来听听唱功、念白、做功等等。想看"武戏"的，戏里没有开打的场面是不会满意的，所以这个"武戏文唱"的演法是不理想的。

## 金少山临场装病

想起了在南京的一段往事,使我触目惊心。那是 1942 年,我第三次到南京在明星大戏院演出,老板叫赵万和,是亲日派的流氓头子,演出情况不错,让我赚了一笔钱。当时南京有个大汉奸名叫褚民谊,他爱好京剧,喜欢唱花脸,一定要和大名鼎鼎的金少山结拜

金少山

兄弟。金少山心里不愿意，可是怎能拗得过他呢？结果两个人果真拜了把兄弟。后来褚民谊在新街口盖了一座大会堂,有两千多个座位,盖好以后,他把金少山请到南京,说："金兄弟,这座大会堂是为你盖的,就送给你吧！"金少山心想,不对,说道："我一生就会唱戏,这么大的会堂送我,我没用,我也管不了。我不要。"

两位把兄弟,争论了半天,金少山坚决不要,褚民谊最后道："那就这样吧,你就在新盖的大会堂唱一期戏吧！"

金少山无可奈何地答应了。但没有配角怎么办？当时南京到北京的铁路正闹铁道游击队,路上不安宁,只能就地解决。

于是就有人找到了赵万和,赵说："请宋宝罗陪金三爷唱一期再合适不过了。金老板的戏,宋老板都能唱,《断太后》宋能唱老旦,《连环套》宋能扮黄天霸,《断密涧》宋能饰王伯当,这些戏都是他的拿手戏,其他如《法门寺》等对宋来说更是小菜一碟了。"

他们找到了我。我本不愿意和金少山合作,因为跟他合作是陪他唱戏,虽然名义上挂双头牌,实际上是为金少山挎刀。况且我在明星大戏院演出,业务也不错。可是这件事不答应不好办,因为褚民谊势力太大,谁惹得起这个大汉奸？我只好答应。

第一天唱《断太后》《打龙袍》,观众不太多,这是怎么回事呢？因为南京伪政府官员都来看戏了,为了做好安全工作,新街口一带全部戒严。大会堂门口由军、警、宪把持,见这形势老百姓买了票也不敢进去。所以剧场里的观众最多是半堂人。戏开演了,第一出是武戏,第二出是旦角戏,大轴戏是金少山和我的《断太后》《打龙袍》。金少山演戏有个坏习惯,他往往要迟到。我扮演的李后快要上场了,可是金少山扮演的包公尚未到。后台的管事急死了,急忙派人到中央饭店金少山的住处去催,金少山说马上就到。当时唱戏没有中间休息十分钟的规矩,前台绝不能冷场,管事的觉得不能再等,只好请我扮演的李后上场再说,并关照我说："宋老板慢点唱,金老板还未来呢！"我上场以后,一段【慢板】唱完了,可是尚不见包公上场,当时检场的拿着小壶让我喝水,我说不渴,检场的小声说："金老板还没有来呢，请你马后一点。"我当时只好改念白，将《狸猫换太子》的故事情节从头到尾的念了一遍，接着唱了一段【原板】，【原板】唱完了再念白，足足拖了二十多分钟。正当我焦急万分时，只听后面有人说："来了，来了！"我放心了，接唱四句【摇板】慢慢下场了，心想："再不来，我也没办法了。"

金少山一到后台，立即化妆，不到两分钟就化好妆了，真是出奇的快。台下观众也等得不耐烦了，他上场以后第一句台词是"怪道哇怪道"。这一句台词，声震屋瓦，全场掌声雷动。可是这一句后，他没有好好唱，直到《打龙袍》快完时，他又唱了两句，弄得全场观众哭笑不得。观众心想："金少山今天怎么啦！"当晚戏唱完了，金少山在中央大饭店摆了五六桌酒请客，还叫来了几位妓女陪酒，一直闹到天亮，他蒙头睡觉了。

第二天演全本《法门寺》，从"拾玉镯"起到"大审"止，他连前带后，只有八句【散板】，可是仍然没有好好唱。

第三天，当地的日本鬼子的头头要看金少山的演出，地点放在梅熹大戏院，这是个朝鲜电影院。戏码是全本《连环套》。这天晚上，除了少数伪政府头目外，全是日本军官。这是一场十分重要的演出，褚民谊陪着金少山进后台，这天金少山很早就把脸勾好了。管事的感到十分奇怪，这是从来没有过的事情，以往他都是迟迟到场的。大家都为此事十分放心。因为台下的观众大都是日本人，可不能拆烂污啊！他上场了，【点绛唇】"威镇山冈"，声若雷鸣，满场彩声；坐下以后，又是四句定场诗，又是彩声四起。以下是念白。他念道："姓窦名尔墩，人称铁罗汉——"突然，他躺倒在桌子下面去了，原来他的羊痫风发作了。这一下剧场大乱，这不是太扫兴了吗？后场人员七手八脚将金少山抬到后台，日本医师也很快赶到了。又是打针，又是吃药，忙乱了好一阵，金少山终于苏醒过来了。他晚上勾的脸全变成花糊脸了，他说话也支支吾吾说不清楚了，戏根本没法再唱下去了。人们立即将金少山送回中央饭店，让他好好休息。休息了三天，等他完全恢复了，又要他再唱戏，唱的仍然是《连环套》。他

早早到了剧场，逢人就说："真对不起，我的羊痫风毛病，多年没犯了，没想到，那晚上又犯了，真太抱歉，对不住大家了。"大家听了他的话，语出真诚，也都对他十分相信。

他又上场了。全场掌声雷动，喝彩声、叫好声不断。可是当他唱到"将酒宴摆至在分金厅上"，还未唱完，他又忽然倒下了，躺在地上，口中发出喃喃之声，很显然，他的羊痫风又犯了。大家只好又把他送回饭店休息。他因病，大会堂不好再去演了，只好回上海。我跟着倒霉，演出半个多月，一分钱也没赚到，都怪金少山临时发病了。后来才知道金少山的两次羊痫风都是装出来的。因为他不愿为日本人、大汉奸唱戏，只好没病装病。金少山是一位具有爱国主义思想的演员，他的这次智勇的行动在梨园界传为佳话。

## 话说李多奎

李多奎，原来的名字叫李万选，字子清，河北省河间人，1898年出生，1974年病故，享年七十六岁。他是农民家庭出身，父亲叫李宝珍，排行第五，因为身材较矮外号"矬子李五"。自幼学梆子、司鼓。李多奎从小随父亲来到北京，八岁进庆寿和戏班学艺，原名宝魁，同学中有贾多才、王多寿，从此叫李多奎。

小时候李多奎由于嗓子好，学梆子老生，九岁登台很受欢迎。在十四岁时因倒仓（就是青年换声音）不能演出了，改学胡琴，直到二十五岁前后仍然是操琴为业。他有个大哥叫李万和，唱梆子老生，在河北梆子里算是个名演员，他的艺名叫"葫芦红"。李多奎在倒嗓时期家庭生活全靠父兄维持。

李多奎改学胡琴后，没有放弃吊嗓子，练唱。在十多年漫长岁月里，李多奎不忘练嗓，研究唱腔。他每天清晨天不亮就跟着大哥李万和带着胡琴去天桥南水心亭四面钟，喊嗓子、吊嗓子、大声念白话，风雨无阻。水心亭四面钟这是个空旷的地方，远处是南城根，根本没人家，是艺人喊嗓子吊嗓子练功的好地方（靠近城墙外有很大的一片黄沙土地，是练功翻跟头的好地方，也是个练习摔跤的好地方）。天桥有几个有名的摔跤的人，就带着徒弟在这练。有个京剧的跟头大王——小回回（满福山）就是在这练出来的。

　　李多奎是个爱好京剧艺术的人，在旧社会他算是个幸运的青年，因为他的家庭生活和本人的吃穿零用，都是爸爸和哥哥管理，用不着李多奎操心。李多奎每天早上去喊嗓子，回来吃点东西就吊嗓子，

李多奎主演《岳母刺字》

整个一上午从没有什么休息放假，下午去学戏、晚上去看戏。

起初吊嗓子仍是吊老生唱段。如《失空斩》《辕门斩子》等戏，调门总是正宫调，李多奎每天唱《斩子》中"将父擒马下，这笑哇"这里是个"嘎调"，一般的演员在倒仓后期最怕的是唱嘎调。李多奎也不例外，每次唱到这总是干张嘴唱不出音来，有时候就唱哑了。经过几年的刻苦锻炼逐渐恢复了，可是李多奎的音色发生变化，就是说唱老生的段子不是老生的味道。

有个很有名的琴师他叫陆彦庭，是小生名家、陆华云的弟弟。陆彦庭是龚云甫的琴师。有一次李多奎的哥哥李万和向陆彦庭请教，陆一口答应。说我给他吊吊嗓子，听听再说。

一天陆老师到李家串门，正赶上李多奎在吊嗓子，大哥李万和招待了陆老师。说请陆老师给指点指点。于是陆彦庭就给多奎拉胡琴吊了几段【西皮】的，【二黄】的，陆老师很是欣赏。说弟弟是一条很好很好的老旦嗓子，别唱老生了，改老旦吧，凭我的经验如果他肯改老旦必有很大的前途。

陆彦庭先生认定李多奎学老旦必有前途，不过李多奎听了陆先生的话之后，开始时内心还是很忐忑的。唱老旦是有前途吗？因为唱老旦再好也只是一个配角，就是当今的龚云甫也不能挑大梁啊……

这种想法李多奎在陆老师面前不便表述，不过他大哥李万和倒是认为陆老师是老前辈，有的是经验，老先生能这样说，那肯定错不了！既然陆老师认为李多奎是条唱老旦的好嗓子，那就试试吧，成名不成名不是想当然的事。

其实在接触到李多奎之后，陆彦庭老师其实内心是非常喜悦的，因为他傍龚老板十多年了，很清楚龚老板是个六十岁的人了，一直很想找接班人，只是收了几个徒弟，不是没有嗓子的，就是台风不太像，像孙甫亭、文亮臣等人形象都很好，可惜嗓子不行；有个卧云居士（赵静尘），他倒是有条好嗓子，可就是不担活，两三句唱下来嗓子就哑了，另外还抽大烟。所以陆彦庭对李万和表示，你看是不是这样，叫李多奎学几段老旦的唱段，比如《望儿楼》《滑油山》等，约个时间到龚老板家里看看，有机会吊吊嗓子叫龚老板听听，他如果不满意那就算了，他如果满意能不能就拜他为师？那是你们的缘分。学的成学不成看你的努力，将来能不能成名看你的运

> 从京剧中老旦这个行当说起，
> 说"着本老泣龚李多奎。
> 最早老旦这个角色没有专人扮演，很多戏里的老旦是由二路老生或由丑行扮演，以老旦为主的戏很少几乎没有。在道光末年有个叫谭志道的湖北人，传说他幼年加入金奎社科班学楚调出科后倒嗓，当过捕快，嗓音恢复后变成了一条好嗓子，又高又亮经常各处唱。也就因为他嗓子好，有人说他的嗓子像叫天虫（叫天是一种伏天的鸣虫它叫起来几里地外都听的见，所以他的外号叫谭叫天（他的儿子就是谭鑫培后来叫他小叫天）
> 有些资料说谭志道是唱二路老生的，常是帮配角。有时候也扮演老旦，如捉放曹的曹太君，大登殿的王夫人等。如果是《琵琶记》（赵五娘）的戏、青风亭的老旦，就叫丑行扮演了。
> 同时有个叫郝兰田的就是十三绝画像中左边第一有个扮老旦的。拿着两串这出戏叫行路因为他扮像十个老太，为此名列十三绝画像中。他是专门扮演老旦的因为他有条好嗓子，把老生的发声唱腔掺进了青衣韵味，创出独特的老旦唱法

气。李多奎一家听完了陆彦庭这个想法之后，自然非常满意，并且千恩万谢。

李多奎一切都由爸爸、哥哥做主。他刻苦学习了几段老旦的唱段，天天练习。另外也在考虑如何送礼？很为难，送点好的吧，没钱！送差点又怕人家看不起。最后还是问陆老师龚先生平常喜欢什么？陆老师告诉李多奎，龚先生爱抽旱烟，每天就是大烟袋不离手。这一下李多奎就有主意了，住不远的邻居朋友是个来往东北跑车的，就托人家从吉林带点烟叶来。几天后带来了，挑了一个好日子登门拜访龚云甫。龚听了多奎几段老旦表示很满意，旁边的陆彦庭连说带捧的说，龚老板你看着好就收下吧！叫多奎好好跟您学，将来是您的接班人。

龚先生表态，嗓子音色不错，吐字也还可以，个头稍矮点、长像富态点、如果扮起贫穷的老旦就不像了。比如《钓金龟》《断后》等，最后龚先生还是同意收下了。李多奎一家子高兴得不得了。大哥李万和说，既然龚老师同意收下了我弟弟，我们非常高兴和感谢，希望能就挑个好日子摆几桌酒，行拜师礼。这个想法当时被龚老师否定了，龚老师的意思摆几桌就免了，现在是什么时候？兵荒马乱、军阀混战时期，演出也不景气，生活吃饭都顾不上，就不用摆什么酒席了！这天日子也不错，当着你的长辈，还有陆老师都在，让多奎给我倒杯茶，点点旱烟、鞠个躬、行个礼就算数了。

有龚老师这么一说，李多奎和他的家人都挺感动，就这样简单地完成了拜师仪式。这个事情也算是皆大欢喜！

李多奎从小受到父兄"忠厚传家"的影响，一生都是以"仁义礼智信"对待同仁，成名以后李多奎也没有一点点名演员架子，总是寡言少语的，演出的戏码不分前后、名字不论大小、不管陪谁演出都是一样一丝不苟。演出费从不争多论少。有几次陪言菊朋演出，因为言菊朋嗓音太小，上座率总是不好，经常总是六七排座位百十人，他总是戏唱完了脸也不洗，扭头就走，连车钱都不拿，在北京戏班中上上下下没有不称赞的。过去梨园行称姜妙香姜圣人，除了姜妙香就是李多奎了,他是第二个圣人。

李多奎在中年时的演出剧目较为随便,比如在二三十年代时,他陪言菊朋演《法场换子》中的老夫人、《状元谱》中的老夫人,甚至陪吴素秋演《红娘》中的老夫人……

不过到了20世纪50年代,李多奎与马连良先生合作的时候就不一样了。也许是地位和名望起了变化的原因吧,李多奎在演出方面就很讲究了,有些剧目也要挑拣一下了。

李多奎对管事的说:"老旦不能我一个人全包下来呀。"就是说,他对剧目很有些挑选了,"请剧团再找一个二路老旦。"什么由二路老旦来演呢?比如说马先生演《法门寺》的太后老佛爷,《十老安刘》中盗宗卷的张苍夫人等。这一些角色都由二路老旦去演,如演全部《八大锤》或《清风亭》中的老旦就让马富禄去演。说白了这也是保持他声誉的一个办法。

50年代末,北京京剧团排全部《秦香莲》,要全部都上,就是说所有好角全部都参加。叫李多奎扮演太后。起初李多奎没应下来,彩排后他都没演,后来这出戏要拍电影,任务很重,李多奎才答应上演,这也是在银幕上最后的一次机会。

1974年,李多奎去世了。人去了,可李多奎的声音从学他的专业人员,直到各个京剧票房,无处不在,爱好京剧的人还能听到这个老旦腔,就是他的李派唱腔,渊远流长!

## 《群英会》里面黄盖的一段唱词

我没事时就在脑子里复习一些早年间的老戏,今天突然把《群英会》里的词想了起来。

大概是同治年间演的《鼎峙春秋》里的片段，其中就有《群英会》那场，程长庚的鲁肃，张二奎的诸葛亮，徐小香的周瑜，金秀山的黄盖。《打黄盖》后面的那场，黄盖的唱词和现在不同，我记忆中是这样，出场唱：

【西皮散板】
这一顿无情棍吾险些丧命——
【流水】
只打得我黄盖鲜血淋淋。
想当年随文台东征西奔，
杀退了严白虎才得安宁。
恨曹操想霸占江东各郡，
他贪心不足想把东吴吞。
我东吴文官要降，武将要战，主公他心不定，
幸有个周都督挂帅出征。
定巧计杀却了蔡瑁张允，竟有那蔡中蔡和前来诈降，
被某识破其中情。
俺黄盖与都督把苦肉计定，
大丈夫遇知音生何欢，死何惧，
纵然是粉身碎骨也难报东吴的三世厚恩。
先生搀我把内帐进，
浑身疼痛我坐卧不宁。

**其他花脸后来改的两句，唱词是这样的：**

周都督传将令犹如山倒，
四十棍打得我不肯轻饶。

# 剧本择录

## 京 剧
## 《六部大审》
### 又名《审刺客》（宋宝罗演出本）

此剧是百年前生行十大本戏之一《九莲灯》中选出的一个折子戏，由汪桂芬主演的代表作，后来由雷喜福先生演出，戏中唱、念、做都极为繁重，马连良先生跟雷喜福先生亦学过此剧，因为马先生的私房戏甚多，学后没演，近七十年在舞台上很少见。新中国成立后，在原来的剧情中删去了迷信的部分，比如上火判、土地爷、观音等，又添头加尾成为一个完整的折子戏，多年来在我演出的剧目中，是一个保留节目，每次演出，效果良好，现在年纪老了，想把它记录下来，传给青年演员，这个戏在唱、念、做上都很重要，青年演员即便不演，拿它做个基训、练功，也是个好教材。

### 剧中人物及装扮

贺道安　净行　白脸　红龙蟒　相貂帽　黪满

解　儿　净行　黑脸　青道袍　青罗帽　青薄底靴　二场穿青箭衣　大带　软青罗帽　拿朴刀　第三场时换罪衣

晋文帝　生行　黄帔　九龙冠　黑三

夏　玉　丑行　太监帽　花褶子　绦子　持拂尘

闵　觉　生行　第一场戴员外巾　绸条　古铜道袍　打腰包　福子履鞋　第二场时穿黑蟒或蓝蟒

四朝官　二生一净一小生　白蟒　红蟒　绿蟒　古铜蟒

家　院　二人　青罗帽　青道袍　大带

四校尉　箭衣　马褂　大尾巴巾　额子　挂腰刀

丑禁卒　二人　皂隶帽　青箭衣　卒背心

### 第一场

【曲牌中：四校尉上，"斜胡同"贺道安下轿进门，解儿从下场门上接，随贺进门。

贺道安　咳。（长叹一声）。

解　儿　相爷，今日下朝为何闷闷不乐，莫非有什么心事不成?

贺道安　嗯?你是甚等样人，竟敢问起老夫的心事来了?

解　儿　自从小人打死人命，被官府收押在监，若不是相爷搭救，哪有小人的命在?今后相爷若有用小人之处，只管吩咐，就是赴汤蹈火，小人万死不辞。

贺道安　嗯，难得你对我一片忠心，眼前倒有一件大事，但不知你可干办得来?

解　儿　相爷只管吩咐，小的一切照办。

贺道安　只因我女陪王伴驾，每每遇到那史后娘娘的责骂，竟说我女以色相迷恋君王，看来，有史后掌管中宫，我那女儿永无出头之日了。

解　儿　这有何难，相爷设法将我带进后宫，看见那婆娘史后，我将她暴打一顿，与贺娘娘出出恶气也就是了。

贺道安　我倒有个一计二用之策。

解　儿　何为一计二用之策?

贺道安　待我设法将你带进后宫，你身带利刃，藏在粉宫楼下，次早，万岁上朝，你即刺王杀驾。

解　儿　啊，相爷，你与史后有仇，为何叫我刺王杀驾呢?

贺道安　你若杀驾成功，这万里江山少不得就归我执掌，你就是开国的元勋了。

解　儿　想那万岁临朝，必有御林军、校尉等前呼后拥，恐怕杀驾不成就被拿获了，小人不是劳而无功么?

贺道安　这就是一计二用之策，你被拿获后，在审问时你就咬定是史后主使你刺王杀驾，万岁必定废掉皇后，我那女儿岂不是去了个心头之患么。

解　儿　小的犯有刺王杀驾之罪，难免凌迟处死呀!

贺道安　你且放心，这牢狱之灾是免不掉的，我救你出狱也就是了。

解　儿　这牢狱之灾算得了什么，我解儿遵命就是。

贺道安　呵呵，你不能叫这解儿了，必须改改姓名，在审讯之时，你就说史娘娘是你的姑母，你是她的侄儿，你也姓史，名字么，就叫史龙可好？

解　儿　哦，我重姓史，名字叫史龙，好好好，就依相爷。

贺道安　好，下面备酒，再从长计议，你就来呀！

解　儿　小人遵命！

【二人下。

### 第二场

【夏玉从下场门上，东张西望。

【贺道安拉着解儿上，见到夏玉耳语，把解儿交与夏玉。

【贺道安从上场门下。

【夏玉领着解儿下场门下。

### 第三场

【三声钟响。

晋文帝　（内白）摆驾！

【在【长锤】中晋文帝上。众校尉站斜门。

晋文帝　（唱【散板】）

金钟三响王登殿，

满朝文武把王参，

转过了粉宫楼下车辇——

【解儿上，刺杀晋文帝。

解　儿　看刀。

【众校尉擒住解儿。

校　尉　刺客拿到！

晋文帝　转至金殿！

【扫头】

【四朝官、贺道安、夏玉两边上。

众　人　万岁受惊了！
晋文帝　将刺客带了上来，待孤亲自审问。
　　　　【校尉押解儿上。
晋文帝　嘟！大胆刺客，你奉何人主使刺王杀驾，还不从实招来！
解　儿　万岁容禀，小人名唤史龙，是后宫史娘娘的侄儿，奉了姑母之命，刺王杀驾。
晋文帝　怪不得史后叫孤登殿理事，原来她有谋篡之心。夏玉过来，去到后宫捉拿史后，待孤问罪。
贺道安　臣启万岁，不如暂将史后押往冷宫，将刺客口供审清问明，一并发落。
晋文帝　就依卿家，不知刺客一案命何人审问？
四朝官　理当命刑部审问。
贺道安　臣启万岁，那刑部闵觉染病在床，不便升堂审问，待老臣主审，夏公公陪审，命众位旁听，就在朝房设立公案，将刺客一案审清问明，回复万岁。
晋文帝　好，就依国丈，必须审清问明，金殿交旨，退班！
四朝官　请驾回宫。
晋文帝　退班（下）
　　　　【众两边下。贺、夏冷笑（下）

## 第四场

【二院子扶闵觉上。

闵　觉　（唱【西皮原板】）
　　　　自那日朝罢归身体不爽，
　　　　不料想得重病睡卧在床。
　　　　数月来我未曾朝贺圣上，
　　　　粉宫楼出刺客扰乱宫墙。
　　　　（白）

正好朦胧睡，心怀社稷忧。

下官闵觉，晋王驾前为臣，身受刑部尚书之职，是我身得重病，数月未朝天子。今早另人报道，在粉宫楼下出了刺客，刺王杀驾未成，被御前侍尉拿获了。想这皇宫内院戒备森严，何来刺客？此案必有内奸，也不知万岁差派哪部大臣审问此案。闻得就在朝房审讯，是我放心不下，不免去至朝房看个究竟，来，带了我的冠袍带履，搀我朝房走走。

（唱【散板】）

叫人来搀扶我朝房进，

也不知审刺客是哪部大臣。　（下）

【幕拉开，正中两张堂桌拼起来，后面四把椅子，左边一张桌子，桌上摆放文房四宝，签筒，惊堂木，上场门预备两把椅子。

贺道安　（内白）搭轿朝房。

【四校尉"一条边"上，贺下轿，校尉下。

【内喊 夏公公到。

贺道安　有请。

【夏玉上。

贺道安　啊，夏公公。

夏　玉　相爷，您倒早啊，哈哈哈哈。

贺道安　吓，夏公公，少时登堂审问，全仗公公做主。

夏　玉　哪儿的话，少时您就大胆审问，有什么事全由咱家哪。

【内白：列位大人到。

贺道安　有请。

【四朝官上。

四朝官：相爷，夏公公。（进门，归两边）

贺道安　众位大人，老夫奉旨审问刺客一案，怎奈老夫才疏学浅，从未审过案卷，你们哪部大臣主审了吧！

四朝官　相爷奉旨审问，我等旁听就是。

贺道安　少时审问若有不周不到之处，还请列位多多指教。

夏　玉　相爷说的哪里话来，您是一人之下，百官之上，奉旨审问刺客一案，您还客气什么，您就登堂问案吧。

贺道安　如此不公了。

（唱【散板】）

好一个夏公公颇有主见，

有他在此我心安。

对列位拱拱手忙登供案，

带上来小刺客我细问一番。

（白）来，带刺客。

【二禁卒押解儿上。

解　儿　与列位大人叩头。

禁　卒　刺客带到，当堂有刑。

贺道安　松刑。这一罪犯姓甚名谁，家住哪里，是受何人的主使刺王杀驾。从实招来，也好开脱你的死罪。

解　儿　众位大人容禀，小人名唤史龙，乃本地人氏，后宫史娘娘她是小人的姑母，我是她的内侄。是她赐我钢刀一把，藏在粉宫楼，等候圣驾临朝。不想刺杀未成，被侍卫拿获，这是小人亲口招供。

贺道安　可是实情？

【闵觉此时扶上，看。

贺道安　来，叫他画押，上了刑具把他押了下去。

【闵觉见刺客押下。解儿见到闵，下。

贺道安　众位大人，犯人招出实供，画押在此，请各部大人签名证实，老夫也好金殿交旨。

四朝官　这样重大案件，单凭一面之词就要定案，也太草率，我等不愿签名画押。

夏　玉　怎么？各部大人都不愿签名画押吗？分明是胆小怕事，好好好，待我来替你等画了吧。

闵　　觉　且——慢!(【叫头】)
　　　　　怪道啊,怪道!
夏　　玉　(惊)他来了,恐怕要麻烦啦!
闵　　觉　(【长锤】唱【原板】)
　　　　　来至在朝房内举目观看,
　　　　　审刺客何用他宰相专权。
　　　　　小夏玉在那里巧言舌辩,
　　　　　众大人坐上面哑口无言。
　　　　　怒冲冲我把他扯下供案——
　　　　　(白)下来!
　　　　　莫非说这内中你有什么牵连。
　　　　　(将贺道安扯下供案)
贺道安　嘟!大胆闵觉来到朝房,竟将我扯下供案,你竟敢轻慢当朝首相,该当何罪?
闵　　觉　怎么讲?
贺道安　轻慢当朝首相。
闵　　觉　(【叫头】)哈哈,哈哈,哈哈哈哈哈。
贺道安　你为何发笑啊?
闵　　觉　你问我因何发笑?你且听道:
　　　　　想你升为当朝首相,是一人之下,百官之上,真个是调和鼎鼐,位列三台,我晋国自从先帝创业以来,朝中设立六部的官职,此六部是吏部、礼部、兵部、户部、工部、刑部。这六部各有职责。
　　　　　吏部:是六部之首,专管升官、调任、免官、罢职,查办各省贪官污吏,有犯者可先斩后奏。
　　　　　礼部:掌管国史造册、邦交使命、宫廷礼仪、祭告天地。
　　　　　兵部:掌管千军万马、铠甲兵刃、保卫疆土、边关防范。
　　　　　户部:掌管田甲人丁、农商赋税、仓库钱粮。
　　　　　工部:修造城垣宫殿、道路桥梁、江河堤坝、寺庙陵园。

唯有这刑部，专管司法重任，生杀之大权，今日在深宫内院、粉官楼前竟出了刺客，此案是朝廷重案，此案理当我刑部审问，何劳大丞相你来亲自审问？你要审，你要问，却也不难，说是你来来来，随我去见万岁，见了万岁，你就启奏一本，你就说，我晋国之中用不着六部，只用五部也就够了，万岁他必然问道于你，我朝中哪部可裁？哪故可减？那时节你就再顶上一本，你就说刑部可裁，刑部可减，万岁他若是准了你的本章，裁了我这刑部，免了刑部，这个刺客你就审得，倘若万岁他不准你的本章，不裁我这刑部，不免去这刑部，这个刺客你就审不得，你也问不得，你可晓得，这里是朝房，不是你的相府，这里是个有王法的所在，不是你的相府任意所为，你看，那旁有个椅儿，你去坐在那里，耳闻目睹，听我审问，当讲者你可以讲上几句，不当讲的，你也不要胡言乱语，你去，去到那里端端正正地与我坐下！

夏　玉　我说这个闵大人，难道你就不念同朝的脸面了吗？

闵　觉　呀呀呸！（唱【原板】）

非是我不念在同朝脸面，

审刺客用不着他宰相专权。

对列公施一礼忙登供案——

夏　玉　我说这闵大人，要审你可要审清楚啊。

闵　觉　哼哼！

（接唱）

我审不清你只管去奏龙颜。

（白）来，对众大人去说，刑部审问此案，若有不周不到之处，众位可以当面提问，下官洗耳恭听。

四朝官　闵大人特谦了。

闵　觉　来，带刺客。

【二禁卒押解儿上，看见闵，惊。

【贺向解儿示意，意思：有我在，你大胆放心。
解儿跪。

禁　卒　犯人带到，当堂有刑。
闵　觉　松刑。
【二禁卒为解儿松刑
闵　觉　刺客。
解　儿　（不应）
贺道安　史龙！
闵怒拍惊堂木　贺一惊。
闵　觉　你怎么知道他叫史龙？
贺道安　（一时答不上来）这个……
夏　玉　那供状上不是写着他叫史龙么。
闵　觉　哦，供状上他叫史龙（看状介）他刺王杀驾，是朝廷重犯，叫不得史龙。
贺道安　不叫史龙叫他什么？
闵　觉　要叫刺客。
贺道安　他的名字叫史龙。
闵　觉　要叫刺客。（一拍惊堂木）
贺道安　哦哦哦。
夏　玉　就叫他刺客也就是了。
贺道安　刺客，你是何人主使，竟敢刺王杀驾，要从实招来，也好开脱你的死罪。
闵　觉　多话！
解　儿　众位大人容禀，小人名叫史龙，后宫史娘娘是我的姑母，我是她的侄儿。一日，将我唤进宫，在酒席宴前叙来叙去，我那姑母要做一朝女皇帝，赐我钢刀一把，令人将我带到粉宫楼下，次日早晨刺王杀驾，不想大事未成，竟被御前侍卫拿获，这是小人亲口实供。
闵　觉　（先是闭目静听，后来看看贺的举动）

闵　觉　哦，刺客，这就是你的实供？我来问你，把你带进宫去的人儿，又将你带到粉宫楼下，是一个人哪，还是两个人？你可知道他的姓名？

解　儿　小人不知。

闵　觉　这倒难怪，我来问你，他是个年老的还是个年轻的？他穿戴什么？是怎生打扮？是怎样的模样？

解　儿　嗯嗯嗯，他是个长胡须的。

闵　觉　哈哈哈哈哈，这皇宫内院的人儿都是穿宫的太监，哪里有个什么长胡须的？我劝你招了实供还则罢了，如若不然，我要用大刑了。

解　儿　我我我，没有什么可招的。

闵　觉　你好大胆，（唱【散板】）

　　　　骂一声小刺客你真真的大胆，

　　　　本部堂怎容你信口胡言。

　　　　叫人来先打他四十大板——

　　　　看他招全不招全。（扔签）

四朝官　（每人一句唱）

　　　　好一位闵大人真有果断，（掌刑喊：一十）

　　　　只问得小刺客哑口难言。（掌刑喊：二十）

　　　　贺太师在一旁颜色改变，（掌刑喊：三十）

　　　　小夏玉在一旁胆战心寒。（掌刑喊：四十）【乱锤】

解　儿　（唱）

　　　　四十板打得我皮开肉绽，

　　　　只打得两腿间鲜血不干。

　　　　自离娘胎也未受过此难，（白）闵觉呀闵觉——

　　　　纵然是打死我也难招全。

闵　觉　你大胆（唱）

　　　　人来看过铜夹棍，

　　　　看他招全不招全。

动刑。

解　儿　（大叫）哎呀！

贺道安　（唱）铜夹棍夹得他一声叫喊，

夏　玉　（唱）只吓得我夏玉胆战心寒。

贺道安　（唱）若是他难受刑把供词改变，

夏　玉　（唱）你我的性命也难保全。

【乱锤】

解　儿　（唱【小导板】）

铜夹棍夹得我魂飞魄散，

再不招只恐怕姓名难全。

（白）好厉害的铜夹棍啊，真是他娘的五刑之祖，是我上得堂来，先打我四十大板，这四十大板虽然打得皮开肉绽，我尚能忍受，唯有铜夹棍我实在是受刑不过，我招认了罢，我我我，我招认了吧！

贺、夏　你还是招了的好哇（暗地摆手）

解　儿　我招不得，招不得。那日我也曾说过，就是刀山火海，我也万死不辞，粉身碎骨也要报答恩情。难道说，这一夹棍我就忍受不住了，我还算得什么英雄，还算的什么好汉？嗯，我不能招，我我我，我不能招。（【叫头】）闵觉呀，闵觉，我招认的俱是实情，你叫我招得是什么？你竟敢用非刑逼供，你算不得是个清官，我死不招供，你岂奈我何？

闵　觉　（气恼，唱【导板】）

小刺客不招认气破肝胆，（吐血）

这件事倒叫我好不为难，

我只得下位去把好言相劝，（出座）

【一个院子搀扶闵觉，一个院子搬椅子。

闵　觉　（坐下，唱）

叫一声小刺客你细听我言。

（白）刺客。

　　　　　解儿不应。
闵　觉　刺客。
　　　　【解儿仍不应。
闵　觉　（大声）刺客！
解　儿　（大声）有哇。
闵　觉　（惊，院子扶，定了定神情）
　　　　刺客，我看你身材魁梧，相貌堂堂，品行刚烈，倒像个英雄模样，不知你受了何人的恩惠，为了报答恩德才定下来刺王杀驾之计，你刺驾不成，一口咬定是史娘娘主使，想那史后乃是一位贤德的娘娘，怎会做出此事？你说你的名字叫史龙，是史娘娘的侄儿，这真是无稽之谈，史娘娘是个独养女儿，她没有兄弟姐妹，此事满朝文武无人不知，她没有兄弟姊妹，怎会有你这样的侄儿？这就是天大的谎言，你若是说了真情实话，慢说那史娘娘感念你的恩德，就是满朝文武也要感谢你的大恩大德，你若执意不招，难免这千刀万剐之罪，你还说大丈夫视死如归，岂不知死还要死得值得，你这样白白送死，死后还落得骂名千载，遗臭万年。刺客，你若招了实供，我约请众大人做一本头，老夫做一本尾，非但保全你的性命，还要你大小做个官儿，是何等不喜呀，哪些儿不乐？刺客呀，欲学天下奇男子，需做人间大丈夫。
　　　　（【长锤】唱【原板】）
　　　　我看你倒像个豪杰摸样，（行弦）
解　儿　我算什么豪杰？算不得。
闵　觉　你不该做此事下贱不堪。（行弦）
解　儿　咳！我是悔之晚矣。
闵　觉　（接唱）
　　　　你若是招实供史娘娘她感恩不浅，
解　儿　我是甚等样人，怎受史娘娘感恩哪。

闵　觉　（接唱）

　　　　众大人愿保你在朝为官。

解　儿　怎么保我做官？我不能做官，我不识字呀。

闵　觉　不识字，这无关紧要，不做文官，去做个武将么。

解　儿　做武将，嗯？

闵　觉　（接唱）

　　　　再不然我二人同把帖换，

解　儿　什么？换帖、拜把子，小人不敢。

闵　觉　（接唱）

　　　　我是兄你是弟同列朝班。（胸痛）

　　　　（对禁卒）来，你去向前相劝相劝。　（归座）

禁　卒　是啦！我说这位朋友，你看我们闵大人，他真是爱民如子啊，他不顾病痛，下得位来，好言相劝，朋友，你若招了实供，闵大人约请众位大人作一本头，闵大人作一本尾，非但保你无事，还要保你在朝大小做个官，你何等不喜呀，是哪些不乐呢？可是你要是不招实供，这刺王杀驾可是个剐罪，这千刀万剐可是不好受啊，你是个不怕死的，可是死后还要留个骂名千载，遗臭万年，我说朋友，你要好好地想想呵！

解　儿　嗯嗯嗯，叫我思忖思忖，（【叫头】）好一位闵大人，好一位闵青天。他下得位来好言相劝，我招了吧，招了吧，我我我，（看见贺介）我我我招不得，我招不得，我若招了实供，必将恩公治罪，我岂不是恩将仇报吗！大丈夫一言既出岂有反悔之理，我不能招，不能招。（【叫头】）闵觉呀，闵觉，你做你的清官，俺做俺的义士，我招的供状句句实言，你还叫我招的是什么？你就用刑吧。

闵　觉　把他架起来，敲牙一个。（【乱锤】）

解　儿　不招！

闵　觉　再敲一个。

夏　玉　割掉他的舌头。

闵　觉　（急）且慢！把他押下去。众位大人，这刺客欲招又止，想是有难言之隐，待下官把他带去刑部重新另问，不知众位大人心意如何？

四朝官　理应带到刑部审问。

闵　觉　告辞了。（唱）

　　　　辞别了众大人回衙转——

夏　玉　我说这个闵大人，问了半天啦，你的口供呢？

闵　觉　（唱）

　　　　据我看这内中你有牵连。

　　　　【闵觉被扶下。

四朝官　我等告辞了。（下）

贺道安　哎呀呀，夏公公，这刺客若是招了实供如何是好？

夏　玉　这这这，有啦！待我去至金殿参那闵觉一本，就说他用非刑逼供，定是史后一党，请万岁治罪，相爷你今晚乔装改扮去到监中，与解儿送饭，饭中下毒，先把他毒死，我们给他个死无对证。

贺道安　好好好，你我照计而行。（下）

### 第五场

【幕拉开，下场门设监门，坐一禁卒，中坐解儿，两边地下坐着二犯人

解　儿　（唱）

　　　　在公堂受尽了非刑拷问，

　　　　我九死一生为了报恩。

贺道安　（着古铜道袍，发髻，提篮子，内装碗筷）禁卒开监来。

禁　卒　谁呀？（一眼就认出了，故问）你是？

贺道安　我是来与囚犯送饭的。

　　　　【禁卒刚一摆手，贺塞给禁卒银子。贺进监，看见解儿

贺道安　哎呀呀，你吃了苦了，你暂且忍耐，我一定保你出狱。

解　儿　多谢相爷！

贺道安　我与你送来酒饭，你且用下。

解　儿　我满口疼痛，吞吃不下。

贺道安　少用些吧！

解　儿　吞吃不下。

二　犯　这位好汉吞吃不下，就赏与我等吧，我真真地饿坏了。

解　儿　好好好，就赏你们吧。

　　　　【二犯争抢食之，少顷毒死，解儿一看大惊。

解　儿　哎呀，好你个贺道安，老贼！我为你受尽苦楚，你在饭中下毒暗害于我，你我去见闵大人。

　　　　【两人拉扯，贺想逃出监门，解儿用手铐将贺打死。

禁　卒　哎呀，你怎么将他打死了啊？

解　儿　你带我去见闵大人。

禁　卒　量你也跑不了，走！（出监门）

　　　　【幕外　四校尉、闵觉上，夏玉跟上，看见解儿。

夏　玉　呀，怎么把犯人放出牢门了啊？

禁　卒　今有贺太师探监送饭，被犯人打死在监中。

闵　觉　哦，有这等样事？（示意押着犯人转至金殿）

　　　　【幕拉开　晋文帝坐金殿，四太监站立。

晋文帝　嘟！大胆闵觉，竟敢乱用非刑逼供，分明是与史后同谋，还不从实讲来！

闵　觉　哎呀，万岁呀！那贺道安乔装改扮，去到监中送饭，饭中下毒欲害刺客，那刺客并无食之，被同监犯人吞吃，当即死去，刺客将贺道安打死在监中，谁是主谋不问也就明白了。

晋文帝　还有这等样的事，那刺客今在何处？

闵　觉　现在殿外。

晋文帝　押上金殿，孤亲自审问。

闵　觉　下面听者，将刺客带上殿来。

　　　　【解儿被押解上。

晋文帝　胆大刺客，怎样打死贺道安从实招来！

解　儿　启禀万岁，犯人不叫史龙，名叫解儿，只因贺妃父女同谋，谋夺正宫，刺杀万岁，都是贺道安所为，还有这夏公公。
【夏玉急跪。

晋文帝　将他押下去，朝中竟有这样之事，都怪孤见事不明，闵觉听旨，将史后赦出，将贺妃打入冷宫，听候发落，夏玉等一概人犯，交与刑部审问，审明回奏，退班！

众　人　谢万岁！

【剧终

（宋宝罗口述　张晓莺记录）

京　剧
## 《朱耷卖画》
（宋宝罗创作、演出本）
（节录）
### 第一场
### 雪地卖画

朱　耷　（上唱【二黄散板】）
　　　　朔风飕飕飞雪花，
　　　　天寒地冻步行滑。
　　　　行了半日也无人来买画，
　　　　身寒冷，腹内饥，我只得回家。
　　　　（转【原板】）
　　　　数十年我也曾装聋作哑，
　　　　我也曾假装疯癫削发出家。
　　　　忍耻受辱在长街卖画，

　　　　父女二人相依为命，苦度年华。
　　　　转过了几条街（转【散板】）
　　　　回去了吧——
　　　　这小哥呼唤我，你是哪府的管家。

## 第二场
### 家中作画

　　　【鸾凤掌灯出场。
鸾　凤　（唱【西皮原板】）
　　　　清晨起老爹爹前去卖画，
　　　　为什么到此时不见归还，
　　　　年纪迈路途滑叫人悬挂——
　　　【朱耷上。
朱　耷　（接唱【散板】）
　　　　叫女儿开门来为父的回家。
　　　　（白）开门来，开门来。
鸾　凤　啊，爹爹，你这是怎么样了哇？
朱　耷　哎呀儿啊。（唱【散板】）
　　　　为父我长街去卖画，
　　　　偶遇见胡家狗子把人欺压。
　　　　他强要女儿成婚嫁，
　　　　限三天把我儿送到他家。
鸾　凤　（【叫头】）爹爹！（唱【散板】）
　　　　老爹爹到公堂将他告下——
朱　耷　哎，傻孩子啊（唱【散板】）
　　　　哪有个州县官能来管他。
　　　　他的父做提督谁人不怕？
　　　　（白）有了，（接唱）
　　　　倒不如咱父女海走天涯。

　　　　　　你收拾起这秃笔残墨破砚瓦,
　　　　　　天一亮咱父女早离此家。
鸾　凤　　就依爹爹。
　　　　　【管家带领胡公子上。
胡公子　（唱【摇板】）
　　　　　　听谯楼打罢了二更鼓下,
　　　　　　为佳人夤夜间去到她家。
管　家　　公子,到了。
胡公子　（接唱【摇板】）
　　　　　　叫人来去叫门你用力敲打——
管　家　　是了,开门,开门,开门来!
朱　耷　（唱【散板】）
　　　　　　耳听得叩门声情形有差。
　　　　　　门外的是何人将门敲打?
胡公子　　听了（唱【散板】）
　　　　　　我就是你姑老爷来到尔家。
朱　耷　　呀呸!（唱【散板】）
　　　　　　听罢言来怒气发,
　　　　　　胡家狗子他来到我家。
　　　　　　罢!我拼了吧——
鸾　凤　　爹爹!
朱　耷　（接唱【散板】）我暂且忍下。（示意女儿开门）
　　　　　　胡公子、管家进门。
朱　耷　（接唱【散板】）
　　　　　　夤夜间来到此你有什么话答?
　　　　　（白）夤夜之间来到这里为了何事?
胡公子　　问我为什么来呀?来娶亲哪。
朱　耷　　哎,我来问你,我们是爱好做亲哪,还是强迫成亲?
胡公子　　那自然是爱好做亲啊。
朱　耷　　爱好做亲?着啊,你白天对我亲自言道,限我三天把女儿

　　　　　送到你的府上，你看，将将半日未过，黉夜之间来到这里，这是强迫成亲，我是不答应的。
胡公子　哎，我说过这话么？
管　家　公子啊，这是你亲口说的呀。
胡公子　哦，这么说这件亲事你是答应的喽，好，那我咬咬牙，我再等你三天。
朱　耷　天色不早你们回去吧。
胡公子　要我们走？嘿嘿嘿，我还真舍不得走哇，哎，这么晚了，你们不睡觉在干什么呢？
朱　耷　嗯嗯嗯，我父女在此作画呀。
胡公子　画画啊，这么晚了还在画画多可怜那，等我们成亲之后，你就不用画画啦，跟着我您就享福吧。
朱　耷　好好好，你们回去吧。
胡公子　别撵我走啊，我还真不愿意走，这么着，你给我画张画，画好了我就走。
朱　耷　天到这般时候还画的什么画呀？
胡公子　哎，你不画我可就不走了。
鸾　凤　啊，爹爹——
朱　耷　好，你就等候了。（唱【二黄散板】）
　　　　　强忍住心头火来作画，
　　　　　但愿他主仆早离我家。
　　　　【小开门】曲牌。
　　　　【朱耷作画。
　　　　　公子欲调戏女儿，女儿哭。
朱　耷　儿啊，儿啊，我的亲儿啊。（唱【二黄慢板】）
　　　　　你休啼哭且把泪擦，
　　　　　儿啼哭为父我心似刀扎。
　　　　　为父我受尽苦把儿养大，
　　　　　怎能够将我儿强嫁人家。
　　　　　限三天嫁我儿这都是假话，

他去后待天明咱父女奔他乡海走天涯。

（转【散板】）

你收拾起这秃笔残墨破砚瓦，

天明亮咱父女离开此家。

【胡公子跟着鸾凤，调戏。

【鸾凤打公子一巴掌。

胡公子　哎哟。

鸾　凤　（唱【散板】）

骂声贼子真胆大，

不该调戏我们好人家。

胡公子　你住了吧你。

（唱【散板】）

我胆大还是你胆大？

啪嚓，打了我一个大嘴巴。

鸾　凤　（唱【散板】）

手执厨刀将你杀——

胡公子　哎哎，怎么用刀了啊？我走，我走——（出门）走，叫人去！

【胡公子等逃下。

朱　耷　哎呀儿啊，他们此去定不甘休，快些收拾收拾逃走了吧。

鸾　凤　就依爹爹。

【父女二人手拿包袱，出门，下。

（宋宝罗口述　张晓莺记录）

京　剧

## 《刘伯温辞朝》

——"辞朝"一折

（宋宝罗创作、演出本）

朱元璋在南京即位，国号洪武。一日与军师刘基（字伯温）到

"功臣阁"武庙闲游，朱元璋对历朝文臣武将胡乱评论，见赵云和王伯当的神像立在殿外，认为不妥，命武士将神像移到殿内，见到韩信和伍子胥的神像，命武士打碎，见到姜尚和孔明的神像称赞不已，又见到范蠡和张良的神像颇为不满，又命打碎，被刘基劝止．觉得朱元璋如此不重视谋臣，大有伴君如伴虎之感，次日上表辞朝而去，后来终为所害。

【四太监引朱元璋上。
朱元璋　（唱【二黄摇板】
　　　　昨日里闲游武庙地，
　　　　言语间激怒了军师刘基。
　　　　内侍摆驾九龙椅（归坐）
　　　　看是何人把本提。
　　　　【刘基上，左手拿牙笏，右手拿一黄色包袱，内有印、令箭、草鞋。
刘伯温　（唱【二黄摇板】）
　　　　昨夜写下辞王表，
　　　　今早殿上别皇朝。
刘伯温　臣刘基见驾吾皇万岁。
朱元璋　平身。内侍，搀扶赐坐。
　　　　【太监摆座。
刘伯温　谢万岁！（落座）
朱元璋　啊，刘皇兄，不在帅府，今日上殿有何本奏？
刘伯温　万岁在金陵即位，干戈宁静，四海升平。为臣年老多病，不能在朝奉君。望万岁准臣告职还乡，昨晚写下辞王本章，请我主龙目御览。
朱元璋　皇兄说得哪里话来，皇兄虽是高龄，身体还强健得很，孤的江山社稷全赖皇兄扶持，皇兄要告职还乡叫孤怎能舍得，此本万难准奏。

刘伯温　　万岁。
　　　　　（唱【二黄三眼】）
　　　　　臣耳聋听不见景阳钟响，
　　　　　臣眼花看不清杏瓦朱墙。
　　　　　臣足软难把这金阶上，
　　　　　臣手抖写不好朝王的本章。
　　　　　臣年迈再不能提兵调将，
　　　　　臣年迈再不能杀到边疆。
　　　　　臣年迈再不能把国事执掌，
　　　　　臣年迈求万岁赦臣还乡。

朱元璋　　（唱【二黄原板】）
　　　　　老皇兄虽年迈身体强壮，
　　　　　说什么告职回故乡。
　　　　　从今后上朝休行君臣礼，
　　　　　下朝免去辞君王。
　　　　　莫不是皇兄嫌官小，
　　　　　护国军师，加封你护国贤王。

刘伯温　　（唱【二黄原板】）
　　　　　自古道官大必有险，
　　　　　臣伴君如羊伴虎眠。
　　　　　我吃了些慌慌忙忙的茶和饭，
　　　　　我穿的是这锦绣朝服，
　　　　　叫为臣行坐不安。
　　　　　望万岁今日开恩典，
　　　　　你赦放为臣归田园。

朱元璋　　（唱【二黄原板】）
　　　　　说什么官大必有险，
　　　　　说什么如羊伴虎眠。
　　　　　孤闯社稷多亏你，

　　　　　还仗皇兄保江山。
刘伯温　（白）为臣好怕呀！
朱元璋　（白）你怕的什么？
刘伯温　万岁（唱【二黄散板】）
　　　　　怕只怕君王酒醉龙颜变，
　　　　　怕只怕谗臣奏本胡乱言。
　　　　　怕只怕马到临崖收缰晚，
　　　　　怕只怕船到江心补漏难。
朱元璋　（唱【二黄原板】）
　　　　　说什么酒醉龙颜变，
　　　　　说什么信谗言害了贤良。
　　　　　皇兄此本孤不准，
　　　　　还要你为孤掌朝纲。
刘伯温　（唱【四平调】）
　　　　　掌朝纲，惹祸殃，
　　　　　君王一怒臣难当。
　　　　　有朝一日龙颜变，
　　　　　难逃午门刀下亡。
朱元璋　（不耐烦）（白）好、好、好，不必多言，皇兄告职还乡，
　　　　　孤王准奏。
刘伯温　（白）臣，多谢万岁。
朱元璋　（白）不、不、不，再等三年两载，孤一定放你还乡也就是了。
刘伯温　（唱【二黄散板】）
　　　　　多谢万岁开恩典，
　　　　　自古君王无戏言。
朱元璋　（白）好，好，内侍，看过黄金千两，送到军师府去。
刘伯温　（唱【二黄散板】）
　　　　　黄金千两臣不要，
　　　　　那深山旷野用不着钱。

朱元璋　（白）皇兄去到深山旷野，但不知你何以为生哪？

刘伯温　（白）万岁。（唱【二黄散板】）

　　　　　臣饿了吃些松柏子，

　　　　　臣渴了涧下饮清泉。

　　　　　茅庵草舍把身掩，

　　　　　千缝万补也遮寒。

朱元璋　（白）难道说你还想成佛成仙不成么？

刘伯温　（唱【二黄散板】）

　　　　　臣不想成仙得大道，

　　　　　臣只想去深山多活几年。

　　　　　在金殿交还你这金钗令箭，

　　　　　黄金宝印放君前。

　　　　　这乌纱象简都还与你——（摘相貌，交牙笏与太监）

　　　　　急忙忙再把这玉带宽。（解玉带交给太监）

　　　　　这锦绣朝服也脱与你，（脱蟒交给太监）

　　　　　脱朝靴换芒鞋准备登山。（脱靴子换草鞋）

朱元璋　（白）皇兄去心已定，孤也难以久留，这样，明日孤率满朝文武，准备酒席，与皇兄长亭饯行。

刘伯温　（白）不，不，不，万岁！

　　　　（唱【二黄散板】）

　　　　　多谢万岁龙恩准，

　　　　　不敢劳万岁爷长亭饯行。

　　　　　辞别万岁与群臣，

　　　　　免得他到明天又要变更。（下）

朱元璋　（唱【二黄散板】）

　　　　　刘基辞朝孤未料到，

　　　　　因何一旦把我抛。

　　　　　三太子朱棣性乖巧，

　　　　　防他燕京立新朝。

若不除去这刘老道

　　只怕江山孤坐不牢。（下）

注1

　　全剧为三场：1 金殿，2 游庙，3 辞朝。第 1、2 场唱腔是【西皮】，第 3 场唱腔是【二黄】全剧演出共计七十分钟左右。

注2

　　原来是上四个朝官，朱亮祖，胡大海，徐达，沐英，打朝上，报名，万岁登殿，两厢伺候，再上朱元璋。若单演《辞朝》，四朝官可以免去。

（宋宝罗口述　张晓莺记录）

# 开博交友

## 博文选摘
由一张剧照而想起的

**宋宝罗** 2009 年 12 月

看到 2009 年第 11 期的《中国京剧》杂志第十三页中，有一张王玺龙扮演的《挑华车》高宠的剧照。在我的观察中，近二三十年里的青年演员扮演高宠的很少有戴"牵巾"的了。什么是"牵巾"？就是用黑色的"鸡皮皱"绸子做成长带子的形状，挂在脸的左右，从耳朵边上，直到肚脐上下，京剧行话叫它"牵巾"。

挂"牵巾"的角色究竟是哪一类的人物呢？凡是挂"牵巾"的人物，是代表他的长相很丑，才要佩戴这个"牵巾"。

在 20 个世纪末，有个武生泰斗、京剧大师俞菊笙，也就是杨小楼的老师，是京剧先行改革的创新家，他把几出武花脸的戏改成了俊扮武生戏，其中有以下剧目：

1.《一箭仇》的史文恭，原本是油白脸，与高登的脸谱差不多。他为什么勾油白脸？是因为他与梁山作对的原因。

2. 是《挑华车》，原来是勾灰蓝色三块瓦，（岳飞说他面色灰暗，不让他出征），书上说高宠的长相像吊死鬼，虽然俞菊笙改成俊扮了，但还是要戴"牵巾"。

3.《金雁桥》的张任，原本是勾红脸，耳朵上挂金环，戴翎尾，这是因为张任是少数民族，他勾红脸是代表他忠于主人，宁死不降的缘故。

4.《神亭岭》的太史慈原本是勾绿脸，因为他当过"黄巾"，后以打猎为生，所以勾这脸谱，但后来为什么改成俊扮了呢？因为在

《挑华车》王玺龙饰高宠（苏岩摄）

剧中他与孙策打起来了，打斗中有一些叉拳过人动作，总是要弄脏了孙策的箭衣，才改为俊扮的了。

5. 甘宁，因为他也是"黄巾"出身，原本是勾蓝底三块瓦，他为什么改成了俊扮呢？是有这么一个原因：在曹八将中有个张辽是俊扮，东吴的八将中不能没有一个俊的，就叫甘宁俊扮了。可是在杨小楼晚年搞了一出《甘宁百骑劫魏营》，杨小楼扮演甘宁，他仍然挂"牵巾"，就可以说明甘宁过去是个花脸行当。

扮演高宠的演员，从俞菊笙、杨小楼、孙毓堃，直到梁慧超、厉慧良等都挂"牵巾"，高盛麟戴不戴我记不清了，观察近二三年好多青年武生都不挂"牵巾"，但化妆又是很鲜艳，就没有了一勇之夫的气概，尤其是"挑车"一场，直到临死，仍然是面不改色，这就不合乎剧情了。按以前的演出是：打完敌将黑风利下场后，脸上要抹一点青油，鼻翼两边要抹点黑油，嘴巴的边上也稍微抹点青油，象征他在战场上又累又脏的样子。

**九龙祚** 2010年1月7日 21:43:44

太长学问了，像《乌盆记》里的刘世昌戴的是不是"牵巾"呢？我看有的老演员也戴两个飘带。

**博主回复**：2010年1月11日 10:38:32

刘世昌戴的是鬼发，代表他是阴间的鬼，包公在《探阴山》里戴黑纱，说明他做梦时到了阴间，他有日断阳间，夜断阴间的说法。

旦角的【反二黄慢板】用堂鼓或者撞钟，老生的【反二黄】不用的，这是老的规矩，不知现在是否还是这样了。

关于鬼发还能再细说说，在过去的舞台上谁是人，谁是鬼，谁是做梦，谁是佛，谁是神，都一目了然，这是有一定规律的。凡是鬼都要戴鬼发，是用白纸剪成三分宽的细条型，叠成两条，戴在耳朵两边，这鬼发分大中小三种。大的长过肚脐，比如《托兆·碰碑》的杨七郎；中的稍微短一些，纸也不是太多，如《奇冤报》的刘世昌，老的《洪羊洞》里杨继业托兆；小的鬼发在肚脐上面，如《行路·哭灵》里的张义，《武松杀嫂》里的武大郎鬼魂，《活捉三郎》的阎婆惜第一场也戴鬼发。凡是用一块黑纱盖在头上的就是做梦。《探阴山》里的柳金蝉戴鬼发，包公是戴黑纱，如果两人都戴黑纱，那就成一起在做梦了。凡是天兵天将都要挂红色条带，凡是神都要挂红彩球，如《青石山》的周仓、关平，还有钟馗、判官、阎王等，凡是关圣，玉皇都戴黄色彩球。

**齐鲁小龙** 2011年5月14日 2:26:17

宋爷爷：您好！想烦请您老有时间给大家说说京剧的唱腔和现在的一些不同，经常听一些老唱片听着那些丝弦的胡琴和老前辈们苍劲古朴的唱腔，好像也把我带到了旧社会的戏园子。

几年前我们票社彩排唱的《杨家将》带《托兆》我演七郎，因为找不到新的版本，我借鉴了金少山大师的录音资料，有位年长的（剧团退休的）鼓师说我唱用了个大腔，不甚明白！宋爷爷是从旧时代走过来的，我们都很想知道一些早期京剧唱腔和发音的知识！再比如过去京剧演员是否也学习借鉴西洋唱法的发音和找到适合自己的发音位置呢？烦请宋爷爷闲暇时给说说！谢谢！

**博主回复** 2011年5月14日 9:12:20

小龙你好，我很高兴你那么钻研，票友有时是会很自觉地去学一些东西，这很可贵。你说老艺人的演唱古朴苍劲没错，这和当时戏园子的设施简单也有道理，它完全是天然的，我们那时根本没有扩音设备，就连电扇也没有，到了台上就完全要靠自己找感觉，找到音量大，声音打得远，还要好听的效果。年复一日，就有了一些经验了，金少山的黄钟大吕也就是在这样简陋的演出条件下形成的，所以现如今的演员就不受这份罪了，演出场地越来越好，演唱也不费力，通过扩音的效果，和我们那时的效果完全不一样了。要说是否借鉴西洋唱法，也不一定了，老艺人靠演出吃饭，每天几场上台，基本是没空去琢磨外国来的东西了。话说回来，有些演员天赋高，听到一些特殊的发声，会下意识地去模仿模仿。像我吧，就完全老师教导的去唱去发声，我也没有刻意去借鉴那些洋玩意儿的，说我嗓子好，其实就全凭天天吊嗓子，天天上台演出，就能盯得住了。我和金少山合作过，知道他的脾气，今天嗓子好，心情好，他能发挥到极致，将台下的观众情绪都调动起来，有时情绪不太好（他抽大烟），在台上也偷工减料的，我前几篇文章里就提到他和我演出时的"耍赖皮"，唱大腔是经常有的，但不是每回都唱。

宋宝罗

**姜丝儿** 2011 年 6 月 15 日 20:49:02

宋老：您好！我只是一名普通的京剧听众，以下两点是我这些年来收听京剧的一点体会，不知是否正确，请您指正。

一、京剧自上个世纪以来，产生了众多的流派和大量的名家，本人试图把这些名家、大师分为几个类型：

| 典范型 | 谭鑫培 | 余叔岩 | 王瑶卿 | 梅兰芳 | 杨小楼 | 尚和玉 | 裘桂仙 |
|---|---|---|---|---|---|---|---|
| | 侯喜瑞 | 钱金福 | 程继仙 | 姜妙香 | 王长林 | 萧长华 | |
| 个性型 | 言菊朋 | 马连良 | 周信芳 | 杨宝森 | 程砚秋 | 荀慧生 | 张君秋 |
| | 郝臣寿 | 裘盛戎 | 叶盛兰 | | | | |
| 功夫型 | 汪桂芬 | 高庆奎 | 唐韵笙 | 尚和玉 | 尚小云 | 金少山 | 谭富英 |
| | 李少春 | 高盛麟 | 袁世海 | | | | |

二、我不太同意"某某剧目是某某家的代表作"的说法，我认为"某某剧目是某某家的独有剧目"的说法更切实际。因为一个演员一生所演出的剧目绝大多数都是大家也在演出的传统戏，而这些名家又都能演出各自的特色，这也是保持京剧艺术繁荣的原因之一。

**博主回复**：2011 年 6 月 17 日 20:52:44

我不知道这位朋友是多大的年纪，你能写出这些太不简单了，如果没有很扎实的"看戏"功底真是很难说出这些的。现在的很多演员也未必能知道这些，非常感谢你所做的这些，很好的归纳了前辈艺术家的艺术范畴，我也要向你学习的。第一部分写的这些类型基本都很正确，我有同感。第二部分说的这个话题也正是很多人在反驳的话题，我们以前自己挑班演出时，什么戏码能招徕观众就多演它几场，我一生中演过无数戏，那些传统戏也都是前辈们流传下来的。当然，我还有自己的很多私房戏，我既演大家都演的传统戏，也演自己特色的私房戏，并没有什么禁锢的。

宋宝罗在和网友交流

**小宝** 2011 年 10 月 1 日 7:24:56
刘鸿升瘫痪是什么时候的事情呢？

**博主回复**：2011 年 10 月 6 日 14:02:03

他瘫痪是二十几年的事了，刘鸿升早年是票友，在票房里打大锣，他的大锣打得极好，也唱花脸戏，唱得非常好。"下海"后他也经常唱花脸戏，如《草桥关》《探阴山》《白良关》等戏，唱功相当了得，只是身上稍稍差一些。"下海"前他的一条腿就有点瘸，在台上不太明显。有人请他去唱堂会，要是点花脸戏包银比老生戏还要多一些的。最可惜的是他坐黄包车摔下来，造成了瘫痪。那是他去西珠市口的第一舞台演出，在黄包车上一只脚伸到了垫子底下，等下车时脚被绊住，生生从车上掉下来，脸上摔得一塌糊涂，要命的是人也摔成了瘫痪。那时候高庆奎还在唱三四路的里子老生，那天刘鸿升摔跤就赶紧让高庆奎救场，由他垫戏，让他演《辕门斩子》里的杨宗保，绑在柱子上，身段也不多，打那时起慢慢地高先生也唱红了。

**扶风馆主** 2011 年 8 月 18 日 12:42:43

想请教宋老，您看了多少马连良的戏？想请您一一说说。

**博主回复**：2011 年 8 月 23 日 11:05:57

我看过马先生的戏太多太多了，像《法门寺》《失印救火》《十老安刘》等都看过好多遍，他台上是非常严谨，也很潇洒，讲究"三白"，看着就干干净净的，龙套们必须理发剃头，穿着也有严格的规定，必须穿黑薄底，红彩裤。冬天里别人剧团的龙套穿着大棉裤和棉鞋都上去了，他那里是绝对不行的。场面上的人一律穿统一颜色的大褂，真是很好看的，特别在配角上更是讲究了，都是经过严格筛选的。他的戏最火爆的还是《借东风》和《甘露寺》，还有，在《十老安刘》里他就是几段【流水】板式，连【原板】唱腔都没有，但大家就听他这几段【流水】。马先生红在灌唱片上，余叔岩是十八张半，马先生的唱片大概灌了百张以上那，就连《渭水河》这样的花脸戏也改成了老生戏来灌唱片，还有《珠帘寨》的程敬思的唱也灌了唱片。所以他那时真是火了，跟王玉蓉灌的全本《武家坡》有三十多张哪。马连良是科里红，满师后仍然留在科里，就因为萧长华老师编了两大本连台本戏：一个就是八本《取南郡》，从《甘露寺》到周瑜气死；第二个本子是四本《五彩舆》也叫《海瑞大红袍》，后来马先生对《海瑞罢官》情有独钟，就因为他小时候就唱过《海瑞大红袍》，说的就是严嵩和海瑞的故事。

宋宝罗

**网友**：2011 年 12 月 6 日 21:37:40

请教一下老先生，梅派名剧《宇宙锋》的名字是什么意思呢？剧情好像跟名字没有关系。祝您身体健康。

**博主回复**：

《宇宙锋》还有一个名字叫《一口剑》，这把剑的名字叫宇宙锋。全本剧名《一口剑》《六义图》。剧情：秦二世时，赵高、匡洪一殿为臣且是儿女亲家。赵高专权，匡洪不满。赵高遣人盗匡家所藏"宇宙锋"宝剑，后持剑行刺二世以嫁祸。二世震怒，抄斩匡门。匡洪子匡扶逃，其妻赵艳容回赵家独居。秦二世胡亥见艳容貌美，欲立为嫔妃。艳容既恨父亲诬陷匡家，又恨二世荒淫无道，断然拒绝。在使女哑奴（有剧为哑乳娘）的帮助下，赵艳容假装疯癫，以抗强暴。

宋宝罗

**网友：**

您演的《游龙戏凤》是全部的《骊珠梦》么？能讲讲这出戏的源流么？

**博主回复：**

你说对的，是全部的《骊珠梦》，它是骨子老戏，这出戏是从梆子戏移植过来的，大部分演员演出的路子都差不多，唱腔里略有改动而已。后来是这样，戏凤完了后，李龙回来，发现家里多个陌生人，就马上报官，来了乡约地保，要捉拿正德皇上。后发现他是皇上，大家都跪地讨封。正德后来把李凤姐接到北京去，中途路上受风寒和劳累，在过关的时候，看到了很多的兵丁，也受到了惊吓，还没到北京就死了，最后正德还有一段【反二黄慢板】，唱词当中有希望托梦相见等的怀念之情，所以叫《骊珠梦》，这戏名气很大，整个剧情很冷。

**网友：**

宋老，看到您也演过《七擒孟获》，让我想到高庆奎老唱片有段【西皮原板】"可笑那小孟获不遵王化，因此上领雄兵收服与他。昨日里被我擒将他放下，他那里心儿内笑我怕他。想当年卧龙岗三请愚下，先帝爷江山事托付与咱。拜帅过讲道理大队人马，但愿得收服他辅保汉家。"想请教您 这段唱词在整个《七擒孟获》戏里面的前后剧情大概是什么，那么这段唱大概又发生在什么剧情下呢？其中诸葛亮的表演有什么特色？谢谢您。

**博主回复：**

这段【原板】唱腔也是很一般的，平腔平调，没什么大腔，是在第二擒的时候唱这段的。后来诸葛亮看到有的兵丁饮水中毒，就去问山里的人，此水为何会中毒，正好问在了孟获哥哥那里。他哥说，我们的山上有桉树，让兵丁们口含桉树叶就能解毒。后来诸葛亮知

道他是孟获的哥哥，心里一惊，孟获哥哥劝慰说，不用害怕，我也要劝降我的弟弟。这场戏的开头是【二黄导板】【回龙】【原板】，有一句"众将官带路把山冈上"，这句拖了个大长腔，走了两个圆场都还没唱完，也就是这一句当中能获得三四次的满堂彩。观众问高先生，您唱那么长的大腔要缓气吗？高先生说，我缓气的，你们都没听出来。所以后面这段才是比较著名的唱腔。

**网友：**

高庆奎和马连良都是贾洪林学生，但是关于高庆奎和贾洪林艺术之间的关系很少被人提到，希望您能简单谈谈。另外看到某戏单写着"杨瑞亭、高庆奎、慈瑞泉等合演《龙门宴救主》，这出戏是什么戏的别称么？他在里面可能出演什么角色呢？

**博主回复：**

高庆奎的老师很多，贾洪林是其中的一位，也学过一些东西，贾洪林是以谭派为主，高庆奎在后来的学艺中博采众长，也吸收了贾洪林的艺术特点的。你说的《龙门宴救主》这出戏我印象不深，那时候的戏码多而又多，每天换着样子演的。

**网友：**

梅兰芳请金少山在杭州同演《霸王别姬》，海报贴出后金少山不肯去杭，于是梅兰芳请杜月笙出面请金少山，金才答应出演，有这回事吗？听说金少山当年红得"山崩地裂"，是不是后人夸张？还听说金少山因为抽大烟被杭州警察抓过，这是真的吗？

**博主回复：**

这位朋友你好，你说的梅兰芳和金少山在杭州演出《霸王别姬》这事我没听说过，但是金少山和杜月笙是有过节的。因为当年杜月笙曾把金少山在上海大舞台的名字给摘了，无奈之下金少山才回的北京，为演出这事他也不会给杜月笙面子的吧？另外，金少山当年确实很红火，他的扮相好，嗓门亮，上了台就铆足了劲，观众们确实喜欢他，我和他合作过，所以是知道的。至于他被杭州的警察抓过也是没听说过的。

**网友：**

纪玉良后来不是挂头牌了么？我看网上有个文章说他是"闪电老生"，您能讲讲李宝魁么？现在他的资料太少了。祝宋老新年快乐，健康长寿！！！

**博主回复：**

李宝魁是北方人，生死年月不详了，如果在的话，应该是九十五岁左右。他是个很有名的里子老生，多才多艺，凡是配演的二路老生和老旦几乎没有他不会的。他的一生就当了一个绿叶配角，他傍过许多坤伶，如童芷苓、言慧珠等人。在那"劈、纺"年代里，他也红过，如《大劈棺》的庄子，言慧珠《戏迷家庭》里的老爸，《盗魂铃》里的猪八戒等。他的扮相、个头、嗓子、戏路，样样都好，唯一的一个缺陷就是他爱抢戏，喧宾夺主。比如说《探母》中他扮演杨六郎或佘太君，六郎在后台【导板】"一封战表到东京"，或者是佘太君的"宋王爷御驾征北塞"，"一见娇儿泪满腮"，这些【导板】他都要一个满堂喝彩，压倒了杨四郎。再比如，《搜孤救孤》里的公孙杵臼那句"纵然打死也难招承"也必定要获得满堂的喝彩，演技稍微差一点的程婴就下不来台了。为此，他在后台的人缘就不太好。1958年打成了右派，此后就沉闷下去了。

纪玉良是北京人，他不是科班出身，原名叫纪树棠，陪着刚出戏校的李玉茹到上海演出，因随带去的武生、小生等都是"玉"字辈的，找个二牌老生，条件不高的，就找了纪树棠，把名字改成了玉良。他为人忠厚，对经济、排位、戏码从不计较，也不讲条件，嗓子不错，能戏不多，刀枪不入。大戏就是《探母》《红鬃烈马》，到上海后就扎住脚跟了，他傍过李玉茹、童芷苓、言慧珠等人，就在他们前唱一出，平平而过。50年代后，有个唱花脸的叫王正屏，在上海大舞台排《黑旋风李逵》，纪玉良饰演宋江，我没听说过他单挑过班，夫人是许美苓，唱青衣花旦。

**网友** 2013 年 5 月 24 日 08:58:41

宋老爷子您好，我在您的文章里知道您小时候学戏是家里花好多钱请一些名家名演员来教的，您学戏中不挨打不吃苦头，也不学那些武功繁重的戏，基本是以唱功戏为主。但我听说早年前您还演《打金砖》那，这出戏是很要功夫的，有很多的僵尸、吊毛、抢背等高难度动作，这些您也照做；还有，您在《四郎探母》"出关"时的吊毛也照翻，而且还有绝活，这些太不可思议了，请您说说这些是怎么做到的呢？我对您老人家佩服得五体投地，一直在这里看您的博文，比粉丝更甚，我是您的粉条哦。宋老军团的粉条。

**博主回复：**

谢谢你啊，我还不知道有我的军团那，哈哈。我小时候学戏确实没吃过苦头，家里宠爱我，所以也不让我学那些很累的武功戏，跟老师学的唱腔。我的二哥、三哥都进了科班，我年纪太小，就在家里学了，请来的都是名师，他们也跟哄小孩一样的教我唱戏。早上学老生，下午学花脸，晚上再学老旦和青衣，像填鸭似得给我填进去。后来我在上海演《四郎探母》，有几个地方是比较出色的：第一是"一见公主盗令箭，不由本宫喜心间，站立宫门叫小番"这三句中间没有换气，一口气完成，连嘎调都不换气，这里有炸窝的叫好声；接着是"出关"时的吊毛也有叫好，唱完【快板】直接摔吊毛，拿着令箭、扶着宝剑，还有马鞭，一样都不撒手，马上翻吊毛，也是有很热烈的掌声。

《打金砖》我也是一样都不少的，僵尸、吊毛、抢背一样都不缺，这些我小时候在炕上练的，后来也是全凭自己的舞台感觉走出来的。我觉得《打金砖》还是按老的演法比较好，很爽快，很干脆，但是难度也高的，我是按山东济南大学王泊生校长的路子演的，他是个老票友，很有玩意儿的。现在的《打金砖》有点啰唆，不是很干脆，场子也多了一些，杀铫期其实是西宫杀的，不是皇上杀的，他一看到铫期的人头就如同疯掉一般，我的表演是马上摔九龙冠，回身在桌子里头变脸（也可抽马武下的时候就开始揉脸，加点油彩和黑色的粉墨），等回到台口时观众看到的是一张变了色的脸了，这样合乎剧情。

　　过去的演员演戏，都要找一些绝活，一招鲜吃遍天就是这样来的，有了绝活上座率就高，看的人喜欢。比方说我台上画画，或者写字，几分钟里要画出一只大公鸡，或者一只大雄鹰，这也是绝活。别人没有的，我能拿出来，那就是绝活，才能赢得上座率，才会有观众的喜爱。不过绝活也不是一朝一夕练得出来的，我平时除了演戏，几乎所有的时间都在练习画画、练习书法、练习篆刻，只有花很大的精力和时间下去，才能有所收获，才能在舞台上出彩。我也很希望青年演员业余时间也学一点文化素养的东西，能在舞台上充实自己。

*宋宝罗*

**网上交流汇选**

**网友：**

宋先生您好，谢谢您写的文章，让我大开眼界，知道了许多梨园往事，我想问个问题，男演员嗓子如何度过青春期和更年期这两期。

**博主回复：**

我这样认为：嗓子条件是因人而异的，有的人嗓子很经唱，能连续唱上两小时，有的人唱一段嗓子就疲劳。在演唱中要掌握疲劳的程度，一定不能在演唱后喝凉水，刺激的东西，还有柿子、石榴都对嗓子有影响的，它有涩性的。我年轻的时候嗓子很冲，每天吊嗓子，一吊就是几小时，整出戏连续吊，也对嗓子磨炼出了韧性，你说的这两期，很要紧的就是注意休息和保护，不能不唱，不能多唱，看自己的嗓子情况而定。

**网友：**

宋爷爷您好，我是唱老旦的学生，坚持每天早起喊嗓子，可是发现效果也不是很好，感觉人起来了可是嗓子没起来，喊嗓子时觉得好像是硬喊开的。即使喊开了也不能持续很长时间反而有时会有不干净的声音。可是如果让自己自然醒，起床，吃过早饭后，嗓子不喊好像也开了，而那些老先生都是每天坚持早起床喊嗓子，对此

有点困惑，希望宋爷爷指点。

**博主回复：**

我们幼时练嗓都有一个目标，那就是能尽快走红，好早点挑班赚钱，所以我们的吊嗓就很有恒心的，是一种有意识的吊嗓。每天把吊嗓子、练习唱段当作是一件很愉快的事情，加上琴师的督促，衬托，所以效果就很好。如今你们条件好，不会像我们旧时那样刻苦了，并且好多我们不吃的东西，估计年轻人也不忌口。要想人前显贵，就得人后吃苦，看得出你还是很有事业心的孩子，好好练，肯定有出息的。

**网友：**

宋老您好，据说前辈武生名家马德成演老生戏《五雷阵》和《受禅台》都很不错，请问您看过他演老生戏么？这两出戏现在已经基本绝迹舞台了，您能谈一谈它们的艺术特点么？第一次给您留言，祝您健康长寿！

**博主回复：**

马德成是久在烟台的角儿，是黄（月山）派弟子，他以白胡子扎靠戏为擅长，和杨小楼是一辈的名家，现在算起来也有一百二十岁了。

**网友：**

宋爷爷，我想让您给我说说老生行当里面，各派的特点都是什么，还有各派的代表剧目是什么。因为我喜欢旦角，对老生的一些东西就不是很明白，所以想请您给我说说这些基础知识。这样以后人家问我的时候最起码我也能说出个一二三来！呵呵！谢谢您啦！

**博主回复：**

这个话题很大，要说的东西可太多太多了，老生有前四大须生，后四大须生，还有后来很多的老生名家，各人的演唱风格不同，剧目就更纷繁复杂了。你可以在百度网里搜索一下，那里有很多的资料，如有你很想要知道的问题，再问我好吗？

**网友：**

您好，2007年重阳节，您和李慧芳老师六十年没见，在后台拥抱，结果李老师晕倒了，晕倒了还唱那么棒！您可以谈谈您和李老师当年合作的故事吗？不知道李老师好吗？今年重阳有演出吗？

**博主回复：**

和李慧芳合作是半个多世纪前的事了，那时演出的戏单还有的，去年的重阳节演出后，说以后还要连续再办的。

**网友：**

您看过天津武生名家张世麟的戏么？能说一说他的艺术特点么？谢谢您老了。

**博主回复：**

世麟是我的老朋友了，他的艺术非常好，干净、爽脆、利索，长靠戏特别漂亮，开打剽悍勇猛，个人特色很鲜明，是个优秀的武生。他的儿子幼麟来杭州也来看望我，很尊敬我。

**网友：**

建议您把孙菊仙先生晚年登台演出的情况写下来，因为现在的人大多没看过孙老先生的演出了，如果能实现，这是一份难得的艺术资料，谢谢您了。另外那天听《京剧大典》中收录的您唱的《逍遥津》【回龙】腔"不由孤一阵阵好不伤悲"中"一阵阵"您是翻高了唱，而高庆奎、李和曾都是唱平腔，您能说说您这出戏的特色么？

**博主回复：**

你的提议很好，但写孙菊仙的东西比较难的。他是1841年生人，我与他差几十年，不过他九十岁那年演出《逍遥津》我去看的，我大概十几岁，但记得很清楚。两个太子由李万春和蓝月春扮演的，那时很少留资料的，待我细细回忆后再说，好吗？关于《逍遥津》那句唱腔也没什么，因为有嗓子，能翻高就翻高了，谢谢你提的这些啊！

**网友：**

宋老您好，按现在流行的说法，似乎尚和玉先生的艺术不如杨小楼先生，虽然他的《四平山》《惺惺惺》《英雄义》杨先生不演。但他们二位共有的戏，比如《挑华车》《艳阳楼》《铁笼山》等戏，一般的观点是尚先生不如杨先生，您觉得这种说法对吗？我总觉得，

如果尚先生真的只凭区区几出戏，是绝对不可能形成一个流派的，您能说说尚先生的表演么？

**博主回复：**

尚派武生在北方很有号召力，以继承俞菊笙的路子为主的。尚和玉确实出手不凡，他的腰腿特别好，漂亮潇洒，在台上很有人缘。他还能演昆曲，肚子里会的东西很多，戏路很宽的，长靠和短打都很棒，《四平山》就是他的代表作。

**网友：**

那在尚先生和杨小楼所共同上演的剧目中，除了李元霸的戏以外，尚先生有没有比杨先生演得好的，特别是他不勾脸的武生戏？另外，京剧中李元霸的戏一共有几出啊？

**博主回复：**

尚和玉成名晚，五十岁左右才出名，但他一出名就是角儿，就是尚派武生。他和杨小楼个人有个人的戏，我的戏你不动，你的戏我不动，关中的戏都演。尚先生不勾脸的戏是《战滁洲》。京剧剧目中李元霸的戏有《晋阳宫》《四平山》《惜惺惺》等。他的《战滁洲》要比杨小楼先生好，全是自己的特色。

**网友：**

宋老，能谈谈赵松樵先生么。我们只看过老先生晚年的《跑城》《举鼎观画》《刀劈三关》，的确功力不俗。但更多的，就几乎一无所知了。

**博主回复：**

赵松樵和我曾经在上海合作过几次，他是武生和武花脸都演的，他的身上特别好看，与我合作过七郎等角色，九十岁左右在天津定居，还和李万春合作演出了《斩颜良》。他演的颜良是按自己的路子演的，扮相上也改过，非常不错的。

**网友：**

另外您说赵松樵老人九十岁左右在天津定居，这个说法似乎不很妥当。我看过赵老的回忆录《我的演戏生活回忆》，其中说他是

1950年来我们天津的，后来加入天津建新京剧团，直到1996年谢世。一直都是定居在天津的。他九十岁左右还能登台演出，我们天津电台为他拍摄了几个戏的片段，如《走麦城》《南天门》等。不过这些片段我只是听说过，没见过。他的《跑城》《举鼎观画》《刀劈三关》是20世纪80年代的录像，出版过光盘，我所能补充的就是这样了。

**博主回复：**

赵松樵的年龄不是很清楚，大约比我大二十岁左右，工武生、武花，宗师李春来，扮武生戏稍差一些，以武花为特长，专演反派人物。1940年与我在上海天蟾舞台合作，我们一起演过《武乡侯》，他演魏延，《七擒孟获》他演孟获，《下河东》他演欧阳芳，《金沙滩》饰演杨七郎等，大约在"文化大革命"前定居天津，1995年左右与李万春合作了《斩颜良》他演颜良，改良扮相，当时已是九十多岁。

## 我为宋宝罗先生做博客
——张晓莺

我从小就跟随母亲出入京剧票房，看父辈们排戏、票戏。我虽然学青衣的，但对宋宝罗先生的艺术迷得更早。我还在杭州四中读书时，就常常在放学后到浙江京剧团去看排练，我见过宋老穿着中山装排练《失空斩》《汉献帝》。那时是宋老刚出牛棚不久，脸色清秀略带苍白，精神状态却非常好，他一亮嗓子把我都听呆了，那大段的【引子】我一直记忆犹新，他的嘴皮子功夫十分了得，喷口有力，字字珠玑，传得很远。

20世纪80年代初，浙江第一家京剧票房"民声业余京剧社"成立，我母亲是第一批社员，宋宝罗先生常去京剧社辅导票友们，我曾聆

张晓莺和宋宝罗一起做博客

听过我母亲和宋老对唱的《桑园会》《三娘教子》，他们精湛的演唱使我十分陶醉。

老人家站如松、坐如钟，处处都给人一种威严的感觉，他玉树临风，伟岸气魄，透着一位大艺术家的高雅气质。1987年浙江省举办了第一届京剧比赛后，浙江广播电台的资深节目主持人张金莱老师带我出入宋老家，从此我和老爷子的交往一直延续至今。后在张老师和我的两位老师洪云艳、叶鸣兰的推荐下，我就在宋老身边为他整理文字、录音和剧本，也就从那时起，我们写下了大量的文字资料，再也没停过。

我不仅酷爱宋老的演唱艺术，对他各方面的修养也敬佩之极。他不仅是京剧老生大家，也是金石书画的大家，他有一肚子的梨园掌故和大量的伶界轶闻。宋老的记忆力奇好，他老人家常说那些梨园旧闻，说自己在演出中的喜怒哀乐，我就把他的故事用笔记录下来

2008年的6月，我突发奇想，想给宋老开一个博客，把老人平

时给我说的那些资料做到网络上去，这样大家都能看到这位神奇老人写的珍贵东西。当我把想法和宋老一说，老人满口答应，就这样，我们的《宋宝罗艺术之窗》新浪博客在2008年6月17日正式开通，宋宝罗先生成了网络上最年长的博友，那年他九十二岁。

博客开通后宋老就忙开了，不仅嘱我将那些以前的文章做上去，自己也动手写博文。他写的文章范围很广，有梨园掌故，有戏曲知识，还有自己演过的私房戏的剧本，五花八门，非常好看，有时他口述，

宋宝罗和长子宋德宝、孙舞玲夫妇及孙女

我记录下来，有时是他自己写出来，我再整理成电子版。宋老手稿的文字很漂亮，我就用相机拍摄下来，和电子版同时做到博客里，让大家看看是老人自己动手写的，引得无数网友啧啧称奇。他的文字功底也非常好，写出来的东西很流畅，一位九十二岁的老人能写出这样的漂亮文章，确实让人惊讶。

宋老的博客一步步完善，我请我的好友、杭报集团的徐立平先生来做美编，将我们的博客的版面做的图文并茂，很有立体感，他还找了很多旧时的报纸、图片来配文章，做得很精致。从我最开始的单手制作，到后来我慢慢将德宝大哥和舞玲大嫂也发动起来，德宝大哥帮忙做照片的剪辑和加工，舞玲大嫂帮我打字，由我做博客的总编和责任编辑。五年多下来我们的博客得到过很多朋友的无私帮助。胡靓是个老戏单的收藏者，只要收藏到有关宋老的戏单和照片，他都会提供给我，他提供的毛毛旦节目单特别珍贵，是宋老的父亲当年演出的戏单，离现在已经有一百五十多年的时间了；杭报集团的电脑高手谢潇雨是我们电脑的技术员，一有差错我就赶紧找他来检修，或帮我远程技术操作解除电脑故障。张一帆博士是我们博客的"督查"，他对我发出的每一个博文都仔细阅读，一旦发现有差错，都是第一时间嘱我马上更改。还有一位从未谋面的网友卧麟居士，他将自己多年收藏的30年代的老报纸上有关宋宝罗信息的版面就从电子邮件里发给了我，有些资料都有近八十年的历史了，能反映出宋宝罗先生当年在舞台演出中和生活中的很多信息，非常的珍贵，这让我很感动。

2003年由我担任责任编辑出版了《京剧艺术家宋宝罗演唱专辑》CD片，后来也把碟片上的一些唱段也做到了博客上，让更多人来欣赏。自从开通博客后，我们爷俩接触的时间更多了，我每周都要去他家为他读网友的留言，老先生再一一口述回复，每次与宋老的聊天就成了我最大的享受。

在与老爷子的交往中，我得到了莫大的收获，我自己的一档广播节目《梨园老英雄宋宝罗》获得了浙江省2006年广播电视评比中的一等奖。老人也喜欢我,他给我的题词就写上"学生晓莺"。他把我当作他的学生和家里的晚辈看待,只要我想学的、想知道的,他都会娓娓道来。

  2011年他在117医院住院疗养期间,我们爷俩就在病床边整理了好几个剧本,由他口述,我来记录和誊写,如:《刘伯温辞朝》《审刺客》《取成都》《游武庙》《五郎出家》《审头刺汤》等,以及他所回忆的雷喜福、唐韵笙、关于【八大锤】的由来等。如今我们在博客里已经写下了近一百万字的文章,点击率也快到二十万了,还曾经上过新浪网的首页,对《宋宝罗艺术之窗》做了详尽的报道。也有很多朋友在我们博客里下载了很多对他们有用的文章,对于这些,老人很慷慨,很无私,他说别人有用我就没白做。宋老博客的地址是:http://blog.sina.com.cn/sblyszc080604 希望有更多的朋友来欣赏一位近百岁老人的精彩博文。

写于2013年12月10日

宋宝罗和孩子们

## 宋宝罗年表

**1916年**
农历10月21日，生于北京，取乳名保罗，后改宝罗，号季生。

**1922年　六岁**
跟启蒙老师张立英学老生戏。

**1923年　七岁**
拜黄少山为师学老生戏，向朱殿卿学铜锤花脸戏，向老旦艺人学老旦戏，向石子云学青衣戏。

在北京天桥东歌舞台剧场首次登台演出，剧目有《上天台》《滑油山》《游六殿》《探阴山》。

**1924年　八岁**
中秋节，冯玉祥在北京郊区南苑举办三天堂会，庆祝把宣统皇帝赶出故宫，演出剧目为《击鼓骂曹》《张松献地图》《斩颜良》。

**1925年　九岁**
拜雷喜福为师，几年间先后共学戏五十余出。

**1932年　十六岁**
因劳累嗓变，拜著名花鸟画家于非闇为师，学习国画、篆刻。

**1934年　十八岁**
首次为徐悲鸿、齐白石刻章。

**1935年　十九岁**
参加天津美专进修，同年在天津中华挂牌治印。

**1936年　二十岁**
恢复嗓子后在天津与程砚秋同台演出。同年12月在奉天（今沈阳）演出。

**1940 年　二十四岁**

上海天蟾舞台演出，同周信芳、林树森、金少山为江苏六县水灾义演。

当年夏天又在南京中央大戏院演出，后又回京与王金璐、白玉薇等在北京演出。

**1941 年　二十五岁**

第一次到杭州演出。

**1942 年　二十六岁**

开始苏南地区之行，首先在东吴大戏院演出，接着到无锡、常州、镇江、丹阳、高邮、扬州、嘉兴、杭州等地演出。

**1945 年　二十九岁**

抗战胜利，在南京总统府为蒋介石演唱《二进宫》。

**1947 年　三十一岁**

在上海演了两个月后到汉江大舞台演出。

**1949 年　三十三岁**

上海解放后，在淮海路复兴公园办个人扇面画展，三百多幅扇面销售的所得款项全部用作慰劳解放军。

**1950 年　三十四岁**

南昌演出七个月后到长沙演出。

**1952 年　三十六岁**

自编、自导、自演的《朱耷卖画》首场演出。

**1953 年　三十七岁**

赴苏北、高邮、泰州、泰县、兴化、宝应、东台、大丰、盐城、小海、如东、如皋、海安等地演出。

**1954 年　三十八岁**

在江西上饶与二哥宋遇春合编演出《还我台湾》。

**1956 年　四十岁**

赴蚌埠新剧场演出后，到山东济南人民剧场演出。

**1958 年　四十二岁**

春,定居杭州,任杭州京剧团主演。并选定了于谦这一题材,创作、导演、主演,在国庆节这天正式上演。

首次为毛泽东演出。1958 年至 20 世纪 70 年代,多次为毛主席演唱。

**1959 年　四十三岁**

《于谦》一剧为舟山部队慰问演出,得到官兵们的一致好评。

**1960 年　四十四岁**

上山下乡为工农群众服务,在古镇塘栖一带演出。

**1962 年　四十六岁**

冬,为毛泽东七十寿诞彩唱《朱耷卖画》。

**1965 年　四十九岁**

夏,华东六省一市京剧现代戏汇演在上海举行,主演《喜迎春》获演出奖。

同年,去农村学习搞"四清"运动。

从 1959 年至 1965 年,响应党中央文艺为工农兵服务的号召,每年春节都去舟山群岛、大陈岛、一江山岛等海岛为部队官兵慰问演出。同时上山下乡为工农兵演出。

**1966 年　五十岁**

调回杭州参加"文化大革命",关"牛棚"接受批斗。

**1978 年　六十二岁**

粉碎"四人帮"后,在南昌、南京、上海、安徽、扬州等地巡回演出,受到热烈欢迎。

**1981 年　六十五岁**

在上海劳动剧场演出《受禅台》《武乡侯》《朱耷卖画》等。

**1982 年　六十六岁**

到镇江、无锡、扬州一带演出。因剧团领导认为多演多赔,此后便很少演出。

1983年　六十七岁
任浙江省第五届政协委员。

1988年　七十二岁
任浙江省第六届政协委员。

1990年　七十四岁
参与上海、浙江电影制片厂彩色电影《假妇真情》拍摄，饰演养父。

1991年　七十五岁
在美国费城展出五十余件国画精品。
参加温州市水灾义演，当场作画义卖，所得七千元捐献灾区人民。

1993年　七十七岁
纪念毛主席诞辰一百周年，国画、篆刻作品被中国历史博物馆收藏。
同年为弘扬奥林匹克精神捐献国画作品。
为青年演员严凤云专场演出友情客串《秦琼卖马》。

1995年　七十九岁
浙江京昆剧团赴泰国演出，一幅松鹰图由泰国福利院慈善团体拍卖，所得人民币四万五千元，全部捐献给泰国福利院。
带浙江省队赴京参加全国中老年演唱大会，获特别奖、牡丹奖、健康老人奖和团体组织奖。

1996年　八十岁
在浙江博物馆展出国画、篆刻作品一百七十余幅，受到好评。
困扰了二十多年的三叉神经痛在市一医院李云璋主刀下得以解除。

1997年　八十一岁
为程小琴专场演出友情客串《三娘教子》扮演老薛保。

1999年　八十三岁：
由任明耀整理、浙江文艺出版社出版回忆录《艺海沉浮》。
为杭州名票何旭军专场演出友情演唱《龙虎斗》。

2003年　八十七岁
由张晓莺担任责任编辑，浙江音像出版社出版了《著名京剧表

演艺术家宋宝罗唱腔精选》CD 碟片。

2004 年　八十八岁

为全国第七届艺术节鸣锣开幕，展示了浙江老人的精神面貌。

2005 年　八十九岁

参加中央电视台春节戏曲晚会，表演了《唱鸡画鸡》节目。

同年还被评为全国健康老人，评为浙江省健康老人，评为杭州市健康老人。

2006 年　九十岁

应中央电视台《名段欣赏》栏目邀请，录制了四集名剧片段。

出版《艺海无边》画册。

2007 年　九十一岁

庆贺杭州京剧茶座成立十周年，清唱《朱耷卖画》《出师表》。

九月参加了北京长安大戏院举办的《九九重阳节京剧老艺术家演唱会》。

应中央电视台主持人崔永元之邀，录制"小崔说事"节目。

2008 年　九十二岁

在新浪网上开博客。

2009 年　九十三岁

为有"汉语拼音之父"之称的一百零四岁的周有光题写书名"朝闻道集"。

2010 年　九十四岁

接受《中国京剧》杂志编辑部主任封杰采访，将本人艺（轶）事收录《京剧名宿访谈》一书。

拍摄京剧晚霞工程——《梨园一宝——宋宝罗》专辑。

2011 年　九十五岁

荣获由北京京昆振兴协会颁发的"京剧艺术家终身成就奖"。

2012 年　九十六岁

为中国京剧艺术基金会主办的"京剧艺术传承与保护工程"——"老艺术家谈戏说艺"录制老生演唱要点。

12月18日中国文化部与浙江文化厅联合为宋宝罗举办——"庆祝宋宝罗舞台生涯90周年，97岁寿辰"活动。

中央电视台《戏曲采风》栏目先后两次前来拍摄专题节目。

香港卫视前来拍摄《文化风情》——专访京剧名家宋宝罗专题节目。

学者翁思再来杭州整理宋宝罗唱腔录音、录像，出版宋宝罗演唱专辑CD碟片

**2013年　九十七岁**

接受作者刘连伦、王军多次采访，研究出版《粉墨丹青一老翁——当代奇才宋宝罗》一书出版事宜。

12月23日 宋宝罗多年前篆刻的《毛泽东诗词三十七首》由杭州图书馆编辑印谱，华宝斋富翰文化有限公司印刷装订。当日，在杭州图书馆的贵宾厅召开发布会和座谈会。

不老松图

## 给父亲的一封信

宋飞鸿

宋飞鸿在美国费城向美国青少年赠送书法作品

亲爱的爸爸：

情人节女儿总先给我打电话，而我都会先给爸爸您打电话。您可能不知道哪天是情人节，也可能不知道情人节最想表达恩爱的不一定是夫妻伴侣情人。今年的情人节恰巧与元宵节同一天，我手里还抱着刚出生的二外孙，他长得完全像太姥爷，真是喜上喜再加喜！冥冥之中，自有天意。您四十岁才有我，我三十岁才有女儿。今天2014年2月14日，我们四代人远隔万里，在这个特殊情人节、元宵节，通过"小盒子"给您传递爱意。不会说话的我仍然不会说话，笨拙的嘴依旧重复那几句：别着凉，多吃点儿，多走动啊！还是六岁的外孙女小精灵诺诺会说话："太爷爷，我很快就要来看你了，您眼睛不好没关系，我会给你讲很多很多故事的。"天上人间回荡着四代人的笑声，这是何等的福分，这是无比的和谐，一个世纪修成的正果啊！

想着今天的这份福气，我无限感慨！我对爸爸您的感恩之情说不尽，道不完！女儿对您亏欠得太多太多，首先我还爸爸您第一封回信。爸爸您给我写过很多很多书信。很多很多，多到可以出一本宝罗家书。二百三十多封信！而女儿我大概只回过近三十封，不到一个零头。而每次都是几句说烂了的敷衍词。不是不想回，我没法回信，因为女儿在外一直很不顺，对于爸爸您，我只能报喜不报忧。

爸爸，我从小就知道您对孩子们都疼爱有加，对老人们关爱百倍。上有几个老人，下有十几个孩子，内有老弱病残的，有精神分裂的，酒鬼、赌鬼；外有无知善斗的，丧心病狂的。您得头上顶着，双肩扛着，两手拽着，两条腿拖着，一杆腰撑着；视听需谨慎，说话得小心。与天斗、与地斗、与人斗，容易吗？不容易！您内心究竟有多强大！

再强大，我作为儿女在外不能为您分忧解愁，更不能让您雪上加霜。我无法告诉您我的坎坷，我的不顺。要不是那年您来美国探亲，您甚至不知道我已经离婚十年，孤身带女儿在海外打拼创业。

自20世纪70年代至今，我下放、求学、工作。离开亲人，离开家乡，又离开祖国，先后共有四十年。离开家后第一次见到您，竟然是在医院病危抢救室。我的魂灵游离尘世三天三夜，被成千上万条蛇盘绕着动弹不得⋯梦魇无休止地进行着⋯我无力地摸索着，无声地呼救着："爸爸⋯⋯"抢救苏醒后能认出的第一个人就是爸爸您！眼前坐着一个憔悴的您，眼睛布满了血丝。心里的那个强壮英俊的男子汉一下子老了十年。您说您在这儿度时如年，但相信女儿一定会起死回生，天不会塌下来！

人类是那么渺小，脆弱。生死只是一字之差。爸爸您可能不知道我又经历了四次死里逃生：第一次是生女儿难难时，紫癜难产大出血，大量输血时过敏休克；第二次急性坏死性胰腺炎，疼得我昏死过去，医生说只差两分钟就没命了；第三次因过度疲劳无故晕厥，血压几乎降至零，苏醒后两天失聪并辨认不了亲人；第四次，也就是最严重的一次。我患癌症先后住院六个月，化疗过程中还并发胆囊炎和腹膜炎，体重降至七十磅。我内心没有爸爸您坚强，其他的一些病痛如偏头痛，腰肌劳损，椎间盘突出，颈椎病，胃病等各种病魔让我痛苦不安，我有过多次撑不下去的时候……

天，真的没有塌下来。"天塌不下来"成了我的励志名言，它给您的这个瘦弱女儿的心灵一次次充电。还有父亲您的精神、您的信念、您的梦想，也就是现在大家常说的"正能量"。是的，您的正能量伴随着我的一生：坚忍不拔，百折不挠；抱诚守真，披肝沥胆；虚心学习，精益求精；乐观潇洒，宽宏大量。

记得20世纪70年代，我姐姐、您的继女小燕，得了肾炎尿毒症腹水，她是农村插队的，没有公费医疗。您竭尽全力，四处求医，先后给她治病八年。除了八年医院来回奔跑，您耗尽积蓄，最后还欠下医院一万多。"文化大革命"后补发工资，您立刻把医院欠下的钱还清。很多人觉得这笔钱可以赖掉，您却诚信始终。姐姐的这种病死亡率极高，就是现在的医疗水平都难以治愈。如果不是爸爸您竭尽心血和钱财，姐姐绝不可能有今天！

您每次出差，不顾途中奔波辛苦，却记得一个都不拉的给每个人带上礼物！无论是厚薄衣帽还是短裤长袜，从不会弄错一分一毫！对于日常生活，您积累的和悟出小常识有妙计千条，让我受用终身！

您自己省吃俭用，对孩子的学习开销却毫不吝啬，纸笔墨砚，应有尽有，专采好的给孩子用。根据孩子们的个性特点，您每每指点迷津，恰到好处。您让我学颜体，让妹妹学瘦金体，小妹妹学隶书，弟弟学篆刻……您告诉我说，练字不能跳跃，要一步步来，先学正楷，至少写几年，而后学行楷。我横下心写了五年正楷，为书法打下了扎实的基础。

我一直不敢唱戏，因为自己的气很短，总觉得气不够，特累，决定放弃了。爸爸您听我唱了两句就找出我的毛病，给我半分钟示范，让我豁然开朗。如今我不但喜欢上了京剧，一口气唱三小时都不累！

《红灯记》里李铁梅唱到：爹爹留下无价宝，光辉照儿永向前……爸爸您把品德、智慧、胆量传给了我，有了这三件宝，还有什么干不好的呢！

走遍坎坷历尽沧桑，我心里留着父亲给我的几百封信。点点滴滴，字字句句，每封信都满装着您对女儿的爱，那么的无微不至。

如今，您女儿在国内是优秀教师，在海外创下了自己的一番事业，做的工作意义深远。还把您的外孙女难难培养成大学教授。您的难难和您的曾孙女诺诺是那么的懂事、孝顺、聪明又敬业。现在要是再给您写信，什么都不用顾忌了，想写的实在太多了！我一定一封一封补上！

借用网上的祝福语：风雨沧桑坎坷路，成败都归尘与土，放下奔波享人生，悠闲自得享清福，儿孙膝下都缠绕，天伦之乐共此时。祝愿父亲快乐健康！

女儿莉莉（飞鸿）于 2014 年 3 月 1 日

左起：宋飞鸿、笪治、宋宝罗、章难

# 后记
刘连伦

2013年中秋节前，宋宝罗先生爱女宋飞鸿从美国回来参加全国政协举办的海内外迎中秋京剧演唱会，其间她邀我小聚，谈起了能否抓紧时间为她年近百岁的父亲整理出一本比较完整和全面的著述来。我想：宋宝罗先生是全国最高龄的京剧表演艺术家，一代名角，他的艺术很值得抢救保留，因此，我接受了飞鸿的嘱托。

近几年我和宋宝罗先生一直没断联系，2009年我搞电视系列专题片《盛世梨园谈往录》的时候，就曾专程到杭州采访过他老人家；后来我和山东大学王军老师一起撰写《菊苑双葩 慧丽同芳》一

王军 宋宝罗 刘连伦

书，又再次采访了宋老，得到宋老的热心帮助；近两年我和宋老或见面或电话交谈就更多了，2012年我在央视《戏曲采风》栏目的"梨园耆宿"板块里，专门为他策划了专辑；浙江文化厅为宋老庆祝九十七岁寿诞时，我也亲临了现场……当飞鸿把为其父出书的事托付给我以后，我又加快了与宋老交往的频率。

  为了保证该书的早日面世，我再次邀请了山东大学的王军老师与我合作。尽管我的本职工作很忙，但几个月以来，我抓紧了一切时间为宋宝罗先生这本书的编著不停地忙碌着。

  这本书旨在挖掘宋宝罗先生对京剧事业发展的贡献及其艺术价值。宋老已近期颐之年，艺龄也有九十余载，如何把他的艺术人生浓缩在一部书里，对我们来说是个不小的难题。我们的编著，主要依据了宋老提供的口述文字资料（包括由宋宝罗撰述、任明耀整理的《艺海沉浮》一书），和我们多次对他进行采访的录音资料。宋老的子女也积极支持，给我们提供了许多信息……我们对宋老的所有资料以及博客摘抄和收录的剧本，都进行了精心地筛选、分类、考证和再整理，对过去出版的书、刊及博文中的疏误，也都一一作了纠正。

  为了尽可能让读者更清楚地了解宋宝罗先生，我们在传记部分的每一节前面，都著有比较详尽的事件背景及概述……这本书，除了有宋宝罗先生以口述形式回顾了自己近百年的沧桑人生"艺苑春秋"外，还收入了他的"谈艺说戏""梨园见闻""剧本择录"和"开博交友"四个篇章。

  几个月来，我们经过连续紧张的工作，这本《粉墨丹青一老翁——当代奇人宋宝罗》终于脱稿了。我们期盼这本书的出版，不仅让人们通过宋宝罗先生近一个世纪的演艺生涯，了解到一个前辈艺术家成长的艰辛和取得的成就，还能学习、了解到更多的京剧知识和艺坛趣事，同时也为能京剧的研究工作提供一份极为珍贵的史料。

2014年元月20日